U0524592

本书是 2018 年度浙江省社科规划后期资助项目"人民币境外需求的估计方法及测算研究"（18HQZZ27）的最终研究成果。

浙江省哲学社会科学规划
后期资助课题成果文库

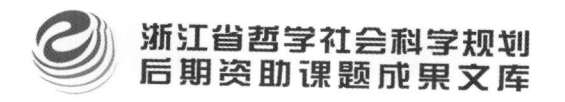

人民币境外需求的
估计方法及测算研究

Renminbi Jingwai Xuqiu De
Guji Fangfa Ji Cesuan Yanjiu

朱宗元 著

中国社会科学出版社

图书在版编目(CIP)数据

人民币境外需求的估计方法及测算研究 / 朱宗元著 . —北京:中国社会科学出版社,2018.12

(浙江省哲学社会科学规划后期资助课题成果文库)

ISBN 978-7-5203-3791-5

Ⅰ. ①人… Ⅱ. ①朱… Ⅲ. ①人民币-金融国际化-研究 Ⅳ. ①F822

中国版本图书馆 CIP 数据核字(2018)第 284746 号

出 版 人	赵剑英
责任编辑	宫京蕾
责任校对	秦 婵
责任印制	李寡寡

出　　版	中国社会科学出版社
社　　址	北京鼓楼西大街甲 158 号
邮　　编	100720
网　　址	http://www.csspw.cn
发 行 部	010-84083685
门 市 部	010-84029450
经　　销	新华书店及其他书店

印刷装订	北京君升印刷有限公司
版　　次	2018 年 12 月第 1 版
印　　次	2018 年 12 月第 1 次印刷

开　　本	710×1000　1/16
印　　张	14
插　　页	2
字　　数	230 千字
定　　价	65.00 元

凡购买中国社会科学出版社图书,如有质量问题请与本社营销中心联系调换
电话:010-84083683
版权所有　侵权必究

目 录

第一章 绪论 …………………………………………………………（1）
  第一节 研究背景及意义 …………………………………………（1）
    一 研究背景 ………………………………………………………（1）
    二 研究意义 ………………………………………………………（4）
  第二节 人民币境外需求的概念界定 ……………………………（5）
    一 人民币境外需求的定义 ………………………………………（6）
    二 与相关概念的区别与联系 ……………………………………（7）
  第三节 人民币境外需求的研究述评 ……………………………（10）
    一 人民币境外需求的起因和现状 ………………………………（10）
    二 人民币境外需求的估计方法 …………………………………（14）
    三 人民币境外需求的规模测算 …………………………………（17）
    四 对已有研究的评价 ……………………………………………（18）
  第四节 研究内容、思路和方法 …………………………………（20）
    一 研究内容 ………………………………………………………（20）
    二 研究思路 ………………………………………………………（21）
    三 研究方法 ………………………………………………………（23）
  第五节 研究的创新 ………………………………………………（23）
第二章 人民币境外需求的演变及动因 ……………………………（25）
  第一节 人民币现金跨境流通的演变与特点 …………………（25）
    一 人民币现金跨境流通管理制度变迁 …………………………（25）
    二 人民币现金跨境流通的基本情况 ……………………………（27）
    三 人民币现金跨境流通的特点 …………………………………（30）
    四 人民币现金跨境流通的趋势 …………………………………（31）

第二节　人民币境外交易使用的进展 …………………………………（31）
　　一　人民币在跨境贸易中的使用 …………………………………（32）
　　二　人民币在境外投资中的使用 …………………………………（35）
　　三　人民币境外外汇交易的使用 …………………………………（40）
第三节　离岸市场发展对人民币境外需求的推动 ………………………（42）
　　一　香港人民币离岸市场发展的推动 ……………………………（43）
　　二　其他人民币离岸市场发展的推动 ……………………………（44）
第四节　货币互换对人民币境外需求的推动 ……………………………（47）
　　一　金融危机后中美货币互换比较 ………………………………（47）
　　二　货币互换推动境外需求的目的 ………………………………（50）
第五节　人民币境外需求的动因剖析 ……………………………………（52）
　　一　人民币境外需求动因的宏观视角 ……………………………（52）
　　二　人民币境外需求动因的微观视角 ……………………………（59）
　　三　人民币境外需求动因的制度视角 ……………………………（60）
本章小结 …………………………………………………………………（62）

第三章　人民币境外需求的影响因素研究 ………………………………（63）
第一节　人民币境外需求影响因素的理论分析 …………………………（63）
　　一　货币境外需求影响因素的理论 ………………………………（63）
　　二　人民币境外需求的理论模型 …………………………………（65）
　　三　人民币境外需求的影响变量 …………………………………（68）
第二节　人民币境外需求影响因素的调查分析 …………………………（69）
第三节　人民币境外需求影响因素的实证分析 …………………………（76）
　　一　境外存款的制度分析 …………………………………………（77）
　　二　影响变量的统计分析 …………………………………………（80）
　　三　静态的影响因素分析 …………………………………………（91）
　　四　动态的影响因素分析 …………………………………………（95）
第四节　人民币境外需求的升值依赖性 …………………………………（102）
　　一　升值依赖的实证分析 …………………………………………（103）
　　二　升值依赖的原因分析 …………………………………………（119）
本章小结 …………………………………………………………………（121）

第四章 境外需求估计方法的比较和改进 (122)
第一节 境外需求估计方法的基础 (122)
  一 估计方法的数据基础 (122)
  二 估计方法的思想基础 (125)
第二节 境外需求估计方法的梳理 (126)
  一 直接估计方法的梳理 (126)
  二 间接估计方法的梳理 (132)
第三节 境外需求估计方法的比较 (138)
  一 直接估计方法的比较 (138)
  二 间接估计方法的比较 (139)
  三 估计方法的应用比较 (140)
第四节 境外需求估计方法的改进 (141)
  一 直接估计方法的改进 (141)
  二 间接估计方法的改进 (147)
本章小结 (149)

第五章 人民币境外需求的规模测算 (150)
第一节 现金跨境流量的直接测算 (150)
  一 现金跨境流量的测算 (150)
  二 直接测算的结果分析 (153)
第二节 现金境外存量的间接测算 (155)
  一 缺口估计法测算 (156)
  二 季节因子比较法测算 (162)
  三 需求函数最佳拟合法测算 (165)
  四 修正的需求函数最佳拟合测算 (168)
  五 现金产出比率法测算 (172)
第三节 现金测算结果的比较分析 (176)
  一 间接测算的结果比较 (176)
  二 直接测算的结果比较 (178)
第四节 境外人民币存款的统计 (181)
  一 境外人民币存款的归属 (181)

二　境外人民币存款的规模 …………………………………（184）
　　三　境外人民币存款的统计 …………………………………（191）
　本章小结 ………………………………………………………（197）
第六章　结论与建议 ……………………………………………（198）
　第一节　本书的主要结论 ……………………………………（198）
　第二节　本书的对策与建议 …………………………………（200）
　第三节　进一步的研究方向 …………………………………（205）
参考文献 …………………………………………………………（206）
后记 ………………………………………………………………（218）

第一章

绪　论

第一节　研究背景及意义

一　研究背景

第二次世界大战后全球加速了全方位竞争与融合的步伐，全球经济一体化发展加剧了各国对国际货币的需求，同时国际货币的竞争也日趋激烈。1944年布雷顿森林会议的召开使美元在贸易、资本和外汇自由化三形式下都确立了世界货币地位（杨毅，2016）。① 布雷顿森林体系确立之初（1949年），全球央行外汇储备构成中美元以27%的比重远远落后于英镑（57%），但是用了不到30年（1977年），美元的储备构成已经达到了80.3%，后来崛起的德国马克也以9.3%的比重显著地领先于英镑（1.8%）。美元成为全球需求、美国制造并向全球输出的最重要商品。货币竞争不间断地演绎着"良币驱逐劣币"的法则。1978年中国外汇储备只有1.67亿美元，在国际贸易支付、吸引外资和国家资产储备等领域严重地依赖美元。国际交易和价值储藏中，美元作为计价结算和储备手段的地位是垄断性的［艾肯格林（Eichengreen B），卡瓦依（Kawai M）；2015］，而在国际市场上对人民币的需求基本不存在。中国历经近40年的改革开放后，无论是自身的综合实力发展，还是国际经济政治环境都已经发生了深刻变化，国际货币体系变革的动力在不断积累。在被纳入SDR和"一带一路"推进的时代背景下，人民币需要在国际合作中担负起更重要的责任。

---

① 杨毅：《复活的布雷顿森林体系下的中国金融外交》，《上海交通大学学报（哲学社会科学版）》2016年第3期。

首先，中国经济实力迅速增强，已成为全球经济增长的重要引擎。改革开放30余年，中国经济取得了举世瞩目的伟大成就。在经济规模上，2016年中国国内生产总值现价核算达到74.41万亿元。根据2017年4月国际货币基金组织（IMF）发布的《世界经济展望》测算结果，按照购买力平价计算，中国占世界总产出的比重为17.8%，已经超越美国（15.5%）成为第一大经济体。即使核算方式存在一定的争议，中国超越日本成为世界第二大经济体已经是公认的事实。[①] 中国也是世界第二大贸易国、第二大投资目的地和发展中国家里最大的资本输出国。2013年推出"一带一路"战略，对"一带一路"沿线国家进出口总额6.25万亿元人民币，对"一带一路"沿线国家直接投资额145亿美元，有力带动了伙伴国的经济发展。中国对外经济贸易网络的全球化扩散，使得贸易伙伴国为降低交易成本、缓解金融危机期美元流动性不足的风险，自然地产生了对人民币的需求。从中国政府自身角度，经济实力的增强也使其需要将人民币在全球贸易支付领域的比重与其贸易地位匹配，从而推动使用其主权货币配置全球资源。

其次，美国的全球经济规模相对下降，影响力下滑。根据联合国统计司和IMF的计算，仅2007—2016年的十年间，美国在全球经济总量中的比重下降了约10%，经济影响力逐步下滑。在国际商品贸易领域，2010年欧盟27国（35.75%）作为统一经济体其全球贸易份额已远超美国（12.56%），中国的贸易份额也迅速上升至7.42%。在2016年，中国的货物和贸易出口全球份额（10.7%）已经和美国（10.8%）非常接近。美国在全球贸易中的份额不断下降，使美元作为国际贸易计价结算手段的统治性职能地位遭到了挑战［钱恩（Chinn M D），弗兰克尔（Frankel J A）；2008］。美国的国际收支也长期出现赤字，中国、德国及日本等新兴经济体则长期保持了对美国的贸易盈余，全球经济的不平衡格局不断深化。虽然美元拥有全球使用的网络惯性，但是巨额的经常账户赤字仍会产生美元的贬值压力，从而加剧美元全球信用地位的下滑。

最后，单一主权国家货币担负世界货币职责存在弊端，国际货币体系亟待改革。2008年金融危机凸显了国际社会过度依赖美元的弊端。一方面，金融危机爆发后，以中国为代表的高储备和出口依赖国家陷入了两难

---

① 资料来源于国际货币基金组织官方发布（https://www.imf.org/external/index.htm）。

困境。中国以高储蓄率和消费压抑积累的巨额储备承受了越来越大的福利损失风险（陈雨露，王芳，杨明；2005）。另一方面，金融危机期间，新兴经济体货币资产被抛售，美元成为投资者的避险选择。世界贸易缺乏足够的美元流动性作为支付手段，国际社会在贸易结算、投资以及储备领域将人民币作为替代性选择的需求进一步凸显。

  2008年金融危机爆发后，我国政府开始主动推动人民币的国际化进程。2008年7月国务院批准中国人民银行三定方案，开始在香港特别行政区建设人民币离岸市场，发行人民币债券等人民币金融产品。2008年12月以来，中国人民银行与其他海外央行先后签署了超过3.3万亿元的双边货币互换协议（截至2017年7月），为伙伴国提供了充足的人民币短期流动性支持。2009年7月开始试点推行跨境贸易人民币结算业务，截至2017年6月，结算业务金额累计已超过31.3万亿元。环球同业银行金融电讯协会（SWIFT）的统计表明，有超过1900家全球金融机构使用人民币作为支付货币。[①] 2013年9月，我国开始推动"丝绸之路经济带"和"21世纪海上丝绸之路"（简称"一带一路"）倡议，这成为助力人民币国际化的新路径。上海自贸区、沪港通、深港通、债券通等一系列举措，在资本项下构建了人民币国际回流体系，人民币国际化从贸易项推动向"贸易+资本"的双核驱动转变。中国香港、伦敦、新加坡等全球人民币离岸市场的发展激发了非居民投资人民币产品的需求，人民币开始成为国际市场的投资标的。本币互换战略激发了全球对人民币资产的储备需求，尼日利亚、白俄罗斯等国家开始将人民币纳入资产组合中。经IMF基金组织执董会2015年11月30日批准，自2016年10月1日起，人民币被认定为可自由使用的货币，并作为除美元、欧元、日元和英镑之外的第五种货币，加入特别提款权货币篮子（SDR），货币权重超过了日元和英镑。人民币加入SDR反映了中国货币、外汇和金融体系改革取得的进展，这些举措的继续和深化将使国际货币和金融体系更加强健，进而会对中国经济的增长和稳定，以及全球经济发展提供支持。虽早在20世纪90年代后，人民币已开始在我国周边地区流通，但人民币境外需求的扩大和境外的全方位使用是近年才有的现象。在人民币国际化的初级阶段，人民币境外需求的规模已成为货币当局和学术界关注的焦点问题。对相关的境外需

---

① 资料来源于环球同业银行金融电讯协会（SWIFT）官方网步（https://www.swift.com）。

求动因、影响因素和估计方法研究非常缺乏，研究具有显著的理论价值和紧迫的现实意义。

二 研究意义

在巨大贸易引擎和国际化政策有力推动下，人民币已开始被境外经济主体在多种功能上使用。在计价结算媒介、投资工具甚至价值贮藏等功能上，全球对人民币的国际化需求初步产生，学术界对此现象极为关注。人民币国际化研究如雨后春笋不断涌现，展现了波澜壮阔的图景。前期相关研究更多集中于对人民币国际化的条件、收益、成本、路径以及风险的探讨，欠缺对人民币境外需求估计方法及规模测算的理论和实证的系统研究。本书认为，针对该问题的研究意义主要有以下三个方面：

（1）境外需求研究是人民币需求研究的重要部分。在非国际化时期，人民币需求只需关注境内（大陆地区）。为了宏观经济调控的需要，作为货币政策执行的重要对象，人民币境内需求的研究系统而深入。在国际化进程中，人民币需求的对象以及范围已经发生了重大变化，货币需求的研究面临重大的调整，研究视野需要协调更广泛的流通区域和使用领域，因此对人民币境外需求的动因、影响因素分析和跨境流量以及境外存量测算的理论和数量研究有重要的理论意义。

（2）人民币境外需求估计方法的创新研究具有理论价值。因为难以直接观测而且影响因素复杂，货币境外需求的估计一直是计量经济学中的难点问题。国外学者为此进行了大量的探索，取得了一定的成果，但方法研究仍在争议中不断改进。人民币的境外需求估计中更面临着方法单一和缺乏创新的问题，因此创新估计方法并应用于对人民币的测算研究具有理论价值。

（3）人民币境外需求规模的测算具有现实意义，至少包括三点：

第一，测算境外需求有助于理解货币、价格和产出的传导机制。我国以货币供应量作为货币政策实施的中介目标，货币、价格和产出的稳定联系对经济发展意义重大。当货币流出境外不再参与境内的市场交易，必将影响货币、价格及产出的传导机制。测算人民币的境外存量有助于解释国内宏观经济变量的联系。

第二，境外需求规模测算是计算"铸币税"收益的基础。美元、欧元、英镑、日元等国际货币的发行当局关注货币境外需求的重要原因在于货币发行的铸币税收益。铸币税收益可分成广义和狭义两种，狭义"铸币税"是指现代纸币发行的成本与购买力的差异，广义"铸币税"指用本币计价、结算以配置经济资源（张健华，张怀清；2009）。尽管人民币国际化初期境外铸币税收益很小，但境外需求测算为政府相应资源保护货币权益提供了定量参考。

第三，测算境外人民币需求规模对改进我国货币统计的质量，提升货币政策实施的有效性非常重要。目前货币供应量的统计口径中包括了境外流通的人民币现金。在人民币国际化的最初阶段，由于跨境流通和境外存量规模相对货币总量比重很小，因此在理论研究和实践工作中，忽略境外需求是可行的，当境外需求的人民币规模上升后，货币供应量统计的科学性将面临挑战。人民币国际化程度的提高，放大了境外汇率变动对国内经济产出和价格的影响（梅建予，陈华；2017）。忽略境外货币导致的统计偏误将无法容忍，因此境外需求规模的测算，有助于提升货币统计的质量。人民币境外需求测算还可以提高国际收支平衡统计的精度。中国的国际收支统计中没有涵盖人民币的境外持有。[①] 人民币跨境流通的变动，因为缺乏有效统计或估计数据被归入统计误差和遗漏项内。人民币境外持有的变动估计，可有效减少误差和遗漏项的均值，而不是在有些时点将其理解为"热钱"的跨境流动，这对提高跨境流通监管和改进国际收支统计工作均有积极意义。我国仍未建立起一套完善的境外人民币流通使用监测统计体系。如果简单地将境外人民币等同于外币管理，这不利于准确地统计人民币现金跨境流量和境外存量，不能科学地分析人民币境外需求的状况，从而不能为制定完善人民币跨境流动的监管政策，提供决策数据基础信息。

第二节　人民币境外需求的概念界定

测算人民币境外需求的规模，必须首先定义人民币境外需求的概念。货币需求刻画了有持有货币意愿的经济主体和需求对象之间的联

[①] 汪洋、荣璟、万鹏：《货币互换协议是推进人民币国际化的利器吗》，《国际金融》2015年第8期。

系，因此本书对此概念的阐述从货币需求的两个重要方面出发。一是货币本身所承载的使用功能；二是境外非居民经济主体持有人民币的动机。人民币境外需求与人民币国际化、人民币跨境流通和境外使用等概念，本身密切联系而又有所不同，因此在使用时应将这些概念进行区分。对上述相关概念的定义与区分，有助于开展对人民币的境外需求测算的研究。

一 人民币境外需求的定义

首先界定"境外"的范畴，由于我国港澳台地区与中国大陆境内拥有不同的法定流通货币，本书研究的"境外"指人民币发行区——中国大陆以外的所有国家和地区（包括港澳台地区），此划分的依据，基于货币地理范畴而非政治主权的概念。[①]

表1.1　　　　　　　　　国际化货币的功能

使用对象	私人	官方
交易媒介	周转计价、交易、结算	周转货币、外汇市场干预
记账单位	贸易和金融交易记账	其他货币的汇率锚
价值贮存	投资货币，货币替代	国际储备货币

资料来源：伊斯拉姆（Islam M S）、巴沙尔（Bashar O K M R）（2012）、余永定（2011）、IMF《世界经济展望2017》等。

表1.2　　　　　　　　　人民币的境外使用现状

使用对象	私人使用	官方使用
交易媒介	用于跨境贸易、投资和离岸金融交易	没有其他央行用作外汇干预货币 IMF的特别提款权
	规模较小	SDR篮子权重10.92%
记账单位	用于跨境贸易和离岸金融交易记账	没有货币用其为钉住货币
	规模较小	没有
价值贮存	离岸市场人民币存款、债券和衍生品	SDR篮子、欧洲央行、白俄罗斯、尼日利亚等少数国家央行
	规模较小	全球外汇储备中的份额0.93%

资料来源：伊斯拉姆，巴沙尔（2012）、余永定（2011）、IMF《世界经济展望2017》等。

[①] 依据现实情况，一个国家内可流通多于一种货币，例如人民币和港元；也可能多国家使用一种货币，例如欧元。

基于货币使用的三个经典功能——交易媒介、计价单位和价值贮藏，根据科恩（Cohen，2012）、肯恩（Kenen，2004）、余永定（2011）、伊斯拉姆（2012）和 IMF（2017）等对国际化货币功能的表述（表1.1）和人民币境外使用现状（表1.2）的梳理，本书对人民币的境外需求进行界定。人民币境外需求是指中国大陆以外货币当局、企业和居民在国际贸易计价结算、国际投资、外汇干预及资产储备等经济活动中对人民币的需要。

国际和国内经济活动同样需要货币作为"润滑剂"连接主权国家间的交易活动，选择高效率、低成本的货币形成交易网络。可以从凯恩斯货币需求的动机理论出发，理解围绕人民币产生的境外需求。人民币境外需求是境外经济主体基于交易、投机或预防等动机对人民币货币形式的索求。结合货币国际化功能与需求动机两种方式的定义，实际是相互对应和支撑人民币境外需求概念的一体两面。

二 与相关概念的区别与联系

（一）与人民币国际化的异同

本书认为，人民币境外需求和人民币国际化是两个紧密联系但并不相同的概念。前期的货币境外需求研究，通常针对美元、欧元、日元、英镑等已经实现国际化的货币，货币已经实现全球资本项下的完全可自由兑换，因此相关研究无须区分货币境外需求和国际化。人民币的情况不同于上述已实现国际化的币种，虽然货币市场交易份额在迅速上升，在成功加入 SDR 货币篮子后，IMF 也首次将其在"官方外汇储备货币构成"中单独列出。但是应客观地认识到，人民币距离美元和欧元的国际化货币地位仍有相当距离，还不属于真正国际化的币种。根据中国人民大学国际货币研究所课题组（2017）的测算结果，截至2017年第一季度，人民币国际化指数是 3.04，而同期美元、欧元、英镑和日元的国际化指数分别为 53.66、21.36、4.01 和 4.07。[①] 在资本项目管制的条件下，人民币已经在一定程度上被国际社会认可，并且在周边国家和地区被较普遍地使用，但是很大程度上还是依靠庞大的贸易体量推动，境外需求是在未充分实现国际化前提下的事实性存在。

---

① 人民币国际化指数是指从国际货币职能角度出发，综合人民币各项职能的全球占比，定量描述人民币国际化程度的指标数据，幅宽在 0—100% 之间。

首先分析人民币国际化的概念。肯恩（2009）认为货币国际化是指货币在发行国境外被使用和持有，该货币不仅可在该国居民间交易使用，也是货币发行国居民与非居民交易的重要手段。曹远征（2011）认为人民币国际化是指人民币跨越国界在境外流通，成为国际上广泛认可的计价、结算、支付及储备货币的过程。钱恩和弗兰克尔（2008）则将国际货币功能分成私人和官方两种用途，私人途径国际化是非居民基于微观效用在外汇市场交易、贸易和资本交易的计价结算及资产组合优化等方面的使用，官方层面指其他央行在外汇储备、外汇市场干预及通胀、汇率调整钉住货币上的使用。由于人民币国际化进程有其特殊性，有学者认为人民币国际化是人民币境外交易媒介、记账单位和价值贮藏三种职能的均衡发展（彭红枫，谭小玉；2017）。目前，人民币在国际市场上作为交易媒介的职能逐步显现，但是其记账单位和价值贮藏职能的发展相对滞后，行使国际货币三大职能的情况极不平衡。IMF认为货币国际化指货币流通范围超越发行区，能在全球市场非居民间交易，能在经常和资本账户兑换和流通，最终演化为国际交易和价值贮藏媒介的过程。IMF的观点更关注国际交易使用，即国际化是货币在国际支付中被逐步推广使用的过程。货币国际化是在市场交易中参与方自由选择形成的，货币国际化必然替代原来流通领域内的本币或国际货币，因此同时是货币替代的过程。本杰明·科恩（2004）将货币替代区分为本币缺乏稳定性被外币替代和本币流出替代外币的过程，拉美和东欧国家的"美元化"现象属于第一类，而美元、人民币被境外需求的过程为第二类，这两类现象相互联系。阿根廷、智利的"美元化"一定程度上提高了美元的国际化程度，缅甸、蒙古国等中国周边不稳定的货币在局部区域被人民币替代流通交易也正是人民币周边化—区域化—国际化的起源。[①]

人民币境外需求和人民币国际化具有紧密的联系。货币需求是货币理论的经典内容，从传统货币数量论、凯恩斯需求理论和弗里德曼货币论到现代的投资组合理论、服务函数理论、货币搜寻等理论，学术界对货币需求的概念在争论中逐步取得了共识。从社会角度看，货币需求是经济运行的交易需要；从微观角度看，是以货币形式持有部分财富形式的需求。无论从交易还是持有资产的角度出发，均需要测度货币需求的数量，货币数

[①] 严佳佳：《人民币国际化的货币替代机制研究》，中国金融出版社2011年版，第26页。

量论发展为货币需求理论是学术脉络发展的自然选择。当人民币的需求主体从境内居民延伸至境外的非居民时，人民币的交易和流通范围超出了发行区，自然地就产生了人民币的境外需求。人民币境外需求规模和功能的不断提升，导致对人民币跨境流动和使用的管制放松，国际市场交易网络不断成熟，最终将不可避免地走向人民币国际化，因此人民币境外需求和人民币国际化有一脉相承的关系。

人民币境外需求又不同于人民币国际化。人民币境外需求分为两种形式，一是私人和官方渠道对人民币具有购买力的支配愿望，目的是将私人或国家资产在财富约束下，部分转化为人民币持有的形式；二是在非居民与居民间以及非居民间发生交易和债权债务关系转移时，产生对人民币作为媒介的需要。人民币国际化则是全球范围内广泛计价、交易、贮藏使用的过程。20世纪90年代起，人民币已经在周边地区自发地流通和使用，但是很长一段时期，人民币并没有获得国际货币的地位。至今人民币仍未实现完全的自由兑换，虽然2016年10月1日人民币被IMF纳入特别提款权（SDR）货币篮子，但是人民币在全球外汇储备中的实际份额仍未超过1%。中国人民银行推动各国和地区央行实施双边本币互换超过3万亿，但是绝大多数互换协议并没有被启用，说明在国际货币干预市场上，人民币仍未得到广泛使用。人民币境外自发需求的状况并非个例，印度卢比在南亚地区和俄罗斯卢布在独联体国家也出现了类似的流通和使用情况，因此单纯的货币境外需求和使用与货币国际化的层次和内涵是不同的。

（二）与跨境流通和境外使用的异同

人民币境外需求和人民币跨境流通也存在异同点。人民币跨境流通是指"人民币跨越中国国境，在我国的周边国家和地区执行货币价值尺度、流通手段和贮藏手段职能"（孙东升，2007）。人民币跨境流通包括两个方向，一是通过贸易、旅游、投资等渠道输出国门，二是以安全性、流动性和增值性等目标，通过一定的方式和手段回流境内在岸市场，因此跨境流通实际上是人民币有序的跨境循环交换状态（张方波，2015）。人民币跨境流通是人民币跨越国境、在境外运行以及回流境内的状态，也是人民币国际化的开始。人民币境外需求则是境外经济主体在资源禀赋约束下，对持有人民币货币形式的需要。人民币境外需求刻画了货币需求对象和需求主体，而人民币跨境流通只指人民币的跨境运行系统状态。同时，二者又是紧密联系的，人民币跨境流通现象背后的推动力，正是境内外经济主体的需求在驱动。前者是可以观测统计的经济现象，后者则是难以直接观测的经济学概念。因此境外人民币需求是人民币输出的前提和必要条件。

人民币的境外使用是指：境外经济主体在境外交易、投资或贮藏等经济活动中以人民币为载体进行。① 境外使用刻画了境外持有者对人民币媒介的运用，也是可被观测到的经济现象。跨境和境外经济活动中，对人民币的使用加强了对人民币的境外需求。人民币跨境流通然后被境外经济主体所使用，二者与人民币境外需求存在内在的因果循环。

在经济现实中，人民币境外需求以人民币跨境流通和境外使用为表象，研究人民币境外需求，自然无法割裂人民币跨境流通和境外使用。人民币境外需求是抽象的经济学概念，难以直接观测计量。基于经济学均衡假设，在本研究中，对人民币境外使用和境外需求通常不做具体的区分，在不同情形下，分别以人民币跨境流量、境外存量和境外使用量等指标作为对人民币境外需求的经济测量。

本书对境外人民币现金和存款等形式分别进行了考察，但以现金为主要的研究对象。根据我国货币供应量的三个层次划分，现金的统计口径属于 M0，存款的统计口径则属于 M1 或 M2 范畴。在我国现行货币统计体系内，将境外人民币现金包括在境内 M0 总量统计中，境外企业和个人的人民币存款并没有计入境内的货币总量，但是对境外金融机构在境内的人民币存款实施了存款准备金管理。对于现行货币统计体系是否应该调整，学界仍然存在很大的争议，这对人民币境外需求测算的研究产生了影响。

第三节 人民币境外需求的研究述评

一 人民币境外需求的起因和现状

（一）人民币境外需求的原因分析

境外非居民为什么需求和使用人民币是研究的起点。基于货币可能具有的五种职能——交易媒介、价值尺度、支付工具、价值贮存和世界货币，徐建国（2012）认为全球金融危机以来国际货币币值稳定性下降，人民币稳定升值是境外需求上升的主要因素。贸易结算和资本输出是推动人民币国

---

① 根据前面的定义，此处"境外使用"仍是指人民币法定流通区域以外。

际使用的重要手段,汇改和通胀管理是稳定币值、刺激需求的长效机制。付俊文(2011)通过研究中国货币互换实践,指出金融危机冲击导致中国贸易伙伴国缺乏美元,产生了使用人民币结算的需求。更深层次的研究表明,境外需求体现了国际社会改革货币体系的意愿。金融危机、欧债危机相继爆发的背后是国际货币发行区的低息债务,尤以美国最为典型。美元全球需求使美国赤字化输出美元,美国债利率持续保持在低水平,2009—2011年美国10年期国债平均利率只有2%。以中国为代表的债权国大量购买美国国债,巨额赤字下美元贬值压力致债权国资产价值存在风险。[①] 现行货币体系不合理增加了规避美元风险的人民币需求。部分国外央行基于国家安全考虑开始在储备资产中纳入人民币。何帆等(2011)基于凯恩斯货币需求理论分析香港市场的人民币需求,认为香港居民存在持有人民币与境内企业的交易需求。离岸资本市场发展使持有人民币头寸把握投资机会的预防需求上升,升值预期下投机需求最为显著。境内外市场近些年来一直存在升值预期,在贸易结算方面,人民币出去多,回来少,表明人民币国际化历程中货币投机需求起到了显著推动作用(李艳军,华民;2016)。

(二)人民币跨境流通的现状

(1)人民币跨境流通的演变

人民币跨境流通是在兑换限制和资本管制状态下,人民币境外需求的表现。随着人民币国际化进程的快速推进,人民币跨境流通的规模不断扩大,跨境流通的渠道日益多样化,国内学者对人民币跨境流通现象进行了持续跟踪研究。

人民币跨境流通始于20世纪90年代,1997年亚洲金融危机中,中国政府坚持币值的稳定为人民币赢得了声誉,跨境流通规模开始扩大。虽然有学者开始提出人民币可能会成为世界性货币的论断(赵海宽,2003),但实际上当时人民币的境外需求规模并不大。由于人民币币值的稳定升值趋势,周边国家地区的需求逐步提升。根据陆长荣、丁剑平(2016)对人民币国际化进程三个阶段的划分进行梳理,笔者将人民币跨境流通分为三个阶段,在不同阶段呈现出了不同的特点。[②] 第一阶段:1989—2006

---

① 陈新平:《美国国债:中国的两难问题》,《宏观经济管理》2009年第9期。
② 参考陆长荣、丁剑平《我国人民币国际化研究的学术史梳理与述评》,《经济学动态》2016年第8期。

年，为自发流通阶段。这一时期的人民币跨境流通，主要由境外经济主体自发推动而非官方行为［李婧等（2004），董继华（2008），巴曙松和严敏（2010）］。该时期跨境流通的主要渠道，源于边境贸易、边民互市、跨境旅游携带等自发渠道。在人民币国际化政策出台以前，境外的人民币规模仍然有限（周宇，2009）。中国人民银行"人民币现金跨境流动调查"课题组（2005）的调查结果表明，跨境流通呈现流量远大于存量的特点。第二阶段：2007—2014年，官方推动阶段。中国政府开始出台系列政策鼓励人民币"走出去"。2007年跨境贸易人民币结算政策的推行和离岸市场的发展，极大地促进了人民币的境外需求。2005年汇改重启后人民币持续单边升值，升值因素极大地刺激了人民币的境外需求。2008年上半年香港人民币存款增加到了800亿元，占香港总存款的2%。流出的人民币缺乏投资渠道，大部分以存款方式转存人民银行深圳分行（钟伟，2008）。人民币境外投资渠道狭窄成为抑制境外需求上升的重要因素。为解决人民币的境外使用问题，2007年后中国政府加速批准境内机构在香港发行人民币债券，以解决回流问题，但债券规模相对境外的人民币存量仍然有限（周宇，2009）。2008年起人民银行与境外央行开始频繁签订本币双边互换协议，推动跨境流量上升。除了贸易项外，2012年后，中国政府开始允许境外机构以人民币投资境内市场，并鼓励境内企业利用人民币对外直接投资，开启了资本项驱动跨境流通的步伐。2013年人民银行开始布局全球人民币清算网络，并且推动全球人民币离岸中心的建设步伐。2014年加速建设上海自贸区，拓展本外币一体化运作的自由贸易账户功能。第二阶段成为人民币跨境流通规模提升最快的时期。第三阶段：2015年至今，人民币国际化流通阶段。在第三阶段人民币跨境流通已经达到了相当规模，需要提升人民币国际化的质量内涵。沪港通、深港通、债券通的实施沟通了境内外资本市场，在资本项下人民币跨境流通开始形成封闭回路。2015年3月起，中国政府开始推动"一带一路"战略，成为人民币跨境流通新的助推器。2015年11月30日，IMF执董会批准人民币加入特别提款权（SDR）货币篮子，人民币开始在国际储备市场上供给流动性。虽然经过2015年"8·11"汇改后，人民币出现了一年多的贬值期，境外人民币流通规模阶段性下降。纵观整个发展历程，学术界普遍认为人民币跨境流通规模虽很难精确统计，但是规模整体上呈现迅速扩大趋势。

（2）境外对人民币的需求集中于贸易结算渠道

人民币境外存量迅速上升，发生于 2009 年跨境贸易本币结算政策在全国推开之后，结构突变时期与贸易结算政策同步出台（蒋先玲，刘微，叶丙南；2012）。本币贸易结算和境外人民币存贷款业务是国际化的主要市场动力（高海红，余永定；2010）。贸易渠道实现了从境外小规模自发需求向大规模市场需求的转变。王元龙（Wang Yuanlong, 2009）认为，境外人民币虽主要通过真实背景贸易结算积累，但大规模回流仍可视为"热钱"。汪洋、荣璟、万鹏（2015）认为货币互换将在"一带一路"的货币外交中发挥重要作用。货币互换协议不能增加人民币境外存量，但会扩大人民币的境外流通量，长期看会造成人民币的净流入。人民银行实施的货币互换仍然基于贸易渠道，仍未扩展到资本项下互换。截至 2017 年第 2 季度，跨境贸易人民币结算累计已达到 31.3 万亿元，与之相比，人民币对外直接投资和人民币外商直接投资规模分别只有 1514 亿元和 4186 亿元。鉴于央行对资本项下人民币大规模流动的监管态度非常谨慎，RQFII 和 RODI 的资格和限额审批仍相对严格，沪港通、深港通等资本流动试验规模较小，因此未来一段时期内贸易渠道仍将占据主导地位。利用 2017 年 6 月的数据计算，对外贸易中人民币结算的比例为 18.66%，考虑中国进出口贸易的庞大规模，在贸易结算项下人民币境外输出的增长潜力仍然十分巨大。①

（3）境外对人民币的投机需求表现明显

资本管制金融体制下境内外的货币市场分割，在岸和离岸市场分别形成了不同的人民币汇率和利率。在岸—离岸市场的有限连接阻碍了价格的迅速传导，使境内外人民币汇差和利差难以迅速消除，这为境内外市场参与者从汇差、利差和升值中投机获益提供了空间。境外人民币需求方包括通过 RQFII 进入中国银行间市场的机构投资者、汇率套利者和贸易背景下的融资者。名义汇率对均衡汇率低估导致存在持续的升值动力（张斌，2011）。升值预期下，短期资本大量流入；而在贬值预期下，大量短期资本外逃带来监管压力。人民币境外存量扩大，为国际资本做空人民币提供了空间（李艳军，华民；2016）。俞业夔（2017）以浙江省为例研究了人

---

① 马骏、徐剑刚等：《人民币走出国门之路——离岸市场发展与资本项目开放》，中国经济出版社 2012 年版，第 76 页。

民币国际化进程中存在的套利、套汇现象，发现浙江跨境人民币业务中，存在由七种具体套利套汇方式构成的两种套汇机制和一种套利机制。在跨境贸易结算中，投机者满足需求的渠道是对境内出口时收取人民币，境内进口商的进口支付使境外的人民币存量上升。跨境贸易需求的背后隐藏了在岸和离岸的汇差因素驱动，套利和套汇需求持续存在的深层次原因在于，资本管制和央行持续的汇率市场干预行为（余永定，2011）。嘉伯（Garber，2012）分析了香港人民币存款变动的供需因素，揭示了在岸—离岸市场套利机制和升值预期是驱动香港市场的主要因素。村濑（Murase，2010）认为，境外需求机制创造了新的寻租空间和收益群体，导致境内金融改革迟缓。在岸—离岸市场存款利差驱动香港居民北上境内存款，境内企业赴境外贷款融资的激励增强，上述原因共同构成人民币境外需求的投机色彩较浓，投机引发的跨境流动影响了境内的金融稳定〔何东（Dong H），麦考利（Mccauley R N）；2010〕。人民币境外需求中投机动机明显的一个例证，发生在2015年"8·11"汇改之后。① 人民银行对人民币中间价报价机制的改革，引发了10年单边升值的结束。快速推进的人民币国际化显露出基础不稳的缺陷，升值期离岸人民币资金池壮大，贬值期自由交易机制为国际投机者做空人民币提供了空间（卢有红，彭迪云；2017）。套汇、套利和做空加剧了资本外流，引发了贬值压力。人民币贬值显著影响了国际化进程，跨境贸易人民币结算规模快速下降；2016年12月的香港离岸人民币存款相比2014年12月下降了约50%。点心债发行量和境外居民持有境内股票规模也同步下降约一半。这充分说明投机需求的存在，人民币国际化需要夯实境内的经济金融基础。

二 人民币境外需求的估计方法

（一）人民币境外需求的直接估计方法

梳理已有研究文献，国内机构和学者对境外人民币的估计方法的思路分成两类，即直接估计方法和间接估计方法。

直接估计方法首先通过调查问卷和边贸口岸的登记资料等渠道，获得数据来源。基于调查数据推断跨境人员的平均现金携带水平，利用现金携

---

① "8·11"汇改指的是，2015年8月11日，中国央行宣布调整人民币对美元汇率中间价报价机制，做市商参考上日银行间外汇市场收盘汇率，向中国外汇交易中心提供中间价报价。

带的均值和跨境人员总数的乘积估计现金的跨境流量。流量估计包括现金跨境的总流量、流入量、流出量和净流量。根据定期连续的调查也可以获得境外存量的估计，思路是由境外流通起始期估计净流量，然后将各时期加总，但是该估计不易实现。从起始期连续调查的成本很高，基本上由官方机构组织。起始时期的选择也存在争议。

已有的学者和人民银行对境外人民币的直接估计方法思路基本一致。按照现金出入境途径分为两类：

现金流出途径：境内居民出境旅游、探亲或求学（E_1）、境内贸易支付（E_2）、境外投资（E_3）、银行调运出境（E_4）、地下汇兑和非法交易（E_5）。

现金的回流途径：境外贸易支付（I_1）、入境旅游、探亲（I_2）、投资境内（I_3）、银行调入（I_4）和走私（I_5）。根据现金流通的方向，某时期的净流量估计为：

$$N = \sum_{i=1}^{5} E_i - \sum_{j=1}^{5} I_j = (E_1 + E_2 + E_3 + E_4 + E_5) - (I_1 + I_2 + I_3 + I_4 + I_5)$$

该方法的优点是直接面对跨境人群，取得的数据非常有价值和时效性。缺点在于全国口岸的地理条件复杂，调查的口径狭窄且组织难度较大，估计加总时也存在误差放大的问题（李婧，管涛，何帆；2004）。在实际测算中地下渠道的流动难以估计（陈鑫燕，赵凯，胡佳斐；2012）。李婧、管涛、何帆（2004），中国人民银行"人民币现金跨境流动调查"课题组（2005）和刘小兰（2008），主要考虑了边境贸易、出境旅游和港澳居民入境三个主要方面。中国人民银行广州分行"人民币在港澳地区流通"课题组（2002），则针对港澳地区的银行系统、居民和找换店的现金持有进行了调查估算。人民币跨境流通混合了正规流通和非法活动两种，因此有学者利用边民互市交易量、个人携带人民币现金出入境额、非法活动现金交易额，估计跨境人民币流量（黄大富等，2015），但是由于地下活动的隐蔽性和现金的不记名特征，精确估计的难度很大。[①]

（二）人民币境外需求的间接估计方法

由于直接估计方法存在估计精度不足、口径狭窄等缺陷，学者们对人

[①] 黄大富、杨明、何遒成等：《沿边金融综合改革背景下跨境人民币现钞流通风险研究——以百色市为例》，《区域金融研究》2015 年第 7 期。

民币境外需求的测算研究，主要采用了间接估计的思路。间接估计思路下的方法不止一种，已有对人民币的研究中基本采用缺口估计方法，技术手段使用过于单一。

缺口估计法的基本思想是：假设在一个样本期内货币不存在境外的需求，全部在境内流通；通过探索货币供应量和消费、利率、产出、通货膨胀率等宏观变量之间的长期关系，估计出稳定的货币需求函数（项后军，孟祥飞，潘锡泉；2011）；然后，使用该函数估计样本期外的货币需求；最后，在实际货币供应量中扣除内部需求以估计境外的需求。

缺口估计方法对人民币境外需求的估计文献中，不同点主要在于两个方面：境外需求的起始时点选取和货币需求函数的形式设定。对于开始境外流通时点的选择没有客观准确的判断标准，已有研究主要采取标志性事件进行区间的分段。缺口估计研究中，对人民币开始境外流通的分界点划分有一定的主观性。徐奇渊和刘力臻（2006）、董继华（2008）、巴曙松和严敏（2010）以及王雪和王聪（2016）的研究中，基于事件研究法将1997年亚洲金融危机作为分界点，认为亚洲金融危机期间人民币坚持不贬值为其赢得声誉，1998年后境外存量开始上升。马荣华和饶晓辉（2007）则从中国经济货币化进程出发将分界点设在1994年。石建勋、全淑琴和李海英（2012）以2005年汇率体制改革作为分段标志。最近的一些对分割点选取研究结果包括2004年（宋芳秀，刘芮；2016）、2003年（余道先，王云；2015）等。对于货币需求函数的设定问题，基本结构包含规模变量和机会成本变量是没有争议的。规模变量可以使用产出、消费变量，机会成本变量由通胀率和利率构成。[①] 不同点在于对中国的货币需求函数中设置了各异的制度化变量。包括以财政收入/GDP表示的宏观税率（巴曙松、严敏，2010；余道先、王云，2015），M_2/GDP刻画的货币化指标（巴曙松、严敏，2010；严佳佳等，2017），城镇人口/总人口表示的城镇化水平（马荣华，饶晓辉；2007），股票和土地价格指数（石建勋，全淑琴，李海英；2012）等。有的研究则没有纳入制度化变量（王雪，王聪；2016）。综上可见，人民币的间接方法测算中方法单一，货币需求函数设定未取得一致意见，因此应加强对估计方法的研究。

[①] 秦朵：《改革以来的货币需求关系》，《经济研究》1997年第10期。

三 人民币境外需求的规模测算

（一）人民币境外需求的直接法测算

一些学者（机构）基于调查数据，对人民币的跨境流通规模进行了测算，取得了一些研究成果（表1.3）。测算结果因关注流通区域、研究时点和推算思路不同而存在明显差异，但研究结论存在两点一致：一是跨境流量普遍大于境外存量；二是随时间推移跨境流量和境外存量呈上升趋势。流量大于存量的原因在于：2007年前人民币在境外交易和投资功能基本缺失，境外用途包括大陆周边国家、地区非居民用于边境小额贸易，旅游消费支付，以及币值不稳定国家的少量贮藏，因此现金通过贸易支付和人员往来，出现短期内大进大出的局面。[①] 人民银行现金跨境流动调查组（2004）发现，2004年现金跨境流量是境外存量的35.7倍，这充分反映出当时人民币的周边化与区域化，主要是基于贸易结算支付的自发流通特征。2007年以后我国政府开始用政策鼓励人民币的境外使用，以推动人民币国际化进程。持有境外人民币存款、跨境贸易结算、投资点心债以及境内资本市场等使用渠道涌现，但总体上规模尚小。人民币随着贸易项跨境流动是主流，人民币跨境流量大约是境外存量的3倍左右（王峥，2015）。

表1.3　　　　　　　人民币跨境流量与境外存量直接测算

作者或机构	时间	估计结论
张丽娟、孙春广	2001年	香港人民币现金流量600亿元
人行广州分行	2001年	流入港澳37亿元，存量31.6亿元
李婧	2002年	流量1200亿—1400亿元，存量50亿—120亿元
黄少明	2003年	大陆至香港流量410亿元
文坚	2004年	云南流存量198.3和85亿元，净流出45.1亿元
现金跨境流动课题组	2004年	周边流量7713亿元，存量216亿元，净流出99亿元
瑞银华宝公司	2005年	香港存量1570亿—3130亿元
钟伟	2006年	中国香港、新加坡、越南、泰国、印度尼西亚存流量245亿元和364亿—374亿元

[①] 人民币在境外流通和使用受限正是我国推动人民币国际化的重要原因之一。

续表

作者或机构	时间	估计结论
黄大富等	2013年	百色中越人民币现金跨境流量46.44亿元
林晓琳	2014年	中朝人民币跨境流量28.38亿元

资料来源：根据张丽娟、孙春广（2002）、现金跨境流动课题组（2005）、李婧（2004）、钟伟（2008）、文坚（2006）、黄大富等（2015）、林晓琳（2016）等文献整理。

（二）人民币境外需求的间接法测算

间接法对人民币境外需求的存量测算研究，普遍使用缺口估计方法。由于研究中分割点和模型结构设定不同，测算结果存在较大差异，研究取得一致的结论是境外存量呈扩大趋势。徐奇渊、刘力臻（2006）估计人民币在港 M1 存量，从 2000 年 200 亿元增至 2003 年 600 亿元。受"非典"和"禽流感"相继影响，2003 年年末存量下降 123 亿元。马荣华、饶晓辉（2007）估计 2005 年人民币现金境外存量约 311 亿元。董继华（2008）利用 1990—1998 年的季度数据，估计出人民币现金境外存量 2005 年年底为 258 亿元。巴曙松、严敏（2010）的结论是 2008 年年底人民币现金境外存量约 3426.99 亿元，占发行总量的 10%。李继民（2011）将协整与误差修正模型转化为自回归分布滞后（ARDL）模型，估计出 2008 年的外部需求均值为 926.5 亿元。余道先、王云（2015）估计 2014 年人民币现金境外存量均值为 2445.17 亿元。陶士贵、叶亚飞（2013）估计 2012 年年底人民币现金境外存量为 6669.41 亿元。严佳佳等（2017）对境外存量的估计结果则差异更大（25312.25 亿元）。

四 对已有研究的评价

（一）已有研究的特点

基于对人民币境外需求的估计方法和规模测算研究的梳理，发现已有文献成果呈现出如下特点：

（1）研究集中对人民币跨境流通和境外使用的现象剖析

从 20 世纪 90 年代起，人民币"自发"流出境外，开始在境外担负交易计价、结算、投资和贮存功能，上述现象引发了学术界的极大关注。①

---

① 李婧、管涛、何帆：《人民币跨境流通的现状以及对中国经济的影响》，《管理世界》2004 年第 9 期。

从推动跨境贸易人民币结算和离岸市场的人民币交易两个方面来看，2009年中国政府明确推动人民币的境外使用。已有研究更多地集中对现象的定性分析，探讨其中的风险并对推动境外使用进行对策研究。在我国政府正式推行人民币国际化之后，研究集中对国际化前景、路径、风险的研究，而对基础性的定量测算研究开展不够系统深入。

（2）人民币境外需求的测算中单独使用直接方法或间接方法

已有对人民币境外需求规模的测算研究中，既有直接推算的思路，也有对间接法估计的使用，但研究通常只从一种思路出发。在直接法思路下，研究集中于对跨境流量的测算，测算时以"边贸结算+出境旅游+港澳居民入境携带"的思路最为典型。在间接法思路下，研究针对人民币境外存量的测算，集中使用了缺口估算方法。对人民币跨境流动监测和人民币国际化进程的评估，已有研究起到了积极的作用。已有研究很少同时使用两种研究思路，研究方法有单一化的倾向。

（3）直接和间接测算的结果差异较大，流存量总体增长的结论一致

已有人民币境外需求测算研究，一致认同人民币境外需求呈不断增长趋势。争议的问题是跨境流量和境外存量规模现阶段究竟有多大。已有研究使用直接法测算涵盖的渠道有限，测算的结果通常小于间接测算的结果，人民币的跨境流量远大于境外的存量。

（二）已有研究的不足

人民币境外需求的相关研究已得到学术界的重视，取得了丰富的有价值的成果，但仍存在一些不足：

（1）人民币境外需求的估计方法单一，缺乏方法的创新研究，而且缺少同时从直接推算和间接估计两种思路进行研究

由于人民币境外流通的历史较短，人民币国际化进程也刚刚起步。境外需求的相关研究仍以定性阐述为主。已有文献对人民币境外需求的直接测算，存在口径狭窄、精度欠缺的问题。间接估计的手段单一，没有广泛吸收国外的先进方法进行综合估计，对估计方法也缺乏针对性、创新性研究。已有研究通常只从直接或间接下的某一种方法进行研究，没有兼顾两种分析思路。

（2）缺乏对人民币境外需求动因的综合剖析

人民币境外需求动因研究的目的在于：回答非居民为什么需求人民币的问题。研究的意义在于准确定位人民币境外需求的动力源，进而制

定有效的货币外需管理和国际化推进战略。已有研究集中探讨人民币国际化的现状、风险和前景，少有对人民币境外需求产生和扩大根源的剖析。

(3) 对人民币境外需求影响因素的数量研究需要加强

对于哪些因素以及如何影响人民币境外需求的问题，已有研究以定性分析为主，经济学理论和数量模型研究尚不多见。对境外需求是否依赖于升值预期的问题也存在很大争议，因此导致对策建议难以统一。不从理论和实证研究出发，考察人民币境外需求的影响因素，则难以对境外需求的规模进行合理的测算，也就不能明确货币国际化的统计监管思维。

第四节 研究内容、思路和方法

一 研究内容

(一) 研究主题

本书的研究主题是人民币境外需求的规模测算。相关的研究围绕测算问题展开，立足于人民币跨境流通和境外使用的演变，剖析人民币境外需求的动因。基于现金跨境流通的微观调查和数量研究，揭示人民币境外需求的影响因素，通过对估计方法的比较和改进为测算研究的主题服务。

(二) 研究内容分解

根据以上研究主题，本书主要的工作内容可分为以下四个方面：

(1) 人民币境外需求的演变及动因剖析

对人民币的跨境流通和境外使用的演变进行系统梳理。从宏观、微观和制度视角出发，综合剖析人民币境外需求的动因。分析离岸市场发展、跨境贸易人民币结算、货币互换以及"一带一路"等战略对人民币境外需求的推动作用，理解并建议完善在资本管制条件下人民币供给—需求的机制设计。

(2) 人民币境外需求影响因素的理论和实证分析

从经济学理论和数量分析出发，探讨有哪些因素以及如何影响人民币的境外需求。影响因素定量分析可为人民币境外需求的估计方法和规模测算研究奠定基础。

(3) 人民币境外需求的估计方法研究

梳理并比较代表性的境外需求测算方法，根据人民币境外需求的现实特点，对境外需求的估计方法进行改进和创新。估计方法的研究可为人民币境外需求的规模测算提供有用的工具。

(4) 人民币境外需求规模的测算

在估计方法比较和创新的基础上，综合运用各种估计方法，测算人民币境外需求的规模。在境外人民币现金测算的基础上，关注人民币境外存款的规模及货币统计监管问题。

(三) 研究章节设计

本书具体的章节设计如下：

第一章：系统梳理人民币境外需求的相关研究成果，指出已有研究的薄弱之处，明确本书的研究主题及研究意义，对人民币境外需求的相关概念进行界定和区分。阐述本书的研究方法、研究内容、研究思路和创新点。

第二章：从时间轴和空间轴不同方向上，阐述人民币跨境流通的演变，梳理人民币境外使用的现状。从宏微观和制度经济学视角出发，剖析人民币境外需求的深层次动因。

第三章：人民币境外需求的影响因素研究。在对人民币境外需求的动因和演变剖析的基础上，依据经济学理论、微观调查分析和实证数量研究结论，揭示人民币境外需求的影响因素。

第四章：对国内外货币境外需求的估计方法进行梳理和比较，探讨各种方法的应用条件和优缺点。根据人民币境外需求的特点改进估计方法，为人民币境外需求的规模测算奠定基础。

第五章：在引入并改进估计方法的基础上，综合运用各种计量方法，估计人民币现金的跨境流量和境外存量。推断境外人民币存款的规模，并探讨境外人民币存款的统计问题。

第六章：总结前五章研究得出的主要结论，对如何在开放环境下推动人民币的境外需求，加强人民币跨境流通的统计监测，提升货币需求管理效率，提出了相关的对策建议。

二　研究思路

本书以人民币境外需求的规模测算为研究对象，以货币需求的理论体系为主线，综合运用国际金融学、计量经济学、统计学等学科的理论与方法，致力于建立从人民币境外需求的演变及动因剖析→影响因素分析→境外需求估计方法研究→境外需求的规模测算→结论与建议的研究框架。

本书首先对人民币境外需求的相关概念进行阐述。人民币境外需求以人民币跨境流通现象和境外使用的具体活动记录体现，因此本书首先系统梳理了人民币跨境流通和境外使用的演变，进而探求非居民需求人民币的动因。人民币境外需求的影响因素众多，从理论和数量分析揭示出各因素的重要性和影响方式非常重要。估计方法是对人民币境外需求规模测算的技术工具，比较选择和方法创新为开展测算研究奠定了理论基础。人民币境外需求对境内宏观经济的冲击取决于境外需求的规模，因此测算境外人民币现金和银行存款的规模意义重大，这也是本书的核心内容。最后给出了本书的主要结论和相关建议。本书的逻辑结构见图 1.1。

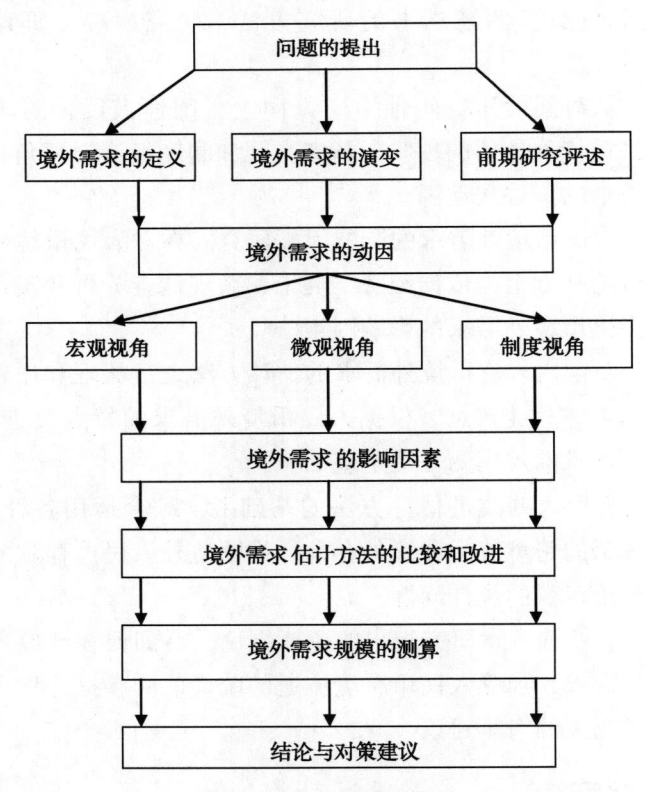

图 1.1 本书的逻辑结构

三 研究方法

1. 定性和定量分析结合

在研究人民币境外需求影响因素过程中，使用定性与定量分析结合的方法，从理论和数量角度揭示出影响变量和影响方式。通过经济学理论定性分析人民币境外需求的影响因素，然后构建数理经济学模型并综合运用数量方法进行定量考察。

2. 文献比较和调查研究结合

文献研究法是本书研究中贯穿始终的方法，本研究建立在广泛阅读前人研究成果的基础上。通过对已有研究的结果进行比较，发现人民币境外需求已有文献成果有待完善之处。研究同样高度重视经济统计调查的重要作用。通过针对性地设计实地调查方案，在边境口岸获取人民币境外需求的第一手统计资料。在文献研究和调查研究基础上，确立本书的研究主题并展开研究。

3. 计量分析法

人民币境外需求的测算、境外需求的影响因素研究中，本书综合使用了各种计量方法。使用静态和动态回归的方法，揭示人民币境外需求的影响因素；引入马尔可夫体制转换模型和贝叶斯共同因子模型，探讨人民币境外需求对汇率预期的依赖性；遴选境外需求的估计方法计量模型，并提出使用带汇率因子的极大似然方法估计境外现金持有比率的新思路，最终综合运用于境外需求的测算研究之中。

第五节 研究的创新

本书主要从经济数量分析的角度开展研究。首先，从理论上剖析了人民币境外需求的动因及演变；其次，探求人民币境外需求的影响因素；最后，展开人民币境外需求估计的方法和测算研究，旨在为货币当局的货币管理和货币政策制定提供数量决策依据。本书的主要创新点如下：

1. 在对货币境外需求估计方法梳理比较的基础上，对人民币境外需求的估计方法进行了创新。在直接估计思路下，提出按跨境人员来源地和目的地分类加总的推算方法，改进了原方法中忽略外国人现金携带途径的缺陷。在间接估计思路下，通过纳入汇率因子提出修正的需求函数最佳拟合方法，弥补了原方法不能获得动态估计的缺陷。

2. 树立了同时从理论剖析、微观调查和实证分析三个维度出发，探讨人民币境外需求的研究特色。本书设想改变相关研究侧重于从某一角度分析人民币境外需求影响因素的工作思路。具体研究特色包括在跨境贸易结算视角下，构建了人民币境外需求的理论模型；借助边境口岸的微观调查，分析了出入境人员的现金携带行为；运用静态和动态回归模型，揭示了汇率预期变动、在岸—离岸利差、汇率波动性、政策变量对境外需求的影响；利用 VAR 模型分析，发现了在岸—离岸利差、汇率预期及波动性对境外人民币存款需求的冲击传导路径；引入马氏状态转换和贝叶斯动态共同因子模型，实证揭示了境外需求对汇率预期的依赖性。传导路径和境外需求依赖汇率升值预期的数量研究在国内外尚不多见。多角度研究建议货币当局在政策制定中，应关注不同市场的关联性，将政策预期纳入货币需求管理框架。

3. 引入了国外研究中提出的方法，丰富了国内研究的技术手段，并运用于人民币现金的跨境流量和境外存量测算之中。引入的季节因子比较法、需求函数最佳拟合法和货币产出比率法在国内文献中未见具体的测算应用。综合测算结果显示，2016 年人民币现金跨境总流量为 46746.66 亿元，境外现金存量范围 [2068.09, 5569.23] 亿元，不同方法的组合估计结果为 3379.66 亿元。测算结果表明，境外现金存量已有相当规模。本书的观点是：在合理测算境外人民币现金需求的基础上，在 M0 货币统计中将其扣除并单独公布，境外人民币存款不计入境内货币供应量。

第二章

人民币境外需求的演变及动因

本章的写作目的在于通过对人民币跨境流通的演变和境外使用的进展进行梳理，并剖析人民币境外需求产生和扩大的根源，从而为后续研究奠定研究基础。

第一节 人民币现金跨境流通的演变与特点

一 人民币现金跨境流通管理制度变迁

从严格管制到逐步放松再向积极推动转变，是我国政府对人民币现金跨境管理的演变趋势。新中国成立以来管理制度的演变总体上可分成三个阶段：需求抑制期、限额需求管理期和需求推动期。[①]

第一阶段：1949—1993年。由表2.1可见，此阶段政策导向是压抑贸易和投资渠道的跨境流通，只允许少量的出入境个人携带现金，不存在境外人民币存款业务和债券、股票类金融产品交易。这一现金跨境监管政策的背景与新中国成立后国内经济恢复发展急需资金有关。少量的人民币境外需求也仅限于一些社会主义伙伴国家，不存在国际货币市场的人民币交易活动。

第二阶段：1994—2007年，是人民币外需管理政策从禁止向限额使用的转变阶段。改革开放后，我国经济与周边地区的联系日益加强，人民币境外需求逐步凸显，人民币现金出入境管理也逐步过渡到限额管理阶段。在个人渠道上，出入境人民币现金允许携带限额历经5元、200元和

[①] 周宇：《人民币对外政策的60年：从封闭走向开放——从"非国际化政策"到"国际化政策"的转型》，上海市社会科学界学术年会，2009年。

6000元的调整，此后一直维持在2005年实施的20000元水平上，至今未变。由于人民币在境外的存量开始扩大，我国政府有限度地放宽了人民币的境外使用渠道。不再限于个人旅游、购物消费支付用途，在香港开放人民币存款并发行人民币债券（点心债）①。这一时期，人民币还没有正式进入国际贸易结算交易支付系统，在周边地区更多处于事实流通和默认使用的状态。人民币在国际货币市场的交易体量也很小。2007年人民币在全球外汇市场上的交易份额只有0.25%，甚至不如新加坡元、波兰兹罗提和印度卢比更活跃。

表2.1　　　　　　　　人民币境外需求管理政策变迁

阶段	时间	政策内容
需求抑制期 （1949—1993）	1951.3	《禁止国家货币出入境办法》禁止经常和资本项目跨境人民币结算，禁止境外流通和使用
	1957.7	《关于小额人民币进出国境的规定》允许限额5元/人次，票面额不超过1元，严禁对外结算
	1987.6	《关于调整出入境人员携带人民币限额的通知》调整限额200元/人次。禁止对外人民币结算
限额需求管理期 （1994—2007）	1993.1	《国家货币出入境管理办法》调整限额为6000元/人次，允许出境旅游、购物人民币支付
	1993.5	《中越关于结算与合作协定》允许双边边贸本币结算
	2004.11	中国人民银行公告〔2004〕18号调整限额20000元/人次，允许出境旅游、消费人民币支付
	2002.11	《合格境外机构投资者境内证券投资管理暂行办法》允许合格机构投资者投资人民币资产
	2004.2	香港银行吸收人民币存款
	2007.6	香港首发人民币债券（国开行）

资料来源：人民银行网站（http://www.pbc.gov.cn/）。

表2.2　　　　　　　　人民币境外需求管理的第三阶段

时间	政策内容	时间	政策内容
2008.7	设立汇率司，鼓励离岸人民币需求	2012.6	外汇市场人民币与日元直接交易
2008.12	中韩签署1800亿元双边货币互换协议	2012.12和2013.2	中行台北分行和工行新加坡分行分获清算行

---

①　中国香港居民把粤式点心的概念用到金融市场上，创造出"点心债"这一专有名词。自从2007年国家开发银行首发这种以人民币定价、人民币结算的债券以来，都获超额认购，难以满足需求，被称为"点心债"。

续表

时间	政策内容	时间	政策内容
2009.7	跨境贸易人民币结算试点启动	2012.12	允许离岸银行对境内发放人民币贷款
2010.6	结算范围扩至20个地区，境外结算地为全球	2014.11	"沪港通"股票交易启动
2011.1	允许境内公司人民币对外投资	2015.10	人民币跨境支付系统运行
2011.6	明确外商直接投资人民币结算办法	2015.11	IMF宣布将人民币纳入SDR篮子
2011.11	伦敦首发离岸人民币债券	2016.10	人民币被正式纳入SDR货币篮子
2012.4	人民币对美元即期交易波幅由5‰扩至1%	2017.6	欧洲央行首次持有人民币外汇储备

资料来源：人民银行和国家外汇管理局网站。

2008年金融危机爆发后，汇率市场动荡和美元流动性不足，很多中国的贸易伙伴国陷入了支付困境，中国巨额的美元储备资产也面临价值缩水的风险，人民币的国际需求上升。中国货币当局适时转变了对境外需求的管理政策（表2.2），人民币跨境监管进入积极推动的第三阶段。中国政府不仅解除了贸易项下的跨境使用限制，而且积极开拓境外资本项下的使用渠道。在人民币被IMF纳入SDR货币篮子后，人民币开始取得储备货币地位。在可预期的未来，人民币对外管理政策必将进入自由兑换使用的国际化阶段。

二 人民币现金跨境流通的基本情况

1997年亚洲金融危机爆发后，中国政府坚持人民币不贬值的政策。币值稳定使其在周边区域的接受度不断提高，跨境流通规模不断扩大。笔者参与了2011—2012年由中国人民银行总行和西南财经大学联合在云南瑞丽、内蒙古二连浩特和深圳组织的"人民币跨境流通边境口岸调查"，基于调查资料初步整理，得到以下主要结论：

（1）人民币现金跨境流量不断攀升，境外沉淀量也随之增大。2005年汇率改革后，人民币汇率总体呈稳中有升的态势，持续存在的升值预期提高了外部对人民币的需求，也扩大了跨境流通的规模。

（2）人民币境外受欢迎程度不断上升。人民币在境外使用的不断扩大提升了接受程度。特别在中国周边国家和地区，人民币已成为常见的流通货币。在2012年边境口岸出入境人员的调查中，有69.6%的受访者表示人民币是境外比较受欢迎的货币，不太受欢迎的比重为9.1%；认为人民币在境外使用方便的被访者达到77.4%，只有9.1%的受访人员表示使用不太方便，两项问题调查的结果十分接近（表2.3）。

表2.3　　　　　　　　人民币境外受欢迎和使用便利的程度

用途	频数	频率（%）	使用便利度	频数	频率（%）
很欢迎	118	41.5	十分方便	138	48.6
比较欢迎	80	28.1	比较方便	82	28.9
一般	60	21.1	一般	38	13.4
不太欢迎	16	5.6	稍差	8	0.03
很不欢迎	10	3.5	不方便	18	0.06

资料来源：由2011—2012年人民银行和西南财大联合组织的调查数据整理。

（3）从流通渠道看，人民币的境外需求主要是贸易推动。20世纪90年代由小额边贸结算、个人旅游消费支付推动的状况已退居次席。随之被取代的是"贸易+投资"的双轮驱动，但是跨境贸易人民币结算是流通的主要渠道。针对现金的跨境流通，主要包括金融机构调运、出入境携带、民间兑换、贸易结算等渠道。表2.4显示，人民币现金境外获取的途径出现了分散化趋势，这说明了人民币现金在境外获取的成本在降低，境外的存量已明显上升。由于周边很多国家的金融体系不完善，而且有些国家政治不稳定，民间兑换点是境外居民获取人民币的首要途径。缅甸、蒙古国、俄罗斯及越南等国家本币与人民币的汇率不稳定，官方汇率与"黑市汇率"差距很大，造成官方兑换价在很多场合不被接受。私人兑换的汇价与国际市场联系更紧密，兑换效率更高，因此交易的声誉高于官方金融机构。人民币现金获取途径的多元化，说明人民币在境外持有广泛且获取成本较低，已经在周边国家和地区初步形成了使用网络。

表2.4　　　　　　　　携带现金出入境用途与获取途径

现金用途	频数	频率（%）	获取途径	频数	频率（%）
回国使用	50	17.61	官方兑换	122	25
境外投资	56	19.72	亲朋好友	91	18.44
境外证券投资	8	2.82	商务伙伴	86	17.62
境外贸易结算	146	51.41	民间兑换	156	31.97
其他	24	8.45	其他途径	34	6.97

资料来源：由2011—2012年人民银行和西南财大联合组织的调查数据整理。

（4）人民币现金境外使用目的向多元化发展。境外使用的首要目的是作为境外居民与境内居民交易支付的手段。2009 年 7 月人民银行会同相关部门发布了《跨境贸易人民币结算试点管理办法》，启动了跨境贸易本币结算试点。随着试点范围的扩大，人民币结算额从 2009 年仅 35.8 亿元迅速攀升至 2017 年上半年已累计达到 31.3 万亿元，增长超过了 8000 倍；其次是用于出入境旅游、探亲消费，包括缴纳关费、旅游消费支付等。再次是境外机构或个人投资境内外债券、股票市场。把握投资境内外人民币债券、股票的投资机会成为重要的持币目的，"陆港通""债券通"等政策构筑了人民币资本跨境的封闭系统。最后，境外民间人民币交易市场也存在较强的现金需求。另外，由于现金具有匿名性特征，非公开跨境交易的现金需求则难以精确统计。由表 2.4 可见，跨境贸易人民币结算和消费支付是最重要用途，占受访者的 51.41%，同时境外人民币投资和回国使用均占有一定的比例。境外有价证券投资开始出现，机构向境内投资的限制也逐步放松。截至 2017 年 6 月底，RQFII（人民币合格境外投资者）批准额度已累计达到 1.74 万亿元；2017 年 7 月 3 日，内地与香港债券市场互联互通合作（债券通）首日，成交额度超过 70 亿元，投资境内资本市场已经逐步成为境外人民币的重要用途。

（5）人民币现金境外流通区域集中于周边国家和地区。人民币境外滞留的主要地区是境内毗邻的周边国家和地区［何青（He Q），科尔霍宁（Korhonen I），郭俊杰（Guo J），et al；2016］。[①] 接壤的国家中，蒙古国严重依赖与中国的经贸往来，人民币流通非常普遍。中俄边贸和人员流动增长较快，使人民币现金在俄罗斯有一定留存。俄方在交易中更坚持使用卢布，一定程度上限制了人民币的流通。2004 年 12 月后，卢布暴跌使得人民币的接受程度大增，中俄边境的地下人民币交易量大增。朝鲜的经济封闭且相对弱小，人民币的流通量不大，估计约有 28.38 亿元（林晓琳，2016）。中国港澳台地区和新加坡地区，居民的种族、语言文化与境内相似，四地均已开展人民币业务，人民币的流通最为广泛。其他东南亚华裔集聚区也是人民币沉淀量较大的地区。缅甸由于政治经济形势不稳定，边境地区出现了严重的人民币替代缅币的现象。在部分中缅边境地区，两国

---

① He Q, Korhonen I, Guo J, et al. The geographic distribution of international Currencies and RMB internationalization［J］. *International Review of Economics & Finance*，2016，42：442-458.

居民的民族、文化完全相同，只是在勘定国界时被依据地理标志人为划开。缅甸政府禁止人民币在密支那等内陆地区流通，边境地区处于默认状态。越南与中国云南、广东、广西等地的经贸联系紧密，境内居民赴越南旅游经商使用人民币较为普遍。在越南下龙湾、海防等地区人民币的受欢迎程度较高。越南政府规定个人携带人民币现金限额是 5000 美元（约 3 万元人民币），超额则需要提前申报。在欧洲、美洲等海外其他地区，亦有少量人民币现金流通，但规模与中国周边国家地区比较则不足为计。

三　人民币现金跨境流通的特点

人民币现金跨境流通的总体特点是跨境流量大，境外存量小（李婧、管涛、何帆，2004；王玲、沈伟基，2015）。随着贸易结算、货币交易、境内外投资等渠道发展，人民币的跨境流通量大增，但大部分流出的现金通过贸易支付、境内资本市场投资、人员携带等方式回流，境外的滞留量相对较小。据公安部统计，2016 年中国境内和香港的出入境人次分别达到 343.72 万人次和 2.21 亿人次。不难发现，仅个人渠道的现金携带导致的跨境流通规模已相当可观。2015 年 8 月后，人民币汇率贬值降低了境外人民币需求，境外金融衍生产品存量不足和兑换约束是制约现金在境外滞留的根本原因。

人民币跨境流通的另一特点是，与外贸活动变化保持同向变动性。跨境贸易结算是境外需求引发跨境流通的主要原因。人民币跨境流通在周边不同国家地区与贸易形式直接相关。在蒙古国、缅甸、朝鲜等国家，主要是用于粮食、金属矿产、木材和日用品等货物交易；在中国香港、台湾地区的流通则与跨境贸易、金融投资、旅游消费等业务联系较大；在中国澳门地区的流动则在很大程度上取决于旅游和博彩业。①

境内外人民币汇差、利差与跨境流通的联动性也在逐步加强。2005 年"二次汇改"推进以来，对美元汇率一直呈稳定升值态势。普遍存在的升值预期提高了外部需求，加强了人民币的跨境流出。伊藤（Ito T，2017）认为，在岸—离岸市场利差持续存在，境外居民投机需求驱动人民币的跨境流动加强，因此部分投机性需求缺乏真实背景。2015 年"8·11"汇改后，人民币从单边升值转变为双向浮动的态势，人民币出现了快

---

① 张红峰：《流动性的变化及其对澳门博彩经济的影响》，《亚太经济》2015 年第 6 期。

速回流，投机性需求被挤压。相比高峰期，2016年年底香港人民币存款余额下降了约一半左右。

四 人民币现金跨境流通的趋势

总体上，人民币现金跨境流通的流量和存量都呈现逐年增长态势，但伴随汇率的走势及国际经济环境会出现明显波动。2010年6月，人民银行发布（银发〔2010〕186号）《关于扩大跨境贸易人民币结算试点有关问题的通知》，允许开展人民币结算业务以规避汇率风险，跨境结算的推进极大地促进了跨境流通。2015年后，"一带一路""陆港通""债券通"等政策出台，驱动了投资渠道的资本跨境流动。2016年人民币被正式纳入SDR货币篮子，开始获得储备货币地位。未来人民币跨境流通出现继续上升趋势是明确的。

边疆地区银行服务功能提升，对外贸易合作的加深促进了人民币的跨境流通。个人本外币兑换特许业务的开展，推动了边境地区的区域金融合作。通过边境地区金融机构跨境业务服务水平和效率的提升，人民币走向可自由兑换的经验得以积累。中国经济的持续成长，国内居民出境旅游消费、留学持续升温造成人民币大量流出。同时，中国境内的消费环境对境外居民有很大吸引力，价格优势和开放环境使境内具有消费和投资优势。境外居民可在境内开设人民币账户，利用"沪港通""深港通""债券通"等机制设计投资，较为完整的人民币跨境流通系统得以形成。上述原因共同推动着人民币跨境流通呈持续上升的趋势。

第二节 人民币境外交易使用的进展

跨境贸易、投资人民币结算等国际化政策，推动了境外人民币交易量的上升。人民币境外的使用范围已超越周边国家和地区。境外使用没有按照"周边化—区域化—全球化"路径渐进式扩展，而是通过强大的贸易和投资引擎，迅速在全球传播。[1] 分析人民币在全球使用的最新进展，对研究人民币境外需求的最新动态有现实意义。

---

[1] 周宇：《人民币对外政策的60年：从封闭走向开放——从"非国际化政策"到"国际化政策"的转型》，上海市社会科学界学术年会，2009年。

一 人民币在跨境贸易中的使用

国际贸易领域对人民币的接受程度日益提高,截至2017年6月,全球有1900家金融机构使用人民币作为支付货币。"8·11"汇改后,人民币在跨境贸易的使用减速,以人民币为币种的国际支付比例出现下降(1.98%)。其中发达经济体与中国贸易计价、结算,仍然较少选择人民币。例如,中美交易,美国支付98%份额使用美元,对于中国影响力大的地区则不同,如台湾地区对大陆的人民币结算比例达到15%。经过梳理,将基本使用现状总结如下:

(一)人民币的全球贸易支付地位上升

跨境贸易人民币结算政策推动以来,人民币境外使用已彻底告别自发的小规模存在状态,国际货币地位迅速上升。支付市场的排名已从2010年10月的第35位迅速上升为2017年6月的第6位。市场份额也从0.25%上升至1.98%(表2.5)。虽然2015年后,人民币的支付市场增长速度放缓,但超过加拿大元(2.04%)和日元(3.16%)的市场份额应不需太久。同时应该注意到,人民币使用排名迅速变化的重要原因在于,人民币的国际市场使用份额很小,超越的币种大都是小国经济体的货币。如要达到英镑的国际使用水平仍需几年时间,要挑战欧元(32.89%)和美元(40.47%)的贸易结算地位,短期内则几乎没有可能。

(二)欧洲区人民币的使用迅速增长

中国货币当局推动人民币在全球使用,就不能限于亚太地区的贸易伙伴国,而应拓展到全球市场。欧洲使用人民币贸易付款的增长非常迅速,剔除中国境内和香港的人民币付款交易量,2016年欧洲人民币付款已超越了亚太地区,亚太地区的支付份额则略有下降。欧债危机使欧洲居民对欧元的信心动摇,刺激了欧洲的人民币需求,人民币在欧盟与中国/香港双边贸易中使用量激增。相比传统的美元区——美洲对人民币接受的迟疑,欧洲区的转变非常明显。2017年6月,欧洲央行将部分外汇储备由美元配置为人民币,这一举措发出了清晰的国际货币体系调整信号。伦敦、法兰克福、卢森堡、巴黎四大离岸中心交相呼应,其中伦敦已成为香港之外最重要的人民币离岸中心,人民币离岸外汇交易和存款规模迅速上升。根据《银行家》杂志于2016年发布的"欧洲人民币接受度调查"发现,受访的200家银行中有76%与中国有商业往来,有55%使用人民币产品和服务，人民币的业务联系43%在香港，伦敦只有18%。72%的受访者表示10—15年内人民币将成为高度重要货币，26%的受访者认为人民币将成为中等重要货币。96%的银行表示将高度关注人民币国际化进程。

表2.5　　　　人民币在全球货币支付市场的份额和位次

时间	2011.9	2011.12	2012.3	2012.6
位次（位）	15	17	16	16
市场份额（%）	0.25	0.29	0.35	0.43
时间	2012.9	2012.12	2013.3	2013.6
位次（位）	14	14	13	11
市场份额（%）	0.51	0.57	0.74	0.87
时间	2013.9	2013.12	2014.3	2014.6
位次（位）	12	8	7	7
市场份额（%）	0.86	1.12	1.62	1.55
时间	2014.9	2014.12	2015.3	2015.6
位次（位）	7	5	5	5
市场份额（%）	1.72	2.17	2.03	2.09
时间	2015.9	2015.12	2016.3	2016.6
位次（位）	5	5	5	6
市场份额（%）	2.45	2.31	1.88	1.72
时间	2016.9	2016.12	2017.3	2017.6
位次（位）	5	6	6	6
市场份额（%）	2.03	1.68	1.78	1.98

资料来源：根据SWIFT网站提供的数据整理（http://www.swift.com/）。

（三）人民币贸易融资增长，但全球向中国支付份额仍较低

由于国际贸易中很多交易双方需要信用担保，信用证手段是银行中介促进国际交易的最重要形式。人民币除了在全球贸易支付方面增长迅猛，也在全球贸易融资领域占据了重要的位置。虽然2014年后，全球大宗商品交易冷清，全球贸易信用证市场出现下降，但人民币的贸易结算信用证市场份额已经远远领先于其在支付领域的份额。在全球信用证开证币种中，美元处于统治地位，交易笔数以及交易金额的比例均超过80%。在2013年年底，人民币的交易笔数和交易金额已经超越欧元，成为全球第二大贸易融资币种。人民币信用证业务集中于亚太地区，人

民币输出的主要流向是香港市场。人民币在贸易融资领域使用仍存在明显的问题：一是没有境内参与的第三方贸易融资份额较低，说明人民币还没有被第三方交易所广泛接受。如果扣除香港地区的离岸支付，交易的份额更小，人民币距离真正的离岸化还很远。二是其他国家或地区向中国支付时人民币的使用率低。根据最新的统计数据，在以中国为最终方向的前五大付款国家和地区中，人民币付款比例分别为：中国香港（1%）、美国（1%）、韩国（2%）、英国（2%）、中国台湾（15%）、其他国家或地区（2%）。[①] 相对比较而言，对美国的支付，美元的使用比例高达85%以上。英国对中国的支付选择更多，除美元比例79%以外，还会选择英镑和欧元。总体来说，中国的国际支付高度依赖美元的局面仍未被打破。

（四）国际贸易人民币的境外使用不均衡

（1）人民币收付的区域集中于香港

人民币的国际贸易使用不均衡的重要表现是，收付严重依赖香港的离岸市场，客户发起支付和机构支付活动大约3/4发生在香港离岸市场上。2014年1月这一比例为75%，2017年5月的统计数据为77%。香港离岸人民币市场与全球其他离岸中心的领先优势没有缩小。客户选择在香港离岸人民币支付的主要原因是，香港以外其他境外地区的人民币存量有限，不能保证人民币资金的流动性和低获取成本。如果要进一步推动人民币的全球化使用，必须解决人民币的全球低成本可获得性问题。未来人民币贸易支付量的成长空间将极其广阔。

（2）亚太地区内人民币使用不均衡

由于地缘政治和经济联系紧密，人民币首先在亚太地区贸易中被使用。除中国境内和香港的支付活动以外，亚太地区中新加坡是最重要的国家。新加坡是除中国香港以外重要的人民币离岸市场，2017年5月底离岸市场的人民币存款规模已达到1270亿元。人民币支付份额升至17.6%（表2.6）。最引人注意的发展是台湾地区的人民币支付进展，从2011年几乎为零迅速升至15%，2017年上半年，台湾人民币存款达到3091亿元。人民币在港澳台的迅速使用，将为人民币完成大中华区的货币整合奠定基础。与中国台北、新加坡、韩国首尔成为重要的亚太离岸人民币中心

---

① 数据来源于SWIFT网站（http：www.swift.com）。

相比，人民币在日本和澳大利亚的贸易支付使用进展则非常缓慢。亚太地区跨境贸易中使用量最大的货币是美元。虽然日元国际化并不顺利，但日元在亚太地区的影响力仍然很大，澳大利亚元的国际化程度也较高，因此两国企业在与中国的贸易中，使用人民币的意愿仍较低。

表 2.6　　　　　　　　人民币在亚太地区的贸易支付

	国家/地区	新加坡	中国台湾	韩国	日本	澳大利亚	亚太地区
收付	2011.2	15.7%	0.0%	2.9%	0.6%	0.1%	4.4%
	2012.2	17.6%	15%	6.5%	2.1%	1.9%	6.6%

资料来源：根据 SWIFT 数据整理（http://www.swift.com/）。

二　人民币在境外投资中的使用

贸易人民币结算和融资，已为大规模的跨境流通和使用提供了通道。从国际化货币的职能出发，只从贸易渠道下使用人民币远远不够，培育在境外投资市场上使用人民币非常重要。人民币的国际投资使用包含了两个方向：一是境外利用人民币对国内的投资；二是使用人民币对境外投资。从长期效果来看，人民币在国际投资领域的使用潜力将比贸易结算的前景更大，影响也更加深远。① 人民币的国际投资使用，一方面可使人民币提升为国际投资货币，伴随"一带一路"和离岸市场交易输出境外，带动我国的国际合作关系由"地缘"向"币缘"转变（赵亚博等，2017）；另一方面可构建货币回流的渠道，境外人民币通过投资境内股市、债市、房地产等领域回流。如对境内的投资使用的回流路径过窄，人民币的国际化将是不全面和难以持续的。"一带一路"倡议将推动境外企业到境内资本市场投融资，人民币在沿线国家的接受程度将进一步上升［赛德威（Sidaway J D），文芝元（Woon C Y）；2017］。

（一）人民币国际投资的制度设计

在资本管制的框架下，人民币的国际投资由系列监管政策体系构成，包括人民币对外直接投资（RODI）、境外人民币证券市场投资（RQFII）和人民币外商直接投资（RFDI）。尽管存在较为严格的资格审

---

① 吴舒钰、李稻葵：《货币国际化新测度——基于国际金融投资视角的分析》，《经济学动态》2018 年第 2 期。

查和额度限制，但整个人民币国际投资的框架已经初步建立。2015年3月，"一带一路"战略正式推出，成为推动人民币跨境投资的有力保证。

（1）"一带一路"推动下的人民币对外直接投资

为配套跨境贸易人民币结算政策，人民银行于2011年1月发布了《境外直接投资人民币结算试点管理办法》。对获批的境内非金融机构的境外人民币支付进行了规范。外汇局对境内企业机构的境外投资申请在3天内完成信息登记，投资的核准期限为30天。累计汇出的前期费用原则上不超过其向境外直接投资主管部门申报的中方投资总额的15%。如确因境外并购等业务需要，前期费用超过15%的，应当向所在地外汇局说明并提交相关证明材料。人民币结算的管理权在人民银行，具体款项的汇入和汇出由人民币跨境收付信息管理系统处理。2015年"一带一路"战略正式推出后，与人民币国际化投资战略高度契合。[①] 对外直接投资将成为人民币输出的有效渠道，为人民币国际化提供重要的驱动力（张晓涛，杜萌，杜广哲；2016）。2015年10月人民币跨境支付系统（CIPS）上线运行，显著降低了人民币跨境支付成本。2015年12月《亚洲基础设施投资银行协定》正式生效，为境外投资确立了制度框架。2016年12月"中国—柬埔寨一带一路产业基金"确立了民营企业对外直接投资模式。2017年4月中国银行约翰内斯堡分行成功发行首支人民币债券"彩虹债"，募集资金用来支持"一带一路"建设贷款项目。从另一角度考虑，"一带一路"人民币对外投资不仅取决于中国的努力，而且需要与沿线国家密切合作。参与伙伴国家的汇率稳定性、市场潜力、对外开放度和基础设施水平等因素［刘海月（Liu H Y），唐英凯（Tang Y K），陈小兰（Chen X L），et al；2017］，都会影响人民币对外投资的质量。

（2）境外对境内证券市场的投资

境外人民币存量不断扩大，凸显了境外使用、投资渠道匮乏的问题。通过构建推行RQFII制度，境外金融机构被有限度允许投资境内资本市场。最初制度设计的投资限额为200亿元人民币，限制投资于股票和股票类基金市场的比重不得超过20%。RQFII政策为境外离岸人民币市场的资金开辟了投资回流渠道，缓解了离岸债券市场规模太小和存款

---

① 陈雨露：《"一带一路"与人民币国际化》，《中国金融》2015年第19期。

利息微薄的问题（裴长洪，余颖丰；2011）。① RQFII 也提升了境内金融市场的流动性，提振了 A 股市场。尽管 RQFII 规模还很难和 QFII（合格境外投资者）相比较，但是开启了人民币国际化资本项下跨境流通的新局面。2014 年后，我国又陆续推出沪港通、深港通、债券通、境外央行类机构进入银行间债券市场等制度，上海、深圳和香港三地投资者通过当地证券公司买卖对方交易所上市的股票。2015 年 7 月，人民银行发文，将境外央行等三类机构运用人民币投资银行间市场业务由审批制改为备案制，允许自由制定投资额度。截至 2016 年年底，境外人民币资金除了在境内投资实体经济领域外，可选择途径仅限于以下几种：境外投资者在审批限额内通过 RQFII、沪股通、深港通、债券通投资境内证券市场；境外央行、主权财富基金、国际组织、商业银行和保险公司投资银行间债券市场；境外清算行和参加行开展回购交易。目前，可供境外人民币投资的金融产品仍旧偏少，境内金融市场欠发达是限制人民币国际化的一个重要因素（马庆强，2016）。

（3）人民币外商直接投资

RQFII 政策集中于境外机构对境内债券、股票等资本市场的投资，但真正需要引导的是境外人民币投资于境内的实体经济。商务部和人民银行于 2011 年 10 月出台人民币 FDI（国外直接投资）的配套政策，印发了《关于跨境人民币直接投资有关问题的通知》，明确境外投资者获批的人民币投资额度，不可直接或间接投资于有价证券和金融衍生品市场及用于委托贷款。央行发布的《外商直接投资人民币结算业务管理办法》，则细化了对相关结算业务的管理。只要符合国家外商投资产业政策、外资并购安全审查、反垄断审查的政策规定，各实体经济领域均可投资。管理松绑激发了人民币外商直接投资活动，2016 年累计投资额达到 1.3 万亿元。

（二）人民币"一带一路"等国际投资使用进展

随着欧债危机、英国脱欧的影响蔓延，美国进入加息周期，全球的美元流动性趋于紧张。中国政府抓住历史机遇，在跨境贸易结算基础上，提出"一带一路"倡议，大力推动人民币在国际投资领域的使用，已经开

---

① 裴长洪、余颖丰：《人民币离岸债券市场现状与前景分析》，《金融评论》2011 年第 2 期。

始重塑国际货币体系。

跨境投资人民币结算规模相比跨境贸易结算仍然较小。利用2017年6月的统计数据对比，当月跨境贸易人民币业务结算金额4448亿元，人民币直接投资结算业务金额1532亿元，两种渠道的比值约为2.9∶1，而人民币外商直接投资和对外直接投资的比例也是2.9∶1。这种现象的根本原因在于：监管政策对资本项下的跨境流动限制强于经常项目。经常项目下，人民币已经实现自由结算和流动，但是资本项目还处于管制状态。在2015年"8·11"汇改人民币贬值导致资本外流承压的情况下，这种局面仍将延续。人民币对外和对内投资严格的监管制度，抑制了资金的跨境流动性。中国近几年经济增速下滑，部分行业产能过剩，生产成本上升。境内企业需要输出技术、开拓品牌和营销网络。利用人民币对外投资，不但可延伸企业产品价值链，而且可提升人民币的国际投资领域地位，因此应推动人民币对外直接投资的步伐。2015年"一带一路"战略下的人民币对外直接投资正是基于以上的时代背景展开的。

从投资结构看，人民币对外投资规模远小于外商直接投资。根据2017年6月的数据计算，二者比率约为1∶2.9。这说明在投资渠道内人民币处于净流入状态。这既与离岸市场发展不充分和境内资产收益高有关，也受到"8·11"汇改后，境外对人民币贬值担忧的影响。还没有实现通过投资使"人民币"走出去的目标。

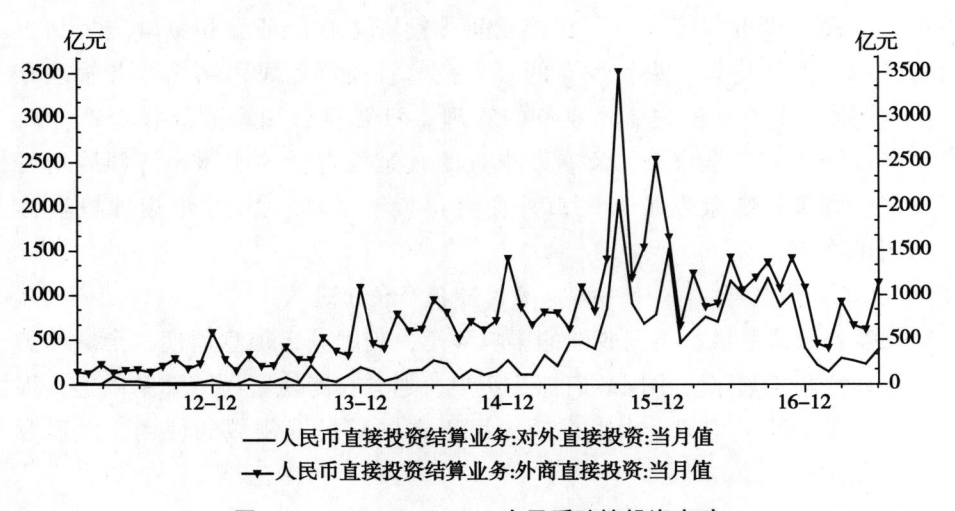

图 2.1　2012.1—2017.6 人民币跨境投资变动

从总的趋势分析，人民币跨境投资规模呈现波动扩大趋势。2011年10月人民币跨境投资政策出台，初期对内和对外人民币投资的规模都较小。2012年1月，人民币外商直接投资和对外直接投资分别只有135亿元和17亿元，而在2017年6月，分别达到了1140亿元和392亿元，人民币国际投资净头寸仍是净流入状态。中国已经是吸引外国直接投资规模世界第2位的国家，也是最大的对外直接投资发展中国家。2016年全年实际使用外商直接投资8132亿元，对外直接投资11299亿元，人民币的使用份额仍然有较大提升空间。图2.1展示了人民币跨境投资的变动，外商人民币直接投资和对外直接投资额分别增长了7.4倍和23.1倍，人民币对外投资的增速明显快于对内增速，未来如果人民币在跨境投资中被广泛应用，将出现数倍于贸易结算的规模。

2016年，"一带一路"沿线国家对华直接投资新设立企业2905家，投资金额458亿元，国内对"一带一路"沿线国家的直接投资额145亿美元。"一带一路"战略向纵深推进，成为人民币国际化新起点：一方面，跨境贸易、国际信贷、对外投资和工程承包都需要一种国际货币作为支付和结算媒介。作为"一带一路"发起者和核心国家，人民币发挥影响力责无旁贷，也契合人民币国际化的内在需求；另一方面，随着人民币资本项下可自由兑换程度的提升，在人民币获得国际货币储备地位后，"一带一路"沿线国家对人民币的接受程度也显著提升。

（三）人民币跨境投资发展的障碍

人民币对内和对外的直接投资都发展迅速，但是其发展仍面临着一些明显的障碍。

首先，人民币的有限兑换性和资本管制影响了境外接受人民币的意愿。人民币对外输出流动性，必须基于市场交易的自由选择。如果人民币的境外接受程度较高，境外兑换和交易成本低，人民币对外直接投资使用网络惯性更易形成。在境外使用受限情况下，人民币无论在贸易结算还是跨境投资领域的表现，都与升值预期关系紧密。境外使用方将汇率升值视为对人民币不可兑换的隐性补贴。[1] 如果升值趋势停滞或者逆转，人民币对外投资也将受阻。在图2.1中，可推断人民币跨境投资与汇率变动有关。在2015年"8·11"汇改之前，人民币保持单边升值，双向的人民

---

[1] 吴丽华、傅广敏：《人民币汇率、短期资本与股价互动》，《经济研究》2014年第11期。

币跨境投资都达到顶峰。人民币出现贬值后，跨境投资一路下跌。人民币对外直接投资相对2015年9月峰值（2078亿元），已经跌去了约80%。如果能尽早实现资本项下自由兑换，人民币升值趋势对境外需求的重要性自然减弱。

其次，境内外的可投资人民币金融产品存量不足，抑制了跨境投资发展。贸易和资本项下输出的人民币，在境外缺乏足够获利机会的情况下，必然有强烈的投资回流要求。境内的经济增长率高，相应投资回报率普遍高于境外市场。监管方将人民币和其他币种的外商直接投资区分不明显，这一管理政策没有体现出对人民币国际化的支持。将人民币流入等同于外币管理的做法抑制了人民币回流渠道的畅通。在国际化初期阶段，这可被视为鼓励流出和增加境外存量的手段。长期来看，将制约人民币国际化的发展。人民币对外直接投资使境内企业和居民减少了用汇需求，一定程度上增加了外汇储备。央行持有更多的外汇储备会强化对美元的依赖性，这与推动人民币国际化、减少美元依赖的战略方向不符。对于境外人民币，只能根据制度设计在有限额的渠道下，选择投资境内证券市场和实体经济，投资额度被限制。

最后，部分"一带一路"沿线国家，基础设施和金融系统薄弱，不利于推广人民币的使用。"一带一路"的65个沿线国家中，涉及东南亚、中亚、西亚、南亚、独联体、中东欧等地区，在地理分布上非常广泛，而且相当比例都属于发展中经济体。基础设施标准不统一、金融系统不能对接、汇率不稳定是普遍问题［赖琳（Lai L），郭坤（Guo K）；2017］。类似尼泊尔、柬埔寨等欠发达国家的跨境支付系统技术落后，需要在人民币投资到来之前，完善国际支付结算金融系统。对于阿联酋、卡塔尔等西亚产油国家，在国际大宗商品交易市场上，长期使用美元计价和交易，这种网络惯性短期难以改变。①

三　人民币境外外汇交易的使用

人民币境外使用的另一个重要交易市场是外汇市场。人民币在境外外汇市场的份额略高于贸易支付业务份额。根据国际清算银行（BIS）的统

---

① Setser B. A neo-westphalian international financial system? [J]. *Journal of international Affairs*, 2008: 17-34.

计分析，全球外汇市场依然呈现美元独大的局面。考虑交易对手将交易总量设定为200%。2016年美元占全部交易市场总价值的87.6%，欧元的比重为31.3%，人民币的份额只有4%，排在全部交易币种的第八位，但远低于其全球产出份额比重。外汇市场依然表现出货币使用和经济规模不对称的特征。外汇和GDP份额的比率测度的不对称特征，可视为衡量货币国际化程度的标志之一。利用2016年美元现价GDP和外汇市场交易量数据，计算得到表2.7。新西兰元的指标值是最高的（10.5），其次为美元、英镑、瑞士法郎和新加坡元。这几种货币的外汇市场交易份额均高于其产出份额，而人民币的比率只有0.2。这说明经济规模是影响交易的重要因素，但不是唯一因素，外汇交易货币有使用惯性。另一个影响因素是否拥有国际金融中心，英镑、新加坡元、港元都是较为典型的例子。2016年人民币外汇交易与GDP份额的比率，在主要交易币种中最低，这说明还处于进入国际外汇交易市场的起点。非自由兑换和资本管制对外汇市场人民币交易构成约束。如不能推动上述方面的改革，即使人民币被纳入SDR货币篮子，外汇市场人民币交易仍将难有较大发展。人民币外汇交易主要在三个市场进行，根据中央银行调查数据显示，境外人民币的NDF（远期非交割汇率）交易量约为230亿/天，而在岸市场上仅为100亿/天。三个交易的中心是大陆和香港每天100亿元，新加坡和伦敦每天70亿元，而纽约外汇市场每天约30亿元。伦敦的人民币外汇交易量已仅次于香港。不计境内和香港的市场份额，未来伦敦将成为西方时区内最大的人民币市场。

2016年，人民币被纳入SDR货币篮子后，其国际储备货币地位显著增强。"货币国际化和储备货币地位的提高意味着更大的对外风险敞口和国际经济责任"（陆磊，李宏瑾；2016），人民币的境外使用已经从贸易投资计价、结算需求上升为预防性储备需求。在支付和预防性的外汇储备需求上，中国政府已经有责任满足对国际社会的货币供给。尼日利亚、白俄罗斯、欧洲等央行开始持有人民币外汇储备资产，但人民币在国际外汇储备结构中的份额很小，位于IMF外汇储备币种结构列表的其他货币中，具体数值未对外披露，估计应不超过2%。[1]

---

[1] 白晓燕、郭丹：《人民币作为国际储备货币的前景分析：以韩国的需求为例》，《世界经济研究》2017年第9期。

综上所述，人民币在境外使用中，虽面临集中于贸易领域、区域使用不平衡、投资受限等一系列问题，但贸易支付、投融资、外汇交易甚至国际外汇储备等领域的人民币使用已经步入正轨。境外不同领域的人民币使用，不断推动境外需求的规模和层次上升。

表 2.7　　　　　　不同货币外汇市场与 GDP 份额比较　　　　　　单位:%

排名	货币	GDP 份额	外汇份额	外汇/GDP 份额
1	美元	15.5	87.6	197
2	欧元	11.8	31.3	87
3	日元	4.4	21.6	79
4	英镑	2.3	12.8	162
5	澳元	1.8	6.9	189
6	加拿大元	1.4	5.1	348
7	瑞士法郎	0.9	4.8	94
8	人民币	17.8	4.0	446
9	墨西哥比索	1.9	2.2	334
10	瑞典克朗	0.7	2.2	62
11	新西兰元	0.2	2.1	9
12	新加坡元	0.4	1.8	46

资料来源：IMF（http://www.imf.org）、SWIFT（http://www.swift.com）和 BIS（http://www.bis.org）网站。

第三节　离岸市场发展对人民币境外需求的推动

在保持资本管制和人民币非自由可兑换的前提下，发展离岸市场是中国政府提升境外需求、推动境外使用的重要策略。离岸市场提供了连接境外人民币供需的桥梁。不仅是在岸输出人民币的主要目的地，也是非居民进行人民币支付、投资交易活动的场所。发展境外离岸市场策略十余年来，截至 2017 年 6 月，已有 23 个城市被指定建设人民币离岸中心，但是香港作为境外人民币超级中介的角色并未改变，其离岸支付份额约占 3/4。

一 香港人民币离岸市场发展的推动

离岸市场具有将货币风险和国家风险隔离的功能。[①] 香港是中国政府政策支持最重要的人民币离岸市场，对于满足境外对人民币的需求有重大意义。分析香港离岸市场的机制设计对人民币境外需求的理解非常重要。本书将人民币市场分成在岸区和离岸区来剖析大陆—香港间的供需机制，供需系统由若干子系统构成：

（1）人民银行和海外地区央行之间；
（2）企业和离岸债券市场之间；
（3）香港金融机构和金融市场之间；
（4）海外个人和香港业务银行之间；
（5）海外个人与个人之间；
（6）境内居民与香港业务行之间；
（7）海外公司和境内公司之间；
（8）香港业务参加行与境内银行之间；
（9）境内与香港金融机构和股票市场之间。

图 2.2 揭示了境内在岸与香港离岸市场参与主体间的供需结构。人民银行与香港金管局之间保持管理机构的联系，通过货币互换协议保持香港市场人民币的流动性。境内银行与离岸业务行间的结算也是重要的供给渠道。人民银行对业务行结算有配额限制，业务行与海外清算行也存在额度上限，此渠道下没有无限流动性保证。香港业务行主要包括汇丰银行、渣打银行、德意志银行和中银香港。中银香港既是业务行，也是清算行。[②] 境内商业银行主要是中行、工行、建行和招商银行等。离岸业务行人民币需求的最大动力来自跨境贸易的结算。

境内与境外公司的人民币流通渠道主要有两条：跨境贸易结算和境内企业直接向境外投资。对具有真实贸易背景的跨境商品和服务贸易人民币需求，人民银行没有额度的限制。对外直接投资作为资本项下的本币输出策略被推出，由于起步阶段的资格审查和投资限额较严格，目前的规模仍

[①] Burdekin R C K, Tao R. An empirical examination of factors driving the offshore renminbi market [J]. *China Economic Journal*, 2017, 10 (3): 287-304.

[②] 中银香港于 2003 年 12 月被中国人民银行委任为香港人民币业务清算行。

然偏小，但其潜力大于贸易渠道的流动。

香港金融机构和金融市场间的资金转移是最重要的交易方式。金管局和金融机构通过贸易结算、跨境投资和离岸存款积累人民币资金池，并通过五种渠道运用：一是RQFII投资于国内银行间债券市场或在岸远期市场。2011年起步审批额度200亿，截至2017年5月，已有184家境外机构投资者获批，累计可投资总额度5431亿元；二是投资于离岸人民币债券（点心债）市场；三是通过对冲基金进入远期非交割（NDF）和远期可交割（DF）外汇市场；四是利用沪港通、深港通机制投资境内股票市场；五是通过外商人民币直接投资境内实体产业部门。RQFII和外商人民币直接投资对境内的影响较大，影响资金转移的重要因素之一是离岸和在岸市场间的利差和汇差。投资回流在促进境内金融市场发展和开放的同时，也会冲击境内的金融稳定。离岸债券市场成为境内企业的融资平台后，也发展为回流的重要渠道。自从2007年国开行成为首个在香港发行人民币债券的境内机构，境内银行、企业及财政部相继从离岸市场融资，债券融资后用于实体注入和银行间贷款，但汇回资金必须得到境内监管部门的审批。[①]

大陆—香港间的人民币转移的动力非常复杂。贸易结算受汇率变动的影响大，金融机构与市场的转移动力来自资金回报率，央行和金管局间的转移源自中国政府对国际化战略的支持。金融机构资金向远期市场流动有对冲风险和投机驱动。人民币汇率的有限浮动使货币当局保持了对汇率的影响力，在岸—离岸市场的分割为套汇套利投机行为提供了空间。

二 其他人民币离岸市场发展的推动

大陆—香港的联通是人民币国际化离岸策略的基础，香港成为境外人民币的"批发市场"，香港处理人民币支付量约占境外总量的75%。若要满足全球化需求，需要构建境外人民币24小时的交易系统，那么其他的区域性离岸市场必不可少。截至2017年6月，已经有23个城市获批成立人民币离岸中心，分别是中国香港、中国澳门、中国台北、新加坡、法兰

[①] 2017年后，中国香港与内地之间的跨境资金流动，已经大幅开放至所有一般货物贸易、服务贸易、经常项目、境外直接投资项目及其他获内地监管机构批准的项目。

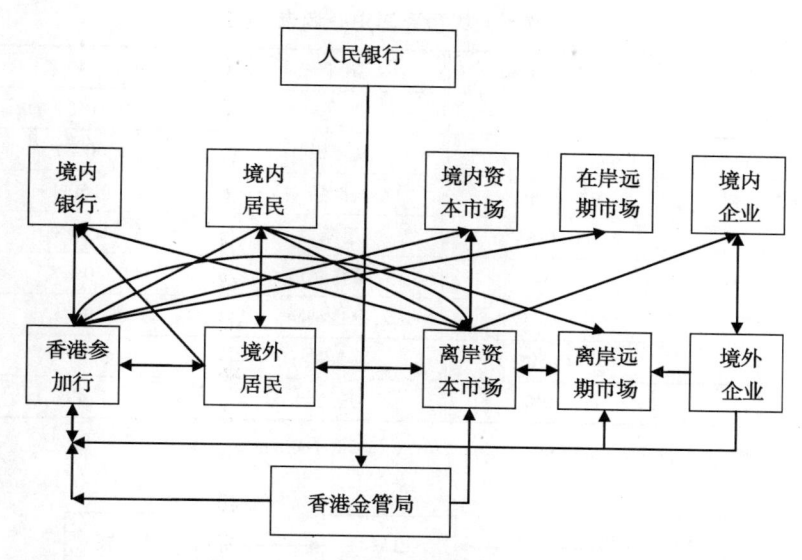

图 2.2　人民币在岸—香港离岸连接

克福、伦敦、首尔、卢森堡、巴黎、多哈、多伦多、吉隆坡、曼谷、悉尼、圣地亚哥、布达佩斯、约翰内斯堡、卢萨卡、布宜诺斯艾利斯、苏黎世、纽约、迪拜、莫斯科。按照离岸业务处理规模，排名前 7 位的人民币业务经济体分别是中国香港、英国、新加坡、韩国、美国、中国台湾和法国，而这些国家或地区分别拥有重要的离岸业务节点。台北由于和大陆联系紧密，有望成为东亚地区重要的人民币交易平台。而首尔可与其竞争更具自由化特征的离岸中心。上海借助自贸区政策推动，有望成为类似东京的境内离岸中心。新加坡是亚洲美元的重要离岸金融中心，也将成为东南亚人民币的供需中心。西方时区内伦敦是全球最大的外汇市场，其人民币业务发展领先于巴黎、法兰克福、卢森堡和纽约，其定位为西半球人民币交易中心（见表 2.8）。美元的强势地位使纽约市场的人民币交易进展相对缓慢。欧洲是连接美洲和亚洲人民币交易的中介。在《银行家》杂志 2012 年 7 月的调查中，伦敦以 92.57% 的支持率成为欧洲人民币交易的首选地，语言、时区和流动性积累都成为其优势，但是 2016 年英国脱欧事件对离岸业务发展带来了不利影响。①

---

① Hall S. Regulating the geographies of market making: offshore renminbi markets in London's international financial district [J]. *Economic geography*, 2018, 94 (3): 259–278.

表 2.8　　　　　　　　　　欧洲人民币离岸中心调查

城市	频数（频率）	城市	频数（频率）
阿姆斯特丹	0（0%）	米兰	0（0%）
哥本哈根	0（0%）	慕尼黑	0（0%）
法兰克福	5（2.48%）	奥斯陆	1（0.50%）
日内瓦	0（0%）	巴黎	3（1.49%）
赫尔辛基	0（0%）	斯德哥尔摩	0（0%）
伦敦	187（92.57%）	维也纳	0（0%）
卢森堡	1（0.50%）	苏黎世	2（0.99%）
马德里	0（0%）	其他	3（1.49%）

资料来源：Europe ready for the renminbi Survey（www.The banker.com/）。

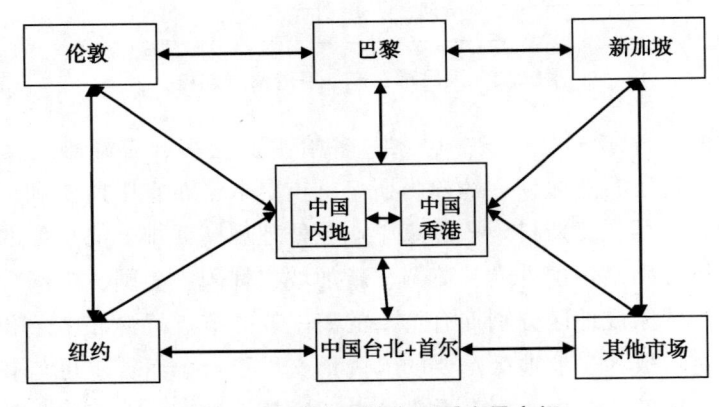

图 2.3　全球主要的人民币交易市场

图 2.3 刻画了以离岸市场为中心的离岸模式对境外需求的推动。香港是人民币国际化的"试验田"，是最重要的"中转站"。中国政府可通过准备金率和清算制度安排施加影响，某种意义上，香港不符合纯粹意义上的离岸中心条件，大陆与香港是一体化的境外人民币供给核心。本书将香港人民币需求视为核心内的子系统需求。笔者认为，全球可形成以"大陆—中国香港"为中心，新加坡、中国台北、伦敦、巴黎、纽约等市场为区域中心，以离岸市场为交易平台向全球扩散的人民币全球供需网络。多层次的境外离岸市场体系担负起满足全球人民币交易需求的功能。"核心"向"外围"扩散的人民币供求系统具有内在稳定性。"中国内地—中国香港"的核心系统在保证境外需求的同时又能满足人民币国际化的渐进

可控要求,"核心—外围"系统可实现各区域对人民币的需求。在此离岸系统下,人民币能够保持较强的国际货币功能,同时让境内市场一定程度上隔离国际金融风险冲击。

第四节 货币互换对人民币境外需求的推动

通过发展离岸市场,中国可满足境外经济主体对人民币的投融资交易需求。更高层次贸易伙伴国和离岸市场的人民币流动性需求,则需要双边本币互换策略来实现。货币互换协议从持币信心到制度建设上,对推动人民币境外需求产生了深远的影响。

货币互换(currency swap),也称货币掉期,是指持有不同货币的交易主体,在约定时间、约定价格相互交换持有货币的行为。货币互换一般分为商业部门和政府央行两种形式。本研究分析的货币互换是政府央行的货币互换行为。在人民币国际化以前,我国也签署过货币互换协议。例如,人民银行在2002年3月与日本银行签署了价值30亿美元的互换协议。目的在于如在金融危机期发生汇率的暴跌,人民银行可使用日元干预外汇市场,同样的操作也适用于日本央行。这种短期货币互换协议在国际货币交易中常见,一般额度不大,用来缓解危机期的流动性风险〔德斯苔斯(Destais C),2016〕。鉴于中国巨额的外汇储备和有限的汇率波动,出现流动性短缺和严重贬值的风险不大。从2008年起,密集货币互换其目的显然不是出于救市考虑。下面比较2008年全球金融危机爆发后,人民银行和美联储分别展开的货币互换协议,揭示其差异性以剖析人民币互换的动机。

一 金融危机后中美货币互换比较

(一) 金融危机期美联储的货币互换

美联储明确表示,金融危机期间货币互换的目的在于:为贸易伙伴国和国际金融市场提供流动性,在伙伴国央行存在流动性压力时,提供必要的美元支持。货币互换实施分为2007年12月—2010年2月、2010年5月—2013年9月和2013年10月至今三个阶段。

从表2.9可见,美联储货币互换的首要目标是稳定欧洲美元市场的流动性,其次的关注点是日本金融市场,而广大新兴经济体中只有巴西、墨西哥、韩国和新加坡得到救助。在互换中美联储都没有主动启动互换程序，货币互换带有明显的保护美元计价资产的性质（胡华锋，2012）。美联储与其他五大央行货币互换协议长期化，其作用不仅是稳定国际金融市场，隐含的意图在于利用货币互换网络，保持美元的全球储备货币地位，巩固国际货币体系既有格局，并继续掌握国际货币体系的主导权。[①]

表 2.9　　　　　　　　全球金融危机期美联储的本币互换

时期	互换目的	参加央行	额度
第Ⅰ阶段 2007.12—2010.2	提供全球金融危机期间全球金融市场流动性，缓解资金和信贷压力	美联储、欧盟、瑞士、澳大利亚、丹麦、挪威、瑞典、巴西、加拿大、英国、韩国、新西兰、日本、新加坡、墨西哥	2008年9月，互换6200亿美元；2008年10月与欧盟、瑞士、英格兰和日本央行取消额度限制，巴西、墨西哥、韩国和新加坡300亿美元
第Ⅱ阶段 2010.5—2013.9	缓解欧债务危机向美国蔓延，提供美元流动性	美联储、欧洲、加拿大、瑞士、日本、英国央行	欧洲、英国、瑞士、日本央行无限制，加拿大央行300亿美元
第Ⅲ阶段 2013.10 至今	临时双边流动性互换协议长期化	美联储、欧洲、加拿大、瑞士、日本、英国央行	长期、无限额、多边

资料来源：由美联储官方网站（http://www.Federal reserve.gov/monetary policy/）的资料整理。

（二）人民银行的货币互换实践

早在亚洲金融危机后的2000年，人民银行就在《清迈倡议》基础上，参与了东盟10+3的双边货币互换机制以共同抵御金融风险。《清迈倡议》下的货币合作实际上是多边的有限额度互换安排，是吸取亚洲金融危机教训而实施的救助性体系（姜凌，谢洪燕；2011）。从2008年起，人民银行加强了与其他国家央行的双边本币互换步伐，目的在于推动人民币国际化。表2.10是人民银行签署的系列互换协议。

表 2.10　　　　中国人民银行已签署的双边本币互换协议　　　单位：亿元

签署时间	国/地区	规模	签署时间	国/地区	规模
2008/12/12	韩国	1800	2010/07/23	新加坡	1500
2009/01/20	中国香港	2000	2011/04/18	新西兰	250
2009/02/08	马来西亚	800	2011/04/19	乌兹别克斯坦	7

---

① 金中夏：《货币互换对国际金融稳定具有重要作用》，《中国证券期货》2015年第2期。

续表

签署时间	国/地区	规模	签署时间	国/地区	规模
2009/03/11	白俄罗斯	200	2011/05/06	蒙古国	50
2009/03/23	印尼	1000	2011/06/13	哈萨克斯坦	70
2009/04/02	阿根廷	700	2011/10/26	韩国	3600*
2010/06/09	冰岛	35	2011/11/22	中国香港	4000*
2011/12/22	泰国	700	2011/12/23	巴基斯坦	100
2012/01/07	阿联酋	350	2012/02/08	马来西亚	1800*
2012/02/2	土耳其	100	2011/03/21	蒙古国	100*
2012/03/24	澳大利亚	2000	2012/06/22	乌克兰	150
2013/06/22	英国	2000	2013/10/09	欧洲	3500
2014/04/25	新西兰	250*	2014/07/18	阿根廷	700*
2014/07/21	瑞士	1500	2014/08/21	蒙古国	150*
2014/09/16	斯里兰卡	100	2014/10/11	韩国	3600*
2014/10/13	俄罗斯	1500	2014/11/03	卡塔尔	350
2014/11/08	加拿大	2000	2014/11/27	中国香港	4000*
2014/12/22	泰国	700	2015/04/10	南非	300
2015/05/11	白俄罗斯	70*	2015/09/07	塔吉克斯坦	30
2015/10/22	英国	1500*	2015/11/16	土耳其	120*
2016/05/11	摩洛哥	100	2016/06/17	塞尔维亚	15
2016/12/08	冰岛	35*	2016/12/08	埃及	180

资料来源：人民银行网站（http://www.pbc.gov.cn/）和路透（http://cn.reuters.com/），"*"号表示续签协议金额。

截至 2017 年上半年，人民银行累计已经同 32 个海外国家和地区的央行签署了互换协议，总额超过 3.3 万亿元。货币互换协议签署集中于 2011 年至 2014 年，2015 年后的频率显著下降，突破了《清迈倡议》合作框架和周边范围。地缘上包含了亚洲、欧洲、美洲和大洋洲的国家和地区。互换对象以发展中经济体为主，也包含了澳大利亚、新西兰等发达国家，尤其是欧洲、英格兰和瑞士央行属于全球重要的央行机构。美联储货币互换的目的是保持全球美元资产的价值并保持美元全球流动性提供者地位。人民币境外资产的交易规模不大，频繁签署互换协议的重要目的在于推动人民币的境外使用。

二 货币互换推动境外需求的目的

(一) 满足离岸市场的人民币需求,推动离岸市场发展

加强离岸市场建设是在资本管制约束下推动人民币国际化的重要策略。离岸市场人民币交易必须有充分的存量,否则市场交易主体会缺乏对人民币及其计价资产的信心。离岸人民币债券、股票等市场的发展都必须以人民币资金池为依托。香港的人民币业务参加行与清算行交易存在额度限制,清算安排不能保证人民币的流动性,多次出现清算行结算额度耗尽的现象。人民银行与香港金管局和新加坡金管局货币互换,其重要目的就在于保证离岸市场的人民币需求。香港金管局与人民银行间的互换额度由2000亿元扩大至3600亿元,然后扩大至4000亿元规模,体现了离岸市场发展对人民币流动性保证的迫切需求。除了香港金管局启动了互换额度以外,绝大多数协议未被使用。[①] 现阶段互换协议的主要作用是稳定境外使用信心。对于香港离岸市场,未来可仿效美联储提供无限额度、无限期货币互换的做法,消除其对人民币流动性的担忧。

(二) 提供"一带一路"跨境贸易和投资的人民币融资

改革开放以来,中国经济增长一直受到进出口贸易的强力推动。金融危机期间美元缺乏,影响了中国贸易伙伴国的国际支付。美元短缺也使得境外对中国的直接投资不稳定,危机期间美元资金撤离的现象突出。中国与韩国以及澳大利亚的互换协议,体现出规避美元流动性风险,稳定与中国双边贸易的强烈需求。下面以韩国和澳大利亚为例分析跨境贸易与货币互换的联系。

首先考察韩国与中国的双边贸易。中国是韩国最大的贸易伙伴,韩国对中国的出口和进口依存度分别为24.12%和16.48%,韩国对中国的贸易收支为顺差。2008年金融危机后,韩国的对外贸易额下降,韩国企业在贸易结算中存在对人民币的强烈需求。韩国制造业和批发零售业对外投资的主要目的地是中国(表2.11)。2016年中韩"萨德"外交争端影响了韩国对中国投资,但仍保持对华投资的前五位。2017年上半年,韩国离岸人民币支付市场份额(3.33%),仅次于中国香港、

---

① 李巍、朱艺泓:《货币盟友与人民的国际化——解释中国央行的货币互换外交》,《世界经济与政治》2014年第2期。

英国和新加坡。韩国企业使用人民币结算避开美元是稳定对华投资的必要选择。贸易和投资需求是中韩双方货币互换额度不断扩大和展期的直接原因。

表2.11　　　　　　　　韩国对外投资的产业分布　　　　　　　　单位:%

投资产业	集中区域	占比
采矿业	美国、澳大利亚、加拿大	80.8
制造业	中国、印尼、爱尔兰	51.7（中国37.2）
金融保险业	美国、新加坡、中国香港	66.2
批发零售业	美国、中国、越南	69.1

资料来源：中国商务部统计数据。

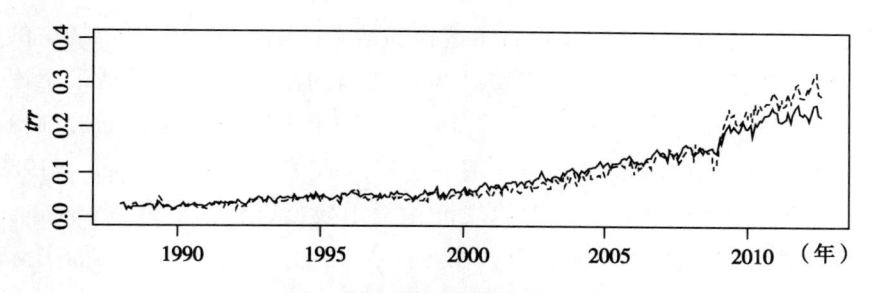

图2.4　澳大利亚对中国的贸易和出口依存度

资料来源：澳大利亚统计局（http://www.abs.gov.au）。

对于澳大利亚，中国是最大的出口目的地和进口来源地。由于铁矿石等大宗商品出口，澳大利亚对中国持续保持贸易顺差。2016年中国和澳大利亚贸易额1079.53亿美元，其中进口和出口额分别为706.66亿美元和372.87亿美元，澳大利亚的贸易顺差达到333.78亿美元，对中国的出口依存度明显超过了对中国贸易的依存度。图2.4是澳大利亚对中国的贸易依存度trr（中澳贸易额/澳大利亚对外贸易额，图2.4实线）和出口依存度exr（澳大利亚对中国出口贸易额/澳大利亚出口贸易额，图2.4虚线），澳大利亚对华的出口商品以铁矿石、煤炭等大宗商品为主，使用美元结算的平均比例为78.7%，澳大利亚元的使用比例为21.3%，人民币结算的比率低于2%。澳大利亚与中国的货币互换可推动中澳的双边贸易，降低对美元的依赖。货币互换后澳大利亚央行可对本国企业在中国境内的贸易和投资提供人民币，并可用于对境外人民币金融资产投资。

第五节 人民币境外需求的动因剖析

通过对人民币跨境流通的演变和境外使用的现状进行梳理，发现人民币境外使用的范围、层次和境外流通规模不断扩大。是什么原因导致了人民币境外需求不断地提升呢？本节将从宏微观和制度不同的视角出发，剖析推动人民币境外需求的动因。探讨人民币境外需求的动因，对境外需求的影响因素和规模测算研究提供理论支持。

一 人民币境外需求动因的宏观视角

（一）经济增长提升货币竞争力是根本动因

人民币境外需求是非居民自由选择的结果，原因在于国际市场中的竞争优势。从货币竞争角度分析境外需求动因的研究，关注"良币驱逐劣币"的过程。麦金农（Mckinnon，1979）、坎德博格（Kindleberg，1981）和克鲁格曼（Krugman，1980）、清泷（Kiyotaki）和赖特（Wright，1989）基于随机匹配理论建立了早期的规范化货币模型。松山健一（Matsuyama K）、清泷（Kiyotaki N）和松井（Matsui A，1993）进一步完善的国际货币两国模型最具代表性。研究对模型存在的多重均衡及其演化分析，发现如下结论：最初两个国家都处于封闭经济状态，科学技术和社会生产率的提高促进了贸易增长和投资自由化，两个国家的经济一体化进程提高。国际交易需要货币作为计价和结算的工具，两国的主权货币会竞争国际货币职能。在国际交易中，代表性经济主体碰到的交易对手来自规模较大国家的概率更大，国家规模对于国际货币的选择竞争具有潜在的影响。基本结论是：来自人口经济规模较大国家的货币成为国际货币的概率高于小国的货币。[1] 该模型虽然没有纳入通胀和汇率因素的影响，但从货币竞争角度揭示了国际货币产生的内在根源。研究对探索人民币境外需求的起源提供了很好的启示。该模型正如罗伯特·蒙代尔在最优货币区理论的经典论述："大国有强币"。

松山健一等（1993）的货币竞争模型分析表明，经济一体化进程导

---

[1] Matsuyama K, Kiyotaki N, Matsui A. Toward a theory of international Currency [J]. *The Review of Economic Studies*, 1993, 60 (2): 283-307.

致了货币竞争，经济规模大的国家主权货币更可能发展为国际需求的货币，蕴含了经济实力与货币地位的对应性。正是由于中国综合国力的不断增强，为人民币的境外需求奠定了坚实的基础。根据表 2.12 的统计数据分析，国际货币基本上都有强大的经济作支撑。"二战"后美国的经济霸主地位虽相对衰落，但仍是头号强国，美国的超强经济实力是维系美元国际地位的根本保证。英镑国际货币霸主地位的旁落也与英国经济的衰落相对应。在 1820 年，美国和英国各自的 GDP 全球份额为 1.8% 和 5.2%；到了 1950 年，美、英的份额则分别是 27.3% 和 6.5%，经济实力排序的更替是货币地位变化的根本推动力（韩龙，2012）。"二战"后德国经济迅速恢复，1990 年 GDP 达到美国的 29.8%，德国经济实力的迅速增强为马克国际化提供了动力。1995 年国际资产中马克计价的份额为 15.5%，仅次于美元。全球外汇交易活动中马克的份额占 37%。在 1999 年，马克自动终止流通推动新货币——欧元诞生。2010 年欧元区 GDP 总量的全球占比为 15%，稍低于美国（20.2%），但远超日本（7.7%），强大的经济支撑使欧元问世后立刻成为全球第二大货币。国际货币的历史变迁揭示了一个重要结论：经济实力是货币境外需求存在和扩大的根本动力。瑞士法郎是国际化货币的特例。瑞士的经济总量虽不大，但人均收入很高。瑞士的人均国民收入水平是美国的 1.48 倍，而且瑞士拥有永久中立国地位，这也对瑞士法郎的境外需求起到了重要推动作用。

改革开放以来中国的经济高速增长，GDP 规模与美国的相对比率，从 1990 年只有 6.2% 迅速上升至 2015 年 60.7% 的水平。经济实力的壮大提升了货币竞争力，为人民币的境外需求提供了持久推动力（宋晓玲，2011）。中国的经济发展水平与发达国家的差距很大，人均国民收入相对西方发达国家仍有很大差距。更大规模的人民币境外需求依赖于经济的持续高速发展，需要中国能向全球提供更多优质的商品和服务。

表 2.12　　　　　　一些国家地区的国内生产总值　　　　单位：10 亿美元；%

国家	1990 年	2000 年	2010 年	2015 年
中国	357（6.2）	1199（12.1）	5879（40.3）	10866（60.7）
美国	5751（100）	9899（100）	14582（100）	17947（100）
日本	3058（53.2）	4667（47.2）	5702（37.7）	4382（24.4）
英国	1013（17.6）	1478（14.9）	2246（15.4）	2849（15.9）

续表

国家	1990年	2000年	2010年	2015年
德国	1715（29.8）	1900（19.2）	3310（22.7）	3356（18.7）
欧元区	5688（98.9）	6262（63.3）	12174（83.5）	11540（64.3）
瑞士	238（4.1）	250（2.5）	524（3.6）	660（3.7）

资料来源：世界银行 WDI 数据库，括号内是当年各国 GDP 与美国 GDP 的相对比率。

（二）币值的对外稳定性推动境外需求上升

稳定性是货币最重要的属性，包括对外和对内价值稳定两方面。对外价值稳定通常定义为汇率的波动性较小；对内价值稳定指货币在国内的购买力，通常用通货膨胀率的变动来衡量。对外和对内价值的稳定是相互联系的两个方面。若货币对外价值不稳定，汇率波动性将使国际贸易商品的计价和结算置于汇率风险之中；在投资方面不稳定的货币无法胜任投资标的的计价功能，将被抛售或成为对冲基金的投机对象。如果货币对内价值不稳定，国内通胀水平和波动性偏高，本国居民和企业会倾向于更多使用外币或持有黄金等资产保值，本币需求会下降。塔沃斯（Tavlas, G S，1990）分析了一些西方经济体货币的对外和对内价值变动情况，发现德国马克和瑞士法郎的对内和对外稳定性很强，这是两种货币境外需求强劲的重要原因；英镑和日元的稳定性偏弱，汇率标准差偏大，国内通胀率的均值和波动性也偏高，这成为其外需不稳定的重要原因。境外对马克的需求与德国央行强调币值对内和对外稳定性纪律密切相关。"其他国家没有一个像德国那样尊敬自己的货币和管理货币的中央银行，联邦银行行长有时候被看成代理国王。"（奥托马伊辛，2011）境外对马克的信任产生对马克的强大需求，马克在波兰、保加利亚等东欧国家的流通更广。在马克基础上建立的欧元也沿袭了马克的制度框架，欧元的稳定性是欧洲央行的优先目标。欧洲央行确立消费者物价调和指数是衡量物价稳定的最适当指标，指导原则是"欧元区低于2%的消费者物价调和指数的同比增长"。

表 2.13　　1993—2016 年人民币兑美元平均汇率和 CPI

年度	1993	1994	1995	1996	1997	1998	1999	2004
汇率	5.7619	8.6187	8.3507	8.3142	8.2898	8.2791	8.2783	8.2784
CPI	114.7	124.1	117.1	108.3	102.8	99.2	98.6	100.4

续表

年度	2001	2002	2003	2004	2005	2006	2007	2008
汇率	8.277	8.277	8.277	8.2768	8.1917	7.9718	7.604	6.9451
CPI	100.7	99.2	101.2	103.9	101.8	101.5	104.8	105.9
年度	2009	2010	2011	2012	2013	2014	2015	2016
汇率	6.831	6.7695	6.4588	6.3125	6.1932	6.1428	6.2284	6.6423
CPI	99.3	103.3	105.4	102.6	102.6	102.0	101.4	102.1

资料来源：国家统计局，历年《中国统计年鉴》。

2005 年汇改启动后，人民币保持了对美元的单边升值趋势。虽然在 2015 年"8·11"汇改后，人民币兑美元汇率出现贬值，但总体上仍是升值货币。由表 2.13 计算，2005—2016 年人民币兑美元汇率累计升值 18.9%，几何平均年升值幅度为 1.59%。人民币对外的稳定升值趋势构成了境外需求的重要驱动力。相比对外价值的强势，人民币对内的价值稳定性仍需进一步夯实基础。1993—2016 年 CPI 的几何均值是 104.12，标准差是 6.8，变异系数为 5.92%，说明国内价格的波动性仍然较强。在资本账户管制和有限兑换约束下，境内居民购买境外投资的渠道相对狭窄，投资房地产领域已经估值过高。如果资本对外流动监管放松，价格不稳定可能引发境内居民减持人民币资产，外币需求增长将影响到汇率的稳定。正如"8·11"汇改后的情况，人民币的单边升值达到均衡水平后，必将呈现双向波动的局面，只有保持币值的双稳定才会长期推动外部需求。升值预期可提升境外的需求，但长期稳定的国际化依赖于自身币值的稳定（徐建国，2012）。应加快推进包括金融在内的全方位深层次改革，稳步实现新常态下的中高速经济增长，切实提升人民币国际化的水平和质量（陆磊，李宏瑾；2016）。在能够输出流动性的条件下，价值稳定对于储备货币比交易货币的要求更高。

（三）"一带一路"等中国参与全球资源配置的战略推动

中国政府在贸易和资本项下推动人民币的国际使用，可获得境外铸币税收入。但货币国际化的历史表明，没有哪个国家仅为了铸币税收益而推动国际化，使用本币配置全球的资源是更深层次上的国家战略需求。[①] 从

[①] 刘啟仁、黄建忠：《人民币汇率、依市场定价与资源配置效率》，《经济研究》2016 年第 12 期。

此点出发,"一带一路"与人民币国际化战略存在高度的契合点。

在国际大宗商品市场上,2005年后初级产品投入价格的波动性显著增强。其中能源指数比非燃料工业指数的波动性更强(图2.5)。国际大宗商品交易的计价和结算的主要币种是美元。中国作为工业原材料和能源进口大国,在国际市场的定价和结算上受制于美元的垄断地位,汇率波动会带来结算风险。如能在国际市场上使用本币计价和结算,即可避免这一问题。

图2.5 初级产品价格指数

注释:初级产品价格指数包括非能源类的工业原材料投入和石油、天然气、煤炭等化石燃料投入。

资料来源:Wind资讯金融终端。

使用本币进行大宗商品的计价结算,对中国的经济增长意义重大。中国燃料进口比率虽稍低于平均水平,但矿物金属的进口比例远高于日本和英国。中国对铜、铁矿石、铅、锌、镍和铝的金属矿产进口居世界首位,在金属原材料的境外需求上远胜美国,已成为重要的原油进口国(表2.14)。对比2008年和2015年中美进口数据,大多数金属矿产进口价值中国均超过美国,中国石油进口也超过美国,而且美国部分大宗商品需求出现下降。中国和其他新兴经济体工业化进程的加速将加剧全球资源的竞争。美国相比中国则有两点重要优势:一是美国矿产资源自给程度高于中国;二是全球大宗商品的计价结算基本采用美元,美国进口商无须担心汇率风险。在资源禀赋既定情形下,推动人民币在全球大宗商品交易中的计价和结算是重要途径。中国先后与阿联酋、卡塔尔、澳大利亚等国先后签署货币互换协议，其重要目的在于推动双边贸易的人民币支付。海湾合作委员会（GCC）与中国贸易的人民币支付率已超过10%，未来中国参与全球资源分配进程，将给予人民币境外需求更多推动。

表2.14　　　　　　　　中、美原油和金属矿产进口额　　　　　　单位：百万美元

时间	国家	原油	锌	镍	铁	铜	铝
2008年	美国	341912	1707	3407	10797	6880	13077
	中国	159063	1157	2097	50110	10416	1653
2015年	美国	125827	1557	2143	5985	4537	12067
	中国	134451	1445	5155	72851	19204	6930

资料来源：美国商务部经济分析局（https://www.bea.gov/）；国家统计局；海关总署。

"一带一路"倡议的宗旨在于加强我国与伙伴国的经济政治联系，实现共同发展。作为倡议发起国，中国有责任推进与沿线国家的贸易、投资和金融合作。作为交易媒介、投资工具和储备手段，人民币的国际化职能理应在战略推进过程中得到提升。扩大"一带一路"沿线国家的贸易交往，利用人民币计价和结算能有效规避汇率风险；推动对"一带一路"沿线国家的投资，将促进资本项下人民币持续对外输出；"一带一路"投资项目落实，需要从离岸市场融资，将会激活离岸市场金融产品的交易和创新；加强与"一带一路"沿线国家的金融合作，又会推进人民币全球交易支付系统的建设；"一带一路"沿线国家为提升交易效率，会推动外汇预防储备向人民币转移，无疑会加速人民币国际货币地位上升。综合以上分析，"一带一路"的倡议将在市场策略下重新配置沿线资源，有力推进人民币的境外流通和使用。

（四）全球经济失衡和美元本位缺陷

全球经济不平衡是"中心国"美国与"外围国"其余国家的失衡，亚洲是现象最突出的地区。表2.15是2012年8月美国与各洲主要贸易伙伴的贸易额与经常账户收支。美国当月670.53亿元的贸易逆差中，近50%主要源于以中国为首的东亚经济体。美国不仅对中国、墨西哥等发展中国家存在逆差，而且对德国、日本等发达国家也呈赤字状态。美国通过贸易逆差输出以保持全球贸易支付的流动性。中国等外围国家积累的巨额美元顺差，通过购买美国国债等途径回流美国，美国获得了低利率的融资

便利。持续的经常项目赤字导致美元存在贬值压力,最终会危及美元的信用。① 特里芬(1997)提出了美元本位蕴含的"信心与清偿力"相悖的论断。余永定(2008)指出中国用国内储蓄为美国的消费和投资低成本融资,当金融危机爆发时已成为利益攸关方。中国面临的循环就是美国贸易逆差输出美元,扩大美元贬值恢复经常账户平衡,然后以贸易逆差继续输出美元。中国面临着外汇储备过度累积和国际收支失衡的局面(李晓,2011;彭红枫、谭小玉,2017)。储备累积引发国内的通胀压力,央行采取货币冲销方式缓解货币注入的成本会越来越高。

表 2.15　美国对外贸易额及经常账户收支(2012 年 8 月)　　单位:亿美元

国家/地区	贸易额	平衡	国家/地区	贸易额	平衡
美国	3269.43	-670.53	法国	60.06	-8.54
美洲区	1029.16	-55.10	英国	91.62	-6.72
阿根廷	12.96	4.73	亚太地区	837.34	-321.64
巴西	70.28	8.98	澳大利亚	34.86	18.16
加拿大	517.35	-23.61	中国香港	26.91	20.77
墨西哥	428.57	-45.20	日本	192.66	-67.14
欧/非/中东	333.98	-92.56	新加坡	44.18	9.42
德国	138.40	-57.36	韩国	79.67	-15.97
意大利	43.90	-19.94	中国	459.06	-286.88

资料来源:彭博数据库。各洲数据仅包括表中国家地区加总。

格林伍德(Greenwood,2008)认为货币冲销带来了经济结构扭曲、出口部门过度扩张等不良后果,不具有可持续性。由图 2.6 可见,半个世纪以来美国的国际贸易大多呈赤字状态,而在 20 世纪 70 年代布雷顿体系结束之后,贸易逆差进一步恶化。美国与外围国家陷入了贸易赤字—美元贬值的循环,这种状态导致经济的不平衡性加深,国际社会要求改革货币体系的需求强烈。国内外改变经济失衡和美元本位缺陷的要求推动了人民币的境外需求扩大。

---

① 陈建奇:《破解"特里芬"难题——主权信用货币充当国际储备的稳定性》,《经济研究》2012 年第 4 期。

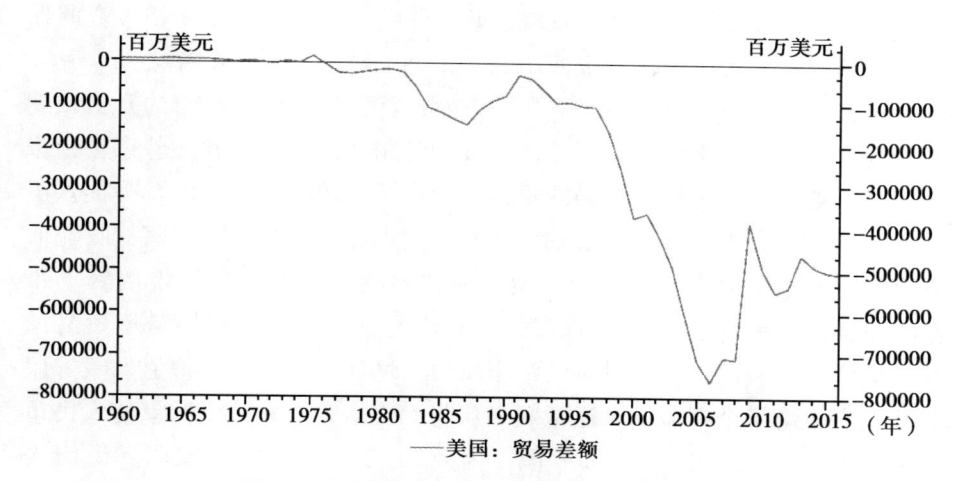

图 2.6 美国的国际贸易收支 1960—2016 年

数据来源：美国普查局（http：//www.census.gov/）。

二 人民币境外需求动因的微观视角

境外经济主体持有人民币是基于市场环境的自发行为，需求行为给中国政府带来了铸币收益和本币地位提升，那么经济主体为境内居民带来福利的动机何在？博尔丁（Boulding K E, 1969）对个体经济行为分析后，发现个体存在三种从事利他行为的动机，即认同、被威胁和自利动机产生他利。[①] 境外居民出于对境内的认同感持有人民币而非本币是难以解释的；境外市场交易者有对币种的选择自由，境内政府、机构和个人均无法胁迫；笔者认为，真正的原因在于境外居民理性的自利选择产生了他利后果。市场的无形之手驱动了人民币的境外需求。"自利"源于人民币具有高回报预期与局部的服务功能优势。本书用图 2.7 表述以上观点，用以解释人民币境外需求行为的微观动力机制循环。境内经济发展及与周边一体化程度加深，使境外居民持有人民币的回报与服务功能提升。设想开始的情形，个别境外居民在市场交易中，发现持有人民币相对原来的交易币种有某种优势，当个例的成功行为被其他市场参与者成功模仿，最终将演变为集体需求，这将导致境外需求产生和扩大。境外需求规模上升，使中国政府获得铸币税收益和本币国际地位提升的益处。这些益处降低了境内的

---

① Boulding K E. Economics as a moral sciece [J]. *American Economic Review*, 1969, 59: 1-12.

交易成本，促进了境内的经济发展。政府受到激励后，会投入相应资源保护收益并提高人民币回报和服务功能。

持有人民币的收益来自如下几个方面：首先，人民币稳定的升值预期成为持有回报的最重要部分；其次，资本管制分割了境内和境外市场，市场间的利差和汇差及货币当局的干预，为市场间的套利和套汇行为提供了空间（张明，何帆，2012；嘉伯，2012）；再次，境外人民币存款收益通常高于外币，如能通过 RQFII、债券通、沪港通等方式投资境内资本市场，将会获得更高收益。其他方面，境外企业用人民币开展跨境贸易结算，会降低与境内企业支付时的汇率风险；境外旅游消费、价值贮藏等服务功能也驱动了个体需求。通常观点认为，资本管制和兑换约束使人民币的境外服务功能弱于国际化货币，因此第三方交易需求较弱。汤姆冯（Tom Fong）和阿尔弗雷德王（Alfred Wong，2017）的最新研究发现，人民币的避险功能虽弱于美元和日元，但是强于英镑和欧元，而且 CNY 和 CNH 的避险功能相似。研究结论揭示了在非自由兑换条件下，为何人民币境外需求不断高涨的原因，而且其储备货币功能已经得到国际认可，部分海外央行甚至已将其作为预防性储备货币。

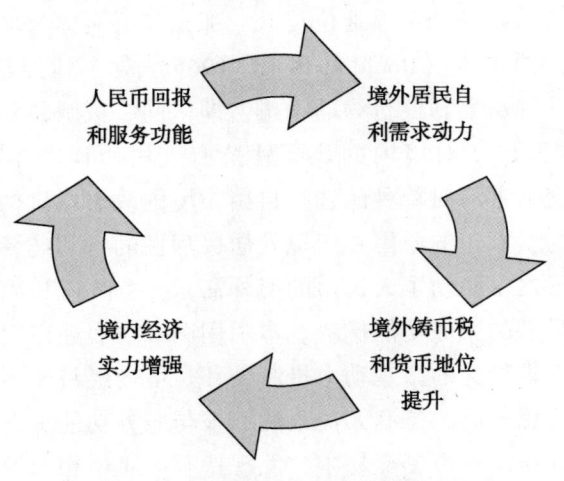

图 2.7　境外人民币需求的微观动因

三　人民币境外需求动因的制度视角

从制度经济学的观点出发，个体行为反映了微观诉求，国内外政治经济环境分析是宏观研究视角，而从微观越迁至宏观层面需要制度层面的支持。中国政府、国际社会和离岸市场参与方共同合作，建立制度框架以推动境外需求。本书从柯兹纳（Kirzner，1997）的竞争动力学视角出发，剖析制度环境下的需求动力。[①] 由图 2.8 可见，人民币境外供需系统由需求方、供给方和离岸市场组成。需求者由自利动机驱动搜寻可选择的货币。在市场交易过程中，不同货币的信息被产生、检验和评价。需求方在竞争中搜寻货币，供给方在竞争中提供保证优质服务的制度框架，而离岸市场提供了可供交易的基础平台。该需求动力系统解决了三个货币境外使用的重要问题：减少货币信息空白；货币信息的有效传播和货币供需系统的稳定性。从表象上看，货币当局提供推动本币境外需求制度的动力在于货币竞争，更深层次上货币竞争的背后是国家竞争导致了管理制度的变迁。对于人民币国际地位的迅速上升，有学者从制度视角探讨人民币是否将不可阻挡地成为国际储备货币。科恩（2015）的观点认为人民币成为国际化货币并不容易，中国现行国际化策略面临重大的金融与经济制度问题制约，需要剖析制度视角，厘清深层次国际化动因。

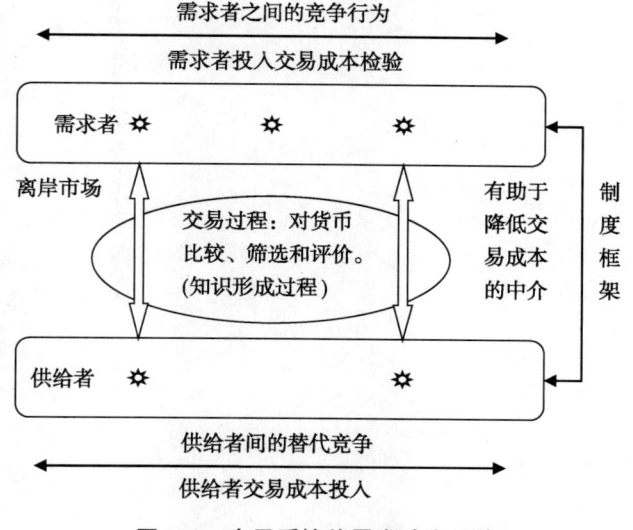

图 2.8 人民币境外需求动力系统

---

① Kirzner I M. Entrepreneurial discovery and the competitive market process：An Austrian approach [J]. *Journal of Economic Literature*, 1997, 35 (1)：60-85.

本章小结

本章对人民币的对外管理政策的演变和境外使用状况进行系统地梳理，将人民币对外管理分成严格禁止、逐步放松和鼓励境外使用的三个阶段，进而从发展离岸市场、货币互换和"一带一路"倡议等方面，对中国政府推动人民币境外需求进行探讨。最后，从宏微观和制度经济学的视角出发，剖析人民币境外需求的动因。

第三章

人民币境外需求的影响因素研究

本章致力于从理论和实证分析出发,揭示哪些主要因素影响人民币的境外需求。影响因素的分析不仅可深化对人民币境外需求的理解,而且可为后续境外需求的估计方法和规模测算研究奠定基础。

第一节 人民币境外需求影响因素的理论分析

一 货币境外需求影响因素的理论

从市场经济主体最大化效用的角度出发,微观市场交易者通过调整资产组合决定其货币持有。该方面的理论研究从两方面出发,一是关注不同货币间的替代需求。莱恩（Lane T D, 1990, 1992）、塞茨（Seitz F, 1995）对此开展了较早的理论研究,新近关注参见麻姆德（Mahmood H）和阿西夫（Asif M, 2016）等;二是研究货币与债券等更广义资产间的替代行为。将货币贮存、交易和预防等因素纳入资产组合模型进行研究,参见奥布斯特费尔德（Obstfeld）和罗格夫（Rogoff, 1996）。菲舍尔等（Fischer B et al., 2004）、巴尔兹（Bartzsch N, 2015）系列研究对资产替代模型进行了拓展。下面简述两类模型的基本思想。

(1) 货币替代需求的理论

塞茨（1995）假设,消费者通过无限时间水平选择其消费路径以最大化期望效用,建立了货币替代的需求模型。研究表明不同因素的变动对本币和外币需求的影响不同。经济增长和价格水平对本外币需求的影响是同向的,而汇率、通胀率和汇率波动性对本外币需求是反向的。本币对外和对内的价值的不稳定,会导致本币被替代从而产生对外币的需求。① 模型可被用来分析以市场为导向但经济不稳定的国家居民，出于预防、交易和价值贮藏等原因产生的货币需求。人民币在缅甸、蒙古国和朝鲜等周边国家的广泛流通，就是对当地货币的替代现象。该理论可用来解释人民币境外需求规模上升的原因。

塞茨（1995）的货币替代模型也存在明显缺陷。只考虑了货币间的替代行为，而忽略了资产组合内的货币与债券等其他资产间的替代。菲舍尔等（2004）、麻姆德等（2016）对货币替代组合模型进行了推广，考虑了更广义的资产替代行为，模型纳入了税率和地下经济对货币需求的影响，使理论模型更贴近现实情况。

（2）资产组合替代的需求理论

资产组合替代的需求理论是货币替代需求模型的延伸，仍建立于效用理论基础之上，但纳入了债券和税率的因素。研究认为：境外货币需求不仅与收入、利率有关，亦受税率、汇率和通胀率等因素的影响。收入、消费和汇率对货币需求的影响为正，而利率和税率的影响为负。该理论模型的启示是：境外居民在调整资产组合以最大化效用时，产生了对人民币的需求。

（3）货币服务生产函数的需求理论

货币服务生产函数最早是米尔斯（Marc. A. miles, 1978）提出，用来分析货币替代现象。模型中的本外币需求函数提供了研究货币境外需求的重要思路。理论的核心是，经济主体基于本外币提供服务水平的差异配置货币持有的比例。米尔斯（1978）基于其货币服务生产函数的设定，推导出货币需求函数：

$$\log\left(\frac{cu_h}{ecu_f}\right) = \frac{1}{1+\rho}\log\left(\frac{\beta_1}{\beta_2}\right) + \frac{1}{1+\rho}\log\left(\frac{1+i_h}{1+i_f}\right) + \varepsilon$$

其中 cu_h 和 ecu_f 分别是经济主体持有的本、外币，i_h 和 i_f 分别是本、外币利率，β_1 和 β_2 分别是本、外币的服务效率权重，记 p_h 和 p_f 是价格指数，购买力平价条件下汇率 $e = p_h/p_f$。本币 cu_h 和外币 ecu_f 是货币服务生产函数的投入要素，且 cu_h 和 ecu_f 的机会成本不同。假设代表性经济主体选择货币服务并使其最大化，私人部门的资产组合全部由货币构成。货币服务生产函数理论认为：货币需求取决于本、外币的相对服务效率和利率水

---

① 白晓燕、邓明明：《不同阶段货币国际化的影响因素研究》，《国际金融研究》2016年第9期。

平，该模型考虑的需求影响因素相对狭窄。博尔多（bordo M D）和印德瑞（Choudhri E U，1982），将收入水平、持币机会成本和汇率预期因素纳入货币需求函数中，得到

$$\log(cu_h/(Ecu_f)) = \alpha_0 + \alpha_1 \log y + \alpha_2 i_h + \alpha_3(i_f - i_h)$$

其中 E 是升值预期，y 是收入变量。博尔多和邱德瑞提出的需求函数更为全面，需求函数包括规模和机会成本变量的思路，为人民币境外需求的研究提供了很好的借鉴。

二 人民币境外需求的理论模型

（一）理论模型的构建

香港离岸市场对人民币需求是境外需求的主体，研究香港的人民币需求具有代表性。何帆等（2011）基于凯恩斯主义货币需求理论，对离岸市场的人民币需求进行了很好的诠释。境外企业持有人民币与境内企业进行真实贸易背景的结算构成交易动机，境外居民与企业持有人民币头寸把握债券和 IPO（首次公开募股）等不确定的机会形成预防动机，持有人民币长头寸获取人民币升值收益形成投机动机。基于凯恩斯的货币需求理论，虽然可解释境外人民币需求的动机，但跨境贸易人民币结算是所有动机实现的最重要形式。跨境贸易结算并不限于中国境内进口商和境外出口商，而是分化成两种路径。第一条路径是，境内进口商直接与境外出口商使用人民币结算。结算地点可在上海自贸区交易结算平台完成，也可在香港离岸市场直接使用人民币结算。第二条路径是，境内进口商将人民币汇至香港银行的账户上，然后将人民币兑换成美元或其他外币，再支付给境外出口商。第二条路径，在中国境内的操作程序上是真实贸易背景的人民币的结算，但实际上境外企业收取的仍是外币，不属于真正意义的人民币结算，只是改变了换汇的地点。

研究核心问题是境外居民和企业如何通过贸易结算调整资产组合，从而产生了对人民币的需求。本研究在贸易渠道下，借鉴托宾的投资组合理论构建境外人民币需求的理论模型，以求进一步探索境外需求的影响因素和测算方法。[①] 凯恩斯需求理论中，假设持有货币的回报率为0。现实是

---

① Tobin J. Liquidity preference as behavior towards risk [J]. *The review of economic studies*, 1958, 25 (2): 65-86.

境外持有人民币现金可获得升值收益，持有人民币存款可同时获取利息和升值回报，因此境外居民视人民币是一种风险资产的研究假设更贴近实际。

鉴于美元在国际贸易结算中的优势地位，模型中简化为只有美元和人民币两种结算选择。模型分析前提有两个：一是假设境外企业在结算币种的选择上具有主动权。我国境内企业的出口以加工贸易的工业制成品为主（约90%），进口商品以化石燃料、矿产品和高技术工业制成品为主。由于出口商品附加价值较低，而进口商品大多为大宗商品和高新技术产品，因而境内企业的议价能力普遍弱于境外企业。二是根据货币需求流动性偏好假设美元为无风险资产。美元是国际通行的计价、投资和储备货币，是可自由兑换的流动性资产。在国际资本市场上美元普遍被视为具有避险功能，而不可自由兑换和资本管制是对境外人民币需求的最大限制，境外接受度受升值预期和国际化政策影响，其境外获取和使用成本及回报具有不确定性。虽然以上两条假设不完全反映实际，但符合基本的经济逻辑。

假设在贸易结算时，境外主体对美元和人民币的需求比例分别为 ψ_1 和 ψ_2，且 $\psi_1 + \psi_2 = 1$。美元的预期回报率是 $RE_1 = R_U \geq 0$，回报率的方差为 θ_1^2。记 ΔI 为香港离岸市场上人民币与美元的存款利差，ΔEX 为人民币汇率升值预期的变动。基于无递补利率平价条件，在扣除汇率升值预期回报后，持有人民币存款的预期回报应该等于美元预期回报，因此记人民币的预期回报率为 $RE_2 = R_U + \Delta I + \Delta EX$，其回报率的方差 θ_2^2。① 当回报率 $RE_2 > RE_1$ 时，香港企业和居民会倾向于接受人民币，故回报率的差异程度将决定贸易结算币种的相对比重。贸易结算后，香港企业或居民将持有美元和人民币资产的组合，其回报 RE_p 是两种资产的加权组合，即

$$RE_p = \psi_1 RE_1 + \psi_2 RE_2 = \psi_1 R_U + \psi_2 RE_2 =$$
$$(1 - \psi_2) R_U + \psi_2 (R_U + \Delta I + \Delta EX) \quad (3.1)$$

计算结算交易组合回报的方差，

$$\theta_p^2 = \psi_1^2 \theta_1^2 + \psi_2^2 \theta_2^2 + 2\psi_1 \psi_2 R_{12} \theta_1 \theta_2 \quad (3.2)$$

其中 R_{12} 是人民币和美元资产的线性相关系数，人民币离国际化货币

---

① 无递补利率平价是指资本具有充分国际流动性的条件下，投资者的套利行为使得国际金融市场上以不同货币计价的相似资产的收益率趋于一致，也就是说，套利资本的跨国流动保证了"一价定律"适用于国际金融市场。

还很远，短期内人民币和美元资产的收益相关性很小，简化起见 $R_{12} \approx 0$。基于美元在保持流动性等避险功能的优势地位，将其视为无风险资产，即 $\theta_1 = 0$。则（3.2）式可简化为 $\theta_p = \psi_2 \theta_2$，即 $\psi_2 = \theta_p/\theta_2$，将其代入（3.1）式有：

$$RE_p = R_U + \left(\frac{RE_2 - R_U}{\theta_2}\right)\theta_p = R_U + \left(\frac{\Delta I + \Delta EX}{\theta_2}\right)\theta_p \quad (3.3)$$

进一步考察，代表性企业和居民的效用函数 $U = u(RE_p, \theta_p^2)$。不失一般性，假设需求效用是预期回报 RE_p 的增函数，是回报方差 θ_p^2 的减函数，即

$$\frac{\partial u}{\partial RE_p} > 0, \frac{\partial u}{\partial \theta_p^2} < 0, \frac{\partial^2 u}{\partial RE_p^2} \leq 0, \frac{\partial^2 u}{\partial \theta_p^2} \leq 0$$

简单起见，假设效用函数的显式表达为：

$$U = RE_p - \frac{\lambda}{2}\theta_p^2 \quad (3.4)$$

其中 λ 表示风险厌恶的程度，由（3.1）式、（3.4）式和 $\theta_p = \psi_2 \theta_2$ 式可得

$$U = u(\psi_2, \theta_2^2) = (1 - \psi_2)R_U + \psi_2(R_U + \Delta I + \Delta EX) - \frac{\lambda}{2}\psi_2^2\theta_2^2 \quad (3.5)$$

假设境外贸易商结算时美元的无风险回报 R_U、香港存款市场上两种货币利差水平 ΔI 和汇率升值预期变动 ΔEX 已知，只有结算后持有人民币的比率 ψ_2 未知。贸易商在结算行为中将通过优化币种比例以最大化其效用。求解（3.5）式目标函数的最大化问题 $Max[u(\psi_2, \theta_2^2)]$，获得其一阶条件方程：

$$\frac{\partial u}{\partial \psi_2} = -R_U + R_U + \Delta I + \Delta EX - \lambda\psi_2\theta_2^2 = 0 \quad (3.6)$$

最终解出结算后贸易商持有美元和人民币的最优比例：

$$\psi_2^* = \frac{\Delta I + \Delta EX}{\lambda\theta_2^2} \quad (3.7)$$

（二）理论模型的结论

以微观效用为基础构建的人民币境外需求理论模型，揭示了以下三点重要结论：

（1）以无风险美元收益为基准，两种结算货币的组合回报率 RE_p 和回

报标准差 θ_p 衡量的不确定性风险之间，存在着线性关系。$(\Delta I + \Delta EX)/\theta_2$ 表示了货币资产组合不确定性风险的价格因子。人民币相对美元正向的利差和升值预期变动会提高货币组合的收益，而人民币收益不确定性增强，会降低其价格因子从而减小收益。

（2）境外企业通过调整跨境贸易人民币结算的比例，以最大化其效用。结算币种的最优配置比例，取决于汇率预期变动、利差、回报的不确定性和风险厌恶程度。利差扩大和稳定升值预期的存在会提高对人民币的需求，境外出口商将在对境内出口时更多收取人民币，进口时提高美元的结算比重。

（3）假设境内外市场主体的风险厌恶程度相同，境外人民币需求的影响因素包括利差、升值预期和回报的波动性。在境外存款收益远低于境内的情况下，汇率升值收益构成主要需求动机，现金和存款的收益差异不大。

需要说明的是，以上理论模型未纳入结算币种的服务效率、交易对手差异等因素，现实的情况应该更加复杂，模型研究仍有进一步拓展的空间。

三　人民币境外需求的影响变量

货币需求通常受规模变量和机会成本变量影响，已经是经济学研究中较一致的观点（白金辉，2002）。借鉴经典境外货币需求理论、理论模型分析及中国金融体制特征，笔者将人民币境外需求可能的影响变量分成以下三类：

（一）收入规模变量

根据松山健一，清泷和松井提出的货币竞争理论，人民币境外需求发生的根源是经济一体化进程中货币竞争的结果。经济规模较大的国家与其贸易伙伴的交易机会更多，伙伴国居民为把握交易机会会偏好持有"大国"的货币，因此宏观经济的规模构成重要的影响因素。中国改革开放30多年的高速经济增长，奠定了世界经济和贸易大国地位，这是人民币境外需求的现实基础。没有境内经济金融的发展，境外需求将难以持续。规模变量的选择可以是产出或消费。从现金跨境流通的渠道出发，边贸和出境旅游也可视为规模因素，出境旅游规模的增长无疑会影响人民币的跨境流通，但是规模相比贸易结算要小。

(二) 机会成本变量

人民币境外需求是在某些功能上对原货币的替代，境外需求很大程度上是货币替代［麦金农（1979），坎德博格（1981），克鲁格曼（1980）］。非居民将人民币纳入其资产组合以最大化其效用，产生了资产替代行为。人民币境外需求包括两种替代情形：一是人民币替代原持有和流通的货币；二是用人民币替代其他资产形式。前者属于货币替代，后者属于资产替代。根据塞茨（1995）和菲舍尔，科勒和塞茨（2004）的货币境外需求替代需求理论，影响人民币境外需求的因素除包括实际收入外，还包括利率、通胀率和汇率等机会成本变量。人民币和其他金融资产间的转换受汇率和利率水平的影响，资产所有者会持有收益高、风险小的货币。雷伊（Rey H，2001）和古德博格（Goldberg L S）、提勒（Tille C，2008）的研究发现，汇率稳定的货币更容易被选择为计价和结算货币，因此汇率波动性也是影响因素之一。古德博格，提勒（2016）基于4500万加拿大进出口行业层面的贸易结算行为数据，研究发现，由于价格刚性存在，汇率波动、汇率制度和货币在外汇市场交易量对结算货币选择有直接影响。[①] 为比较利率机会成本，王书朦（2016）考虑了同期限的人民币计价债券收益率和美国国债收益率之比。

(三) 制度影响变量

米尔斯（1978）最早提出用货币服务生产函数分析本外币的需求，即认为本外币提供服务水平差异，是配置货币持有比例的重要因素。本币在交易成本、获取成本和收益等服务效率方面与外币存在差异，从而驱动居民产生对外币的需求。货币服务功能是抽象的概念，具体在量化中博尔多和邱德瑞（1982）使用了国民收入水平、利率机会成本和汇率预期等因素，上述因素可被归入收入规模和机会成本变量两类。由于测量货币获取成本和交易成本的难度较大，人民币境外需求分析需考察跨境贸易结算政策、离岸资本市场建设等系列国际化政策因素的影响。

第二节 人民币境外需求影响因素的调查分析

现金的境外存量和跨境流量难以直接观测，理论分析只是明确了可能

---

① Goldberg, L S, Tille C. Vehicle currency use in international trade [J]. *Journal of International Economics*, 2008 (2): 177-192.

的因素。实地调查分析提供了一种理解出入境人员现金携带行为的微观研究方法。2011—2012 年,笔者参与了人民银行总行与西南财经大学联合组织的人民币跨境流通调研,在云南瑞丽、内蒙古二连浩特和深圳福田等口岸进行调研并获取了第一手调查资料。以下是基于调查资料整理得到的部分统计分析结果,为人民币的跨境流通现状和境外使用进展提供了基本的概况。

调查的重要问题就是哪些因素影响了出入境旅客的人民币现金携带行为。预调查共发放问卷 300 份,收回有效问卷 284 份,其中境内居民 230 人(81%),境外居民 54 人(19%)。在出入境频率方面,有 26.8%的被访者出入境次数在 3 次以下,10.6%的被访者为 4—10 次,5.6%的被访者为 11—20 次,有 55.6%的受访者达到 20 次以上。高频次出入境者的身份集中于商贸和旅游相关产业的从业人员。结合问卷调查资料和边境口岸地区各类人员的座谈,研究获得了一些初步的微观结论。

(1)出入境人员携带现金的主要用途是贸易和旅游

人民币在资本项下处于管制状态,贸易交易是跨境携带现金的主要目的。有 47.9%的受访者表示,携带现金来自边贸收款或用于边贸支付等商业用途。随着我国的经济增长,境内居民收入水平不断提高,出入境旅游成为现金携带的另一个重要目的。有 51.41%的调查对象携带现金用途是跨境消费,包括入境者在境内的消费支出及出境者的境外使用。受访者表示,境内周边国家和地区普遍可使用人民币。人民币在缅甸木姐和瓦城等地区已成为重要的流通货币,对缅币的替代非常普遍,但是在距离边境较远的密支那、曼德勒等地区,缅甸政府禁止人民币顺畅流通。境内居民出境到周边国家或地区旅游和购买消费品、到缅甸购买木材、矿产和水果;到蒙古国购买矿产及畜牧产品;境外居民入境携带现金主要是用来入境旅游、购物等活动的支出,缅甸和蒙古国居民则主要用于购买境内的轻工业产品及其他生活用品。①

经调查和座谈发现,虽然人民币在我国周边地区的使用非常普遍,但除了边境外很小的范围,并没有在日常活动中大范围流通。俄罗斯、蒙古国、缅甸、越南等国家政府都对人民币流通或多或少有抵触。在黑河口

---

① 蒙古国居民边贸的主要交通工具是嘎斯 69 吉普车,在货物内夹带超额现金也不易被发现。

岸，人民币现金的地下交易基本上在中国境内，俄罗斯境内通常是快速流进流出，存量并不太大。地下走私、贩毒等灰色交易牵涉大量的现金交易，但是具体数额很难估计。

表3.1 出入境目的和现金用途

目的	频数（次）	频率（%）	用途	频数	频率（%）
贸易	136	47.9	回国使用	50	17.61
旅游	72	25.4	境外投资	56	19.72
探亲访友	42	14.8	境外证券投资	8	2.82
学习	10	3.5	跨境消费	146	51.41
其他	24	8.5	其他	24	8.45

资料来源：使用调查数据计算。由于舍入误差导致频率加总可能不等于100%，以下不再说明。

（2）现金携带受交易技术和出入境携带限额的影响

由于手机移动支付、跨境转账等手段日趋成熟，个人出入境现金携带数量呈现了下降趋势。被调查者中，现金携带量低于2000元的比率为44.4%。随着电子交易技术的发展，境内居民赴香港使用银联卡的比例逐步提高。境外居民可通过在境内办理银联卡或银行账户交易，无须携带大量现金。在深圳口岸随机拦截访问英国入境旅游者发现，旅游团成员统一携带2000元人民币现金入境，主要用途是境内购买饮用水、搭乘出租车及零散消费支付使用。

调查还发现，深圳、珠海等沿海口岸和云南、内蒙古等内陆口岸出入境者携带现金出现差异化。内陆口岸出入境携带大额现金的比率更高，而沿海口岸现金携带量较少。基本原因在于，香港的金融业发达且人民币业务开展广泛，八达通卡、银联卡以及手机支付的使用成本很低，在货币兑换店换钞也更加容易；而二连浩特、瑞丽等口岸的人口密度小，交通条件落后而且金融基础设施薄弱，边贸互市结算时现金支付的比例高。

对于出入境者现金携带量的问题，调查数据揭示，有10%的受访者携带现金的意愿超过2万元。由于被访者拒绝告知精确现金携带量的比例非常高，实际携带额的估计精度通常不高。调查发现，虽然境内对出入境人民币现金携带有2万元的限额管理政策，但实际上仍存在携带限额超过2

万元的情况。出入境人员现金携带实行申报制度，海关对出入境人员和物品进行电子扫描，但并不在现场查验现金具体数额。海关检验人员通常只有扫描发现现金携带明显超限的情况下，才会让过境者开包检验，因此实际上存在一定的超量携带现象。与此同时，在出入境货物中夹带现金的现象也会存在。考虑边境线漫长、地形复杂的实际情形，大额现金不通过口岸出入境也并不困难。① 调查的一个兴趣点是，2万元限额管理是否适应出入境人员的现金需求。分析发现，有55%的被访者认为2万元限额可满足出行需求，但仍有45%的受访者认为限额应高于2万元，其中有40.2%的人员认为限额应在5万元或以上。综合分析，出入境限额对出入境人员的现金携带行为产生了一定制约，但矛盾并不突出。大额的现金需求者集中于内陆口岸出入境的商务和工程管理人员，特别在口岸相邻国家的金融系统发展滞后时，矛盾更加明显。随着支付电子化的发展，过境人员现金携带量普遍下降的趋势和部分人员大额现金携带需求上升同时共存，监管与被监管的矛盾出现在特定人群上。对现金出入境携带限额的管理，建议可在部分口岸、特定人群作适当的差异化管理调整，其他口岸旅客可实行自行申报制度。

表3.2　　　　　　　　　　　　出入境携带现金

入境携带	频数（次）	频率（%）	限额	频数（次）	频率（%）
2000元以下	126	44.4	1万元	84	29.6
2000—4000元	52	18.3	2万元	72	25.4
4000—8000元	26	9.2	3万元	14	4.9
8000—16000元	30	10.6	5万元	32	11.3
16000—32000元	26	9.2	5万元以上	82	28.9
32000元以上	24	8.5	—	—	—

资料来源：使用问卷调查数据计算。

（3）境外需求受结算政策、汇率变动和获取成本影响

货币境外需求取决于货币的服务功能优势（米尔斯，1978）。货币服务效率所受的影响因素复杂，包括获取成本、流动性、支付便利度和投资持有收益等。调查数据显示，有69.6%的受访者认同人民币是境外受欢迎

---

① 例如，在云南瑞丽，银井寨就跨在中缅两国的国界线上。

的货币,只有9.1%的受访者认为人民币在境外不受欢迎。这说明周边地区对人民币持欢迎态度,而较高的接受度是人民币境外需求存在和不断扩大的直接因素。人民币境外使用便利程度是影响接受度的重要原因,认为境外使用比较方便的比率达到77.4%。调查证实人民币已成为边境相邻地区的重要流通货币,初步形成了境外流通网络和使用惯性,为人民币国际化奠定了事实基础。周边国家大多参与了"一带一路"的国际合作框架,人民币较高的影响力,有助于"一带一路"贸易和投资战略合作的顺利推进。

表3.3 人民币境外受欢迎程度

境外接受度	频数(次)	频率(%)	境外使用	频数(次)	频率(%)
很欢迎	59	41.5	非常便利	69	48.5
比较欢迎	40	28.1	比较便利	41	28.9
一般	30	21.1	一般	19	13.4
不太欢迎	8	5.6	稍差	4	2.8
很不欢迎	5	3.5	很不方便	9	6.3

资料来源:根据边境口岸的调查数据计算。

人民币现金的获取成本也是影响境外服务功能的重要因素。图3.1显示,人民币在境外具有较为广泛的获取渠道。在所有途径中,民间兑换点(31.97%)领先于官方兑换机构(25%),成为最重要的现金获取渠道。民间兑换更受信赖的重要原因在于,民间兑换汇率更方便、更优惠而且更接近市场价格。由于缅甸、越南等国家的货币汇率很不稳定,官方汇价脱离了市场定价而且调整缓慢,导致私人兑换更受青睐。在社会动荡的国家边境地区,与私人交易的成本和保密性也好于官方[施密特-格罗厄(Schmitt-Grohé S),乌里韦(Uribe M);2012][1]。利用熟人社会网络(18.44%)和商贸伙伴的关系(17.62%),也是境外居民获取现金的重要来源。这从侧面说明,境外民间人民币现金的沉淀规模已经较大,初步形成了境外的人民币汇率民间定价和交易。在香港推出可交割人民币兑美

---

[1] Schmitt-Grohé S, Uribe M. Foreign demand for domestic Currency and the optimal rate of inflation [J]. *Journal of Money*, *Credit and Banking*, 2012, 44 (6): 1207-1224.

元的即期汇率和非交割远期汇率（NDF）后，离岸汇率已对在岸汇率价格形成了定价权冲击，具有了价格发现功能（朱钧钧，刘文财；2012）。

人民币境外使用的原因有很多，汇率和结算是最重要的需求影响因素，其中结算因素的权重约为41.25%。使用人民币结算的优点包括结算范围广、结算效率高和结算费用较低三个方面。跨境贸易本币结算政策的推行有效降低了结算成本，对促进国际贸易中使用本币起到积极作用。随着"一带一路"的推进和人民币被纳入SDR货币篮子，人民币的强势增强了境外居民的持币信心，成为替代其他货币的重要动因。人民币在汇率方面的优势包括币值稳定（17.6%）和有升值预期（34.8%）。

表3.4　　　　　　　　　人民币境外使用便利的因素

使用原因	频数（次）	频率（%）	使用原因	频数（次）	频率（%）
结算范围	156	15.24	人民币业务	101	9.87
结算效率	166	16.23	流动性	124	12.12
升值预期	176	17.2	汇率稳定	180	17.6
结算费用	100	9.78	其他	20	1.96

资料来源：使用边境口岸的调查数据计算。

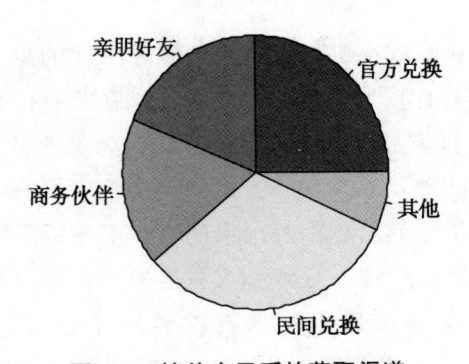

图3.1　境外人民币的获取渠道

（4）现金携带与收入、文化程度及职业的关联性

被访者的学历层次集中于高中与大专/大学，占比57.8%。被访者的收入水平呈现显著的两极分化现象，月平均收入在4000元以下和16000元以上的比例分别占被访者的64.8%和22.54%。调查不能排除存在被访者填报收入偏高或偏低的现象，如低收入者（缅甸、蒙古国入境边民、务

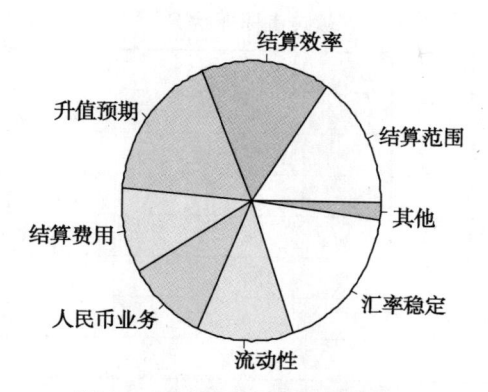

图 3.2　人民币境外需求的原因

工人员等）高报其收入，而高收入者由于藏富心理存在而低报其收入（公司老板、个体经营户等）。梳理发现，被访者的职业状况分类以个体经营者为主，占比 47.9%。

继续关注出入境人员收入、文化程度及职业因素对现金携带的影响。考虑现金携带和受教育水平的相关性。利用肯德尔 t-b（Kendall's tau-b）和斯皮尔曼（Spearman）检验得到的 p 值分别为 0.167 和 0.188，因此不拒绝无相关的原假设，即受教育水平对现金携带水平的影响并不显著。在云南和缅甸接壤地区，高额现金携带者多为男性公司经理和个体经营户，而学历层次则普遍在高中及以下。被访者职业状况与现金携带的相关性表现亦不显著，肯德尔 t-b 和斯皮尔曼检验的 p 值分别为 0.145 和 0.15。跨境人员现金携带的数量与收入水平具有高度显著的相关性。肯德尔 t-b 和斯皮尔曼检验的 p 值分别为 0.000 和 0.000，这表明跨境者的收入水平与现金携带有相关关系。

表 3.5　被访者学历及收入状况

文化程度	频数（次）	频率（%）	月平均收入	频数（次）	频率（%）
硕士/博士	22	7.75	2000 元以下	86	30.28
大专/大学	78	27.5	2001—4000 元	96	33.80
中专/高中	86	30.3	4001—8000 元	26	9.15
初中	82	28.9	8001—16000 元	12	4.23
小学以下	16	5.63	16000 元以上	64	22.54

资料来源：使用边境口岸的调查数据计算。

表 3.6　　　　　　　　　　被访者职业状况

职业状况	频数（次）	频率（%）
干部/教师	12	4.2
技术人员	14	4.9
企业管理	30	10.5
一般职员/工人/服务员	66	23.2
个体经营户	136	47.9
待业/失业人员	6	2.1
学生	12	4.2
其他	8	2.8

资料来源：使用边境口岸的调查数据计算。

利用经济调查提供的微观视角，可以从个体行为透视人民币现金跨境流通现象。统计分析揭示了影响境外现金需求因素的重要线索，有力丰富了境外需求研究的手段。同时，边境口岸调查也不能代替宏观经济角度的分析，毕竟实地调查主要观测个人携带途径下的现金流动，对于更大规模的贸易、投资资金流动则具有明显的不足。作为研究的重要方面，建议货币监管部门应将统计调研连续化、制度化，从而为人民币现金跨境流通的动态监管提供坚实的基础。吴弘、祁琳（2015）认为应建立统一的监测体系和运作规章，对出入境人民币现金的数量和质量进行监测和统计。

第三节　人民币境外需求影响因素的实证分析

境外人民币的主体是离岸市场银行体系的存款。虽然人民银行授权的海外人民币离岸中心已经有 23 个，但是香港离岸市场的领先地位非常明显。香港处理的人民币支付业务量占所有离岸业务的 75% 左右。香港的人民币存款市场是境外最大的人民币"资金池"，以此作为境外人民币需求的测量指标，研究境外需求的影响因素具有较强的代表性。[①]

[①] 蒋先玲、刘微、叶丙南：《汇率预期对境外人民币需求的影响》，《国际金融研究》2012 年第 10 期。

一 境外存款的制度分析

（一）境外人民币存款业务的演变

在 2004 年之前，境外不存在金融机构人民币存款业务。2003 年"非典"之后，大陆赴港的游客日渐增多，游客在港购物消费支付的人民币沉淀量不断扩大。为了解决这些沉淀资金的出路，人民银行授权香港金管局于 2004 年 1 月 1 日开展个人人民币存款业务，同时办理兑换、汇款、人民币卡业务。2005 年，香港金管局又批准运输业、零售业和饮食业等 7 个行业开设企业人民币存款账户。2006 年允许香港居民开立人民币支票账户。这是香港人民币存款起步阶段，规模仍然较小，2006 年年底人民币存款余额为 234 亿元。

2007 年后中国政府决定推动人民币境外使用，第一步是建立香港离岸中心。2007 年首次在港发行离岸人民币债券；2009 年 1 月，中国人民银行与香港金管局签署货币互换协议，为香港金管局提供 2000 亿元人民币的流动性支持；2009 年 7 月，开始在香港试点跨境贸易人民币结算；2011 年 1 月中国人民银行发布《境外直接投资人民币结算试点管理办法》；2011 年 6 月开始为离岸人民币汇率定价。为配合离岸市场建设，必须做大人民币存款"资金池"。金管局批准人民币存款账户间的自由转账，并取消企业兑换人民币的上限。为进一步吸收其他地区人民币资金，2012 年 8 月 1 日起允许非香港居民在香港开设人民币存款账户，且在香港居民和非居民存款账户间可资金转账划拨，每日转账、划拨金额亦没有限制，离岸市场对其他境外地区的沉淀人民币资金吸收能力增强。离岸市场的建设，不仅使得香港汇聚了境内贸易结算、携带、对外投资输出的人民币，而且连中国澳门、中国台湾、新加坡等地积累的人民币资金也向香港流动。随着中国台湾、新加坡、中国澳门、伦敦等地离岸业务的开展，境外人民币存款业务在离岸市场逐步普及，各市场的人民币存款都快速上升，但香港市场的规模最大。这一阶段是离岸人民币存款增速最快的时期，截至 2014 年 12 月，香港离岸人民币存款余额突破了 1 万亿元。

2015 年之后离岸人民币市场进入调整阶段。沪港通、深港通、债券通相继实施，香港离岸市场上的人民币投资渠道增多，贸易结算和投资衍生金融产品的总量上升。人民币存款市场演变成"贸易+投资"双轮驱动。"一带一路"战略的推进必将进一步推高香港人民币的融资交易。

虽然 2015 年"8·11"汇改后，人民币汇率短暂下行，而且双向波动幅度加大，2016 年年底香港人民币存款规模为 5467 亿元，距 1 万亿元的峰值显著下降。在挤掉投机泡沫市场获得出清后，离岸市场的发展将更加稳健。

（二）香港市场的人民币存款制度

香港是境外最早开展人民币存款业务的地区，也是境外人民币存款最集中的地区。香港的人民币存款制度设计最具代表性。

图 3.3 描述了香港人民币存款的主要来源与向境内流动的渠道。"境内—香港"形成了人民币资金循环的回路，但转移路径仍存在很多障碍。突出的制约之处在于，境外人民币债券的规模不足、境内对跨境贷款的限制及对向内投资的审查与限额约束。通过中银香港再转存人民银行深圳分行的人民币存款回报率非常低，20 万元以下的活期储蓄存款利率仅为 0.25%，显著低于境内的利息水平。实际上，该路径的核心不是存款收益，而是香港的人民币业务清算机制。

香港人民币业务实施单一清算行制度，2003 年起中银香港被委任为香港唯一的人民币业务清算行。随着时间的推移，香港离岸市场上已经形成了比较完善的清算服务（见表 3.7），清算范围已扩至大陆外的全球范围。虽然人民币清算业务仍存在一定的限制性条件，比如向境内汇款的贸易背景审查和限额规定，个人支票清算、个人平盘服务的上限，而且对参加行经上海兑换窗口向清算行出售人民币的额度也有季度上限规定等。在现行制度设计下，香港市场的流动性并没有完全保证。

表 3.7　　　　　　　　　中银香港人民币清算服务业务

服务项目	服务手段	服务对象	注释
汇款服务 （2004 年 2 月）	中国现代化支付系统 CNAPS 和香港人民币即时支付系统	个人、企业和机构客户	汇往境内须：（1）真实跨境贸易背景；（2）个人汇款同名；（3）每人每天不超过 80000 元
个人支票清算服务 （2006 年 3 月）	香港人民币即时支付系统	香港居民在参加行开设人民币账户支付广东省消费	香港居民每人每日限额 80000 元
债券服务 （2007 年 1 月）	债务工具中央结算系统	提供参加行债券结算及托管服务	连接香港人民币即时支付结算系统
平盘服务 （2004 年 2 月）	香港唯一境外直接会员进入境内银行间外汇市场平盘	为参加行提供合格的人民币兑换业务平盘服务	个人存款账户和现金兑换，每人每天不超过 20000 元

续表

服务项目	服务手段	服务对象	注释
拆借业务 （2004年2月）	境内全国银行间同业拆借中心	为境外参加行拆借境内资金	人民银行批准准入资格
人民币回购服务 （2011年2月）	债券工具中央结算系统	向参加行提供人民币回购服务	可使用清算行指定合格债券作抵押品
托管账户服务 （2011年4月）	香港人民币即时支付结算系统	为参加行提供人民币托管账户服务	清算行代参加行转存人民银行指定账户
现金服务 （2010年7月）	现金提存、兑换平盘以及破损现金更换服务	境外参加行	提供现金供应与回流服务
银行卡服务 （2004年2月）	香港人民币即时支付结算系统	作为发卡行和银联的清算服务中介	境内使用清算行先和银联，再和参加行清算

资料来源：中银香港公开资料整理（http://www.bochk.com/web/home/home.xml?lang=tw）。

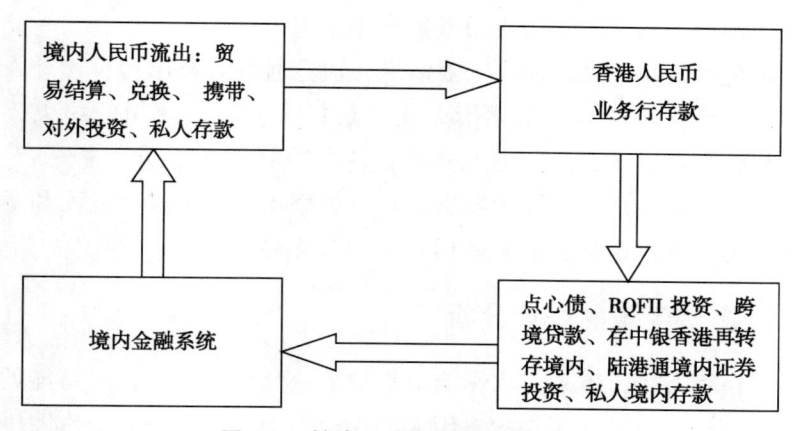

图 3.3 境内—香港存款转移路径

在香港人民币业务开展初期，投资渠道匮乏。绝大部分参加行的人民币存款通过再存款转至中银香港，中银香港再转存至人民银行深圳分行，可以获取的存款利率为 0.72%，即人民银行对金融机构超额准备金利率水平。这一制度性安排对香港人民币存款利率构成基本限制，使得香港人民币存息比大陆明显要低。香港人民币离岸市场和欧洲美元市场明显不同。[1] 欧洲美元存款没有准备金率限制，吸收存款利率要高于美国境内的

---

[1] 边卫红：《离岸人民币市场步入阶段性调整期——人民币国际化与离岸市场发展会议综述》，《国际金融》2017年第1期。

利率，而香港事实上的高准备金率使利率明显低于境内。在岸与离岸间明显的正利差为持续套利行为提供了空间。

虽然香港离岸市场没有明确的存款准备金制度规定，但如果存款全部转存境内银行的话，那无异于参加行缴纳100%的存款准备金率，这将背离离岸金融的发展原则。根据现代商业银行体系存款货币的创造理论，部分准备金制度和转账结算是创造存款货币的两个前提，部分准备金通过发放贷款和投资为多倍的存款创造提供了可能，转账结算而不是现金结算才能创造银行系统内存款账户转移后的多倍效应。事实上过高的准备金率弱化了存款创造能力，反过来强化了在岸市场对离岸市场的控制。风险集中使市场行为风险转嫁至国家风险，自然降低了香港人民币存款收益。[1] 这与货币风险与国家风险分离的离岸市场基本宗旨冲突。中银香港与中国银行的行政管理及业务上联系紧密，因此香港市场不是严格意义上的离岸市场，升值预期下离岸市场的货币乘数也小于境内。

随着跨境贸易人民币结算、陆港通、债券通等政策出台，境外人民币离岸汇率、债券、信托等金融衍生交易量扩大，境外使用的约束逐步弱化，这种状况得以转变，香港人民币存款利率将逐步上升。"一带一路"贸易投资融资也会加剧人民币需求，抬升利率水平。不过与港元和美元存款相比，香港人民币存款的利率仍具有相对优势。

二　影响变量的统计分析

本节在对人民币境外需求影响因素的理论分析基础上，对可能的影响变量进行剖析，目的在于深化对因素的探讨，为后续实证分析作铺垫。

（一）离岸存款市场的利差

人民币存款业务不仅在在岸CNY（境内人民币）市场与离岸CNH（境外人民币）市场上存在收益差，而且离岸市场上CNH与其他币种存款也存在利差。表3.8以中银香港的存款业务为例，列出了香港存款市场上CNH与美元和港元的利差，1年期定期存款收益人民币是美元的4倍，是港元的3倍。由于香港实行联系汇率制，使港元与美元收益基本保持一致。从存款的币种选择上，无疑人民币拥有对美元和港元的显著优势。人

---

[1] 中国社会科学院世界经济与政治研究所课题组：《香港离岸人民币市场的问题与风险》，《中国金融》2011年第20期。

民币存款收益更高是非居民替代部分港元、美元资产份额转成人民币的重要原因之一。在岸人民币与离岸人民币存在正利差，而与港元和美元的存款收益差距更加明显。CNY 的 1 年定期存款收益远远高于香港市场美元存款的利息。随着 CNH 通过 RQFII、陆港通、债券通等投资渠道进入境内市场的限制放宽，境外人民币需求会由于逐利动机而扩大。

表 3.8　　　　　　　　香港人民币、港元及美元存款利率

时间：2017 年 8 月 11 日　单位：%

币种	港元		人民币		美元	
活期存款年利率	3000 以下	—	5000 以下	—	1000 以下	—
	3000—499999	0.01	5000—199999	0.25	1000 或以上	0.01
	500000 以上	0.02	200000 以上	0.30		
定期存款利率	1 天	0.01	1 天	0.25	1 天	0.01
	7 天	0.01	7 天	0.30	7 天	0.01
	3 月	0.02	3 月	0.55	3 月	0.01
	12 月	0.20	12 月	0.60	12 月	0.15
通知存款利率	1 天	0.01	1 天	0.25	1 天	0.01
	7 天	0.01	7 天	0.25	7 天	0.01

资料来源：中银香港（http://www.bochk.com）港元的定期存款利率和通知存款利率为金额 500000 或以上，美元的相应利率为额度 50000 以上。

对以上现象分析认为，形成利差格局的原因主要有以下两点：

首先，境内经济增长高于中国香港、美国等高收入经济体。虽然在"新常态"背景下，中国的经济增速下滑，但仍然显著高于发达国家的增速，是全球经济增长的重要推动力量。中高速经济增长必然带动投资的高收益。经济增长吸引资本逐利跨境流入，中国成为吸引外资最多的发展中国家。使用人民币投资境内市场，不仅获取较高的投资收益，而且仍有升值获利回报的可能，因此在香港市场上，CNH 的存款利率高于港元和美元。

其次，人民币在境内外市场存在收益差异的主要原因是，在岸—离岸市场分割。在资本自由流动的市场间，资本的套利交易行为将很快抹平利差。在香港人民币离岸市场上，当境内人民币流入香港后，由于资本跨境流动的管制而不能自由回流，两岸市场分割导致了收益分化。随着人民币跨境流动渠道的不断丰富，离岸—在岸的利差将会出现缩小的趋势。

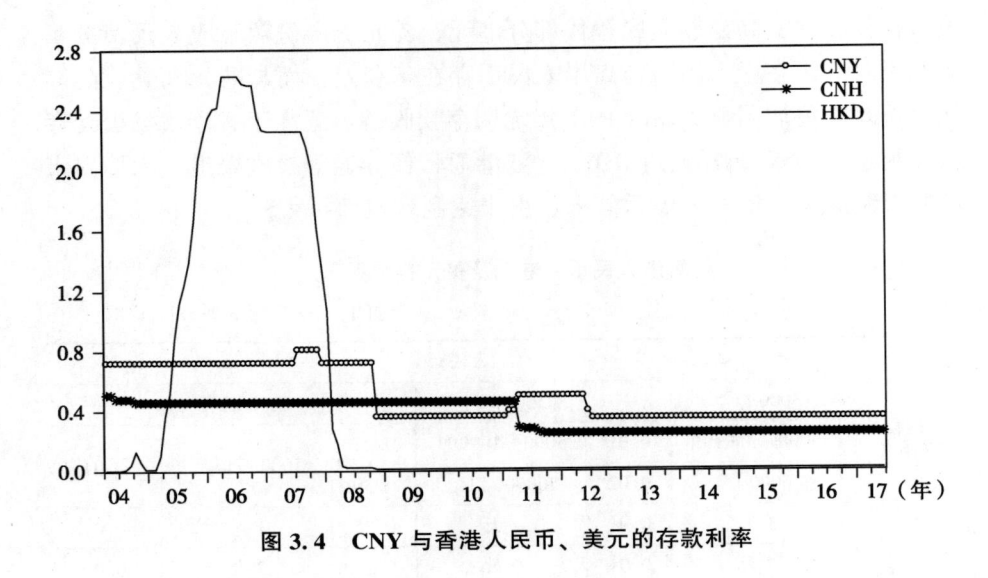

图 3.4　CNY 与香港人民币、美元的存款利率

（二）在岸—离岸汇差

境内对资本流动的管制导致了在岸—离岸市场的分割，而且在岸—离岸的人民币的交易模式和价格发现机制也存在差异。CNH 现汇是 19 家交易银行的中间报价剔除 3 个较大值和 3 个较小值后，计算均值得到的。USD/CNH（美元/离岸人民币）是离岸市场交易形成的价格，没有涨跌幅限制。USD/CNY（美元/在岸人民币）价格则受到央行的汇率政策指引，有 2% 的浮动区间限制，因此对市场供求的反应速度要迟缓。这种在岸—离岸汇率的非对称联系已经被学者注意到［杜汇泽（Du J），赖建强（Lai K K）；2017］。离岸—在岸汇差在反复套利中不会很快消失，在人民银行干预外汇市场时汇差可能拉大。在图 3.5 中，根据 2012 年 5 月至 2017 年 7 月期间的即期人民币汇率数据，考察在岸汇率 CNY 和离岸汇率 CNH 价格差异（100USD/CNY-100USD/CNH）。可以发现大多数时间，离岸汇率要高于在岸汇率，但是在 2012 年和 2015 年后的时段内出现"价格倒挂"现象，即离岸价比在岸价便宜。尤其是在 2015 年"8·11"汇改之后，离岸市场出现做空人民币的交易，离岸汇率价格逆转，推动汇率市场出现贬值预期。人民银行对外汇市场进行干预后，汇差重新转正。在此阶段离岸人民币需求减弱，香港人民币存款额连续下降，从 2014 年年底 1 万亿元的峰值下降为 2017 年上半年 5261 亿元的规模。这表明汇率与境外需求变动存在密切的关系。人民币国际化的推进最终带来资本管制的放松，凸

显对跨境资本流动风险防范的脆弱性，应支持渐进增加汇率灵活性而不是资本管制的突然开放［艾肯格林，童辉（Tong H）；2015］。可以预见，渐进的汇率体制改革会在一定时期内保持市场分割，从而产生投机空间。跨境资本流动渠道的扩大会逐步减小境外对人民币的投机需求。

（三）政策变量

香港人民币存款的显著增长发生在人民币国际化政策推行之后，国际化政策显著影响了人民币的境外需求。本书引入推广的动态线性模型研究存款序列的结构突变和异常值，目的在于评估政策变动对境外需求的影响效应。

（1）模型设定

外部因素对经济序列会造成冲击，考察序列结构稳定性通常使用单位根检验方法。单位根检验只能识别序列是否具有平稳性特征，不能对潜在驱动系统的时间序列建模，忽略了对潜在趋势、增长率和季节性因素过程的演化路径分析，而且难以判断异常值和结构突变来源。事实上，结构突变可能来自观测过程、状态过程趋势、增长率和季节性因素的某些具体成分。基于以上考虑，研究引入比垂斯等（Petris G et al.，2010）提出的重尾新息推广逆伽马动态线性模型（Dynamic linear model，DLM），对香港存款动态行为建模并捕捉各成分中可能存在的变动。比垂斯（2010）利用该模型研究了英国天然气消费的结构特征，实证发现新模型可以很好地捕获结构突变发生的时期和来源。约翰格威柯（John Geweke J）和蒋彧（Jiang Y，2011）则对美国真实季度 GDP 序列使用贝叶斯方法进行多结构突变点诊断与建模，并对模型预测进行研究。马耶（Maheu J M）和宋勇（Song Y，2014）利用该方法分析加拿大的通货膨胀特征。

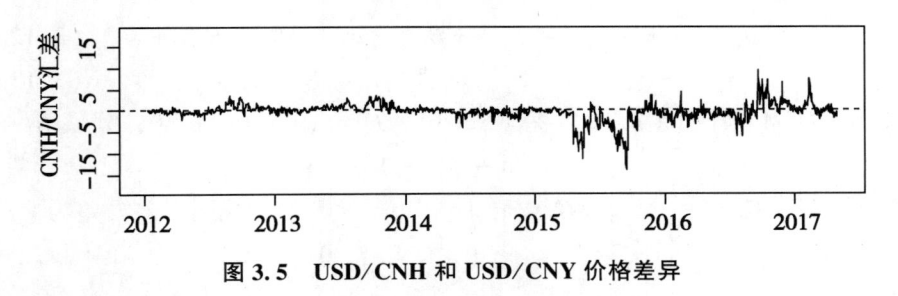

图 3.5 USD/CNH 和 USD/CNY 价格差异

下面首先简单介绍模型的理论，根据卡尔曼（Kalman R）确立的 DLM 模型理论的经典框架：

观测方程：$Y_t = F_t \theta_t + v_t$ （3.8）

状态方程：$\theta_t = G_t \theta_{t-1} + \omega_t$ （3.9）

（3.8）式表示观测过程$\{Y_t\}$，由无法观测的潜在状态过程$\{\theta_t\}$驱动，而（3.9）式刻画了状态过程的演化路径。[①] F_t 和 G_t 分别为线性联系的系数矩阵，v_t 和 ω_t 分别表示观测和状态方程的扰动新息。在应用建模中，状态成分的确定通常来源于对观测序列的成分分解，接下来结合研究的分析对象——香港人民币存款序列进行叙述。在跨境贸易结算、投资等需求推动下，香港人民币存款余额不断变化，因而序列存在对数尺度下的线性潜在趋势和增长率。同时，国际贸易、投资和消费若存在季节性，可能对离岸流动性带来季节性变动影响，外来冲击可能会造成某个成分的突变。

根据以上分析，研究把存款序列分解为"趋势+季节因子+噪声"三种成分的组合。其中，趋势成分用局部线性的增长路径刻画，包括了局部水平和时变的动态斜率。即：

$$y_t = \mu_t + v_{t,1}, \mu_t = \mu_{t-1} + \beta_{t-1} + w_{t,1}, \beta_t = \beta_{t-1} + w_{t,2} \quad (3.10)$$

其中，μ_t 和 β_t 分别为香港人民币存款的趋势水平和增长率，将存款增长率变动设定为随机游走的时变形式。人民币存款季度数据的季节性成分结构为：

$$SE_t = S_1 + v_{t,2}, \sum_{i=1}^{4} S_i = w_{t,3} \quad (3.11)$$

其中，S_i 表示第 i 季度对均值的季节性偏差，通过约束 $\sum_{i=1}^{4} S_i = 0$ 使模型只需引入3个季节状态变量。最后将（3.10）和（3.11）式组合成如下完整设定：

$$y_t = \mu_t + S_1 + v_t, \mu_t = \mu_{t-1} + \beta_{t-1} + w_{t,1}, \beta_t = \beta_{t-1} + w_{t,2} \quad (3.12)$$

$$S_1 = -S_4 - S_3 - S_2 + w_{t,3}, S_3 = S_3, S_4 = S_4 \quad (3.13)$$

由 DLM 模型（3.12）-（3.13），$F = [1, 0, 1, 0, 0]$，$G = \begin{bmatrix} G_1 & 0 \\ 0 & G_2 \end{bmatrix}$，$G_1 = \begin{bmatrix} 1 & 1 \\ 0 & 1 \end{bmatrix}$，$G_2 = \begin{bmatrix} -1 & -1 & -1 \\ 1 & 0 & 0 \\ 0 & 1 & 0 \end{bmatrix}$，观测误差方差为 $V =$

[①] Harvey A C. *Forecasting, Structural time series models and the kalman filter* [M]. Cambridge Wniversity Press, 1990, pp.56-57.

σ_v^2，状态向量 $\theta_t = (\mu_t, \beta_t, S_1, S_4, S_3)'$，状态误差协方差为 $W = diag[\sigma_q^2, \sigma_z^2, \sigma_u^2, 0, 0]$。该 DLM 模型系统含有 4 个未知参数，分别是观测方程、趋势水平、增长率和季节因子成分的误差方差 σ_v^2、σ_q^2、σ_z^2 和 σ_u^2。

经典 DLM 模型通常假设误差服从高斯分布，在使用贝叶斯方法估计未知参数时，通常选择参数先验分布是逆伽马分布形式。这种设定虽为共轭后验计算带来了方便，但逆伽马先验设定却难以刻画结构突变和异常值对于时间序列建模的影响。[①] 在 DLM 模型的估计中，随意使用逆伽马先验形式的合理性经常受到研究者的质疑 [格尔曼（Gelman, 2013）]。此处采用比垂斯的做法，使用尾部更重的尺度混合的 t 分布代替高斯分布误差项的先验形式。假设误差 v_t 服从自由度 $v_{y,t}$ 和尺度参数 λ_y^{-1} 的 t 分布，引入潜变量 $\omega_{y,t}$，用来刻画随机误差 v_t 的变异程度，即 $v_t | \lambda_y, \omega_{y,t} \sim T(0, (\lambda_y \omega_{y,t})^{-1})$，由 $\omega_{y,t}$ 刻画 DLM 模型误差方差的时变性。在 $E(\omega_{y,t}) = 1$ 的基准分布下，偏离 1 的 $\omega_{y,t}$ 值将与 v_t 的异常新息相联系，因此 $\omega_{y,t}$ 的后验均值可以识别序列的结构突变或异常变动。下面对香港人民币存款 DLM 模型的误差方差进行分层先验设定：

$$V_t^{-1} = \lambda_y \omega_{y,t}, \qquad W_{t,i}^{-1} = \lambda_{\theta,i} \omega_{\theta,ti}$$

$$\lambda_y | a_y, b_y \sim gam(\frac{a_y^2}{b_y}, \frac{a_y}{b_y}), \quad \lambda_{\theta,i} | a_{\theta,i}, b_{\theta,i} \sim gam(\frac{a_{\theta,i}^2}{b_{\theta,i}}, \frac{a_{\theta,i}}{b_{\theta,i}})$$

$$\omega_{y,t} | v_{y,t} \sim gam(\frac{v_{y,t}}{2}, \frac{v_{y,t}}{2}), \quad \omega_{\theta,ti} | v_{\theta,ti} \sim gam(\frac{v_{\theta,ti}}{2}, \frac{v_{\theta,ti}}{2})$$

$$a_y \sim unif(0, A_y), \qquad a_{\theta,i} \sim unif(0, A_{\theta,i})$$

$$b_y \sim unif(0, B_y), \qquad b_{\theta,i} \sim unif(0, B_{\theta,i})$$

$$v_{y,t} \sim Mult(1, p_y), \qquad v_{\theta,ti} \sim Mult(1, p_{\theta,i})$$

$$p_y \sim Dir(\alpha_y), \qquad p_{\theta,i} \sim Dir(\alpha_{\theta,i})$$

上面左列是对观测误差方差的设定。参数 λ_y 的先验分布是均值为 a_y，方差为 b_y 的伽马分布，而均值和方差的先验均设定为均匀分布。自由度参数的先验分布是在有限整数集 {1, 2, …, 10, 20, …, 100} 上取值

[①] Petris G, Petrone S, Campagnoli P. *Dynarnic linear models with R* [M]. Springer-Verlang, 2010, pp. 101-102.

的多项分布；对多项分布参数 p_y 的先验分布，采用参数为 α_y 的迪利克雷（Dirichlet）分布形式。根据以上步骤，完成了对观测方差 V_t 的先验分层设定。右面是按照相同的思路，对状态方程误差方差矩阵的设定。不同的是，左面的结构是 1 维的，而右面分别设定的先验分层结构，则对应对角矩阵 W_t 的每个元素。

（2）贝叶斯吉布斯（Gibbs）抽样估计

由于 DLM 模型计算相对复杂，相关研究长期进展缓慢。随着统计计算能力的发展，贝叶斯估计方法因其优越性又获得了更多学者的关注，而最具代表性的技术之一是吉布斯抽样估计。朱慧明等（2011）使用辅助变量贝叶斯吉布斯抽样处理变结构吉布斯模型中的高维数值计算问题；李勇等（2012）则使用贝叶斯方法研究厚尾金融时间序列的单位根检验；帕帕尼古拉乌等（Papanikolaou Y et al., 2017）利用该方法研究稀疏样本的密度分布问题。本书也采用贝叶斯吉布斯抽样估计方法。记设定模型中 4 个未知参数组成的向量为 Ω，无法观测的状态向量为 Θ。由于后验分布 $\pi(\Omega, \Theta_{0:T} | y_{1:T})$ 的分布形式通常比较复杂，贝叶斯吉布斯抽样方法使用马尔可夫链蒙特卡洛方法产生模拟抽样样本，估计待估参数 Ω 和未观测状态 Θ 的条件后验均值。该策略把从联合分布 $\pi(\Omega, \Theta_{0:T} | y_{1:T})$ 中的抽样问题转化为交替从 $\pi(\Omega | \Theta_{0:T}, y_{1:T})$ 和 $\pi(\Theta_{0:T} | \Omega, y_{1:T})$ 中抽样。在获得足够多的模拟样本量后，用模拟抽样样本均值和方差任意逼近待估的总体均值和方差。具体的抽样策略采用如下两步：

第 1 步：对未知参数初始化赋值。首先令 $\Omega = \Omega^{(0)}$；对于 $y_{1:T}$，在 $\Omega = \Omega^{(i-1)}$ 已知的条件下，对于 $i = 1, \cdots, N$，使用 FFBS（forward filtering backward sampling）算法从 $\pi(\Theta_{0:T} | y_{1:T}, \Omega = \Omega^{(i-1)})$ 中抽取 $\Theta_{0:T}^{(i)}$。

第 2 步：先运行卡尔曼滤波，利用 $y_{1:T}$ 和 $\Theta_{0:T} = \Theta_{0:T}^{(i)}$ 从 $\pi(\Omega | y_{1:T}, \Theta_{0:T} = \Theta_{0:T}^{(i)})$ 中抽取 $\Omega^{(i)}$。交替运行以上步骤 1 和步骤 2，直至最后得到收敛的估计结果。

（3）实证结果

选取香港人民币存款数据为分析指标，研究时段为 2004 年第 1 季度至 2017 年第 2 季度。由于存款序列呈现指数增长趋势，先对其实施自然对数变换。使用（3.12）—（3.13）式组成的模型设定结构，分别对香港人民币存款序列建模。对参数 a_y，b_y，$a_{\theta,1}$，$b_{\theta,1}$，$a_{\theta,2}$，$b_{\theta,2}$，$a_{\theta,3}$，

$b_{\theta,3}$ 的先验分布，均设定为服从 (0, 100000) 的均匀分布，p_y，$p_{\theta,1}$，$p_{\theta,2}$，$p_{\theta,3}$ 的 4 个迪利克雷分布的参数都等于 1/19。利用 10000 次的马尔可夫链蒙特卡洛方法迭代样本进行后验分析。为了使迭代样本达到平稳状态，丢掉前 500 次预烧样本（burning samples），使吉布斯抽样后满足样本随机性要求。为了减少抽样样本的自相关性可能产生的伪随机数后效性，保存 1 次迭代样本后丢弃 2 次后续样本，然后再循环保存样本。① 在贝叶斯吉布斯抽样后，计算设定模型中各成分的诊断参数 $\omega_{y,t}$ 和 $\omega_{\theta,ti}$（$i = 1, 2, 3$）的后验均值。如果某些成分诊断参数的后验均值显著地远离 1，序列异常变动或结构突变特征就会被模型捕捉到。

图 3.6 中 4×1 的排列分别是，模型估计的观测方程、趋势水平、局部增长率和季节因子的参数 $\omega_{y,t}$、$\omega_{\theta,t1}$、$\omega_{\theta,t2}$ 和 $\omega_{\theta,t3}$。很显然 $\omega_{y,t}$ 和 $\omega_{\theta,t3}$ 序列相当平滑且接近值为 1 的水平线，$\omega_{\theta,t2}$ 序列的变动距离 1 也较近。说明香港人民币存款的 DLM 模型中既没有明显的观测异常值，趋势斜率和季节因子也不存在显著的异常值现象。状态方程趋势水平出现了显著的结构波动特征，估计参数 $\omega_{\theta,t1}$ 序列的波动性非常明显，特别在 2008 年到 2012 年之间更为剧烈，标志着人民币国际化政策对香港存款市场的刺激。趋势水平参数 $\omega_{\theta,t1}$ 显著偏离 1 的时点有 3 个：2010 年第 4 季度（$\omega_{\theta,t1} = 0.1414$）、2008 年第 1 季度（$\omega_{\theta,t1} = 0.2311$）和 2010 年第 3 季度（$\omega_{\theta,t1} = 0.2921$）。因此判断香港人民币存款增长率在 2008 年和 2010 年香港人民币市场发生了异常变动。对于趋势斜率参数 $\omega_{\theta,t1}$，最小值发生于 2005 年第 2 季度（0.7486），从诊断参数估计值分析，属于温和的异常值，并没有非常显著。

结合香港人民币离岸市场发展，分析以上模型估计结论。2008 年后，我国政府出台了一系列推动人民币境外使用的政策，其中最核心的内容是从资本市场和贸易结算渠道鼓励人民币的使用。离岸人民币债券市场建设对推动人民币境外使用的意义重大。2007 年，我国首次允许境内银行和机构在香港发行人民币债券融资，但是由于债券发行规模太小，难以满足境外投资者的需求，因此也被称为"点心债"券。2008 年后，"点心债"发行的规模和债券息率都大幅增长，极大地刺激了境外对人民币的需求。

---

① Belloni A, Chernozhukov V. On the Computational Complexity of MCMC-based estimators in large samples [J]. *The Annals of Statistics*, 2009, 37 (4): 2011-2055.

在 2015 年后，受人民币贬值影响，"点心债"发行相对存款规模的比例萎缩。香港的人民币债券的发行主体是香港以外的机构或企业，特别是境内融资方。受"点心债"冷清的影响，中国使用人民币发行国际债券的比例显著下滑，2015 年只有 10.4%。

表 3.9　　　　　香港人民币离岸市场"点心债"发行统计

年度	发行数	发行量（亿元）	债券发行/香港人民币存款（%）	人民币发行国际债券占比（%）
2007 年	5	100	29.94	26.2
2008 年	5	120	39.22	67.1
2009 年	8	160	47.85	84.4
2010 年	24	388	18.67	69.6
2011 年	123	1266	35.43	64.8
2012 年	150	1180	52.01	76.3
2013 年	111	1019	44.39	42.1
2014 年	158	2052.98	20.46	39.0
2015 年	204	1071.33	12.59	10.4

资料来源：彭博（Bloomberg）数据库、国际清算银行 BIS。

2010 年 6 月，中国人民银行牵头发布《关于扩大跨境贸易人民币结算试点有关问题的通知》（银发〔2010〕186 号），将境外人民币结算地域由东盟、港澳地区扩展到所有国家和地区，同时增加境内 18 个结算试点地区。2010 年 12 月出台《跨境贸易人民币结算试点管理办法》，并将试点出口企业从 365 家扩大至 67359 家，结算范围的扩大极大地刺激了贸易渠道的人民币供给和需求，因此使香港人民币存款规模发生了异常变动。2015 年 "8·11" 汇改后，离岸人民币市场出现调整，人民币存款规模出现下降，但是市场的变化仍然比较温和。

继续使用贝叶斯吉布斯抽样，估计存款序列的潜在状态成分——趋势水平、增长率和季节因子。由图 3.7 可见，状态水平增长的趋势在 2011 年以前上升明显，而后半段市场增长逐步缓和，而且 2015 年后出现下降趋势。除去早期市场的爆发性增长和短暂的波动，趋势增长率总体上经历了下降的过程。季节性因子的波动性，在整个区间上呈现缓慢衰减的态势。2010 年以前的季节性波动明显高于之后。存款增长的季节性波动区间收窄，说明在经历各种政策效应的冲击后，离岸市场的建设逐步成熟，

图 3.6 ω_t 的后验均值

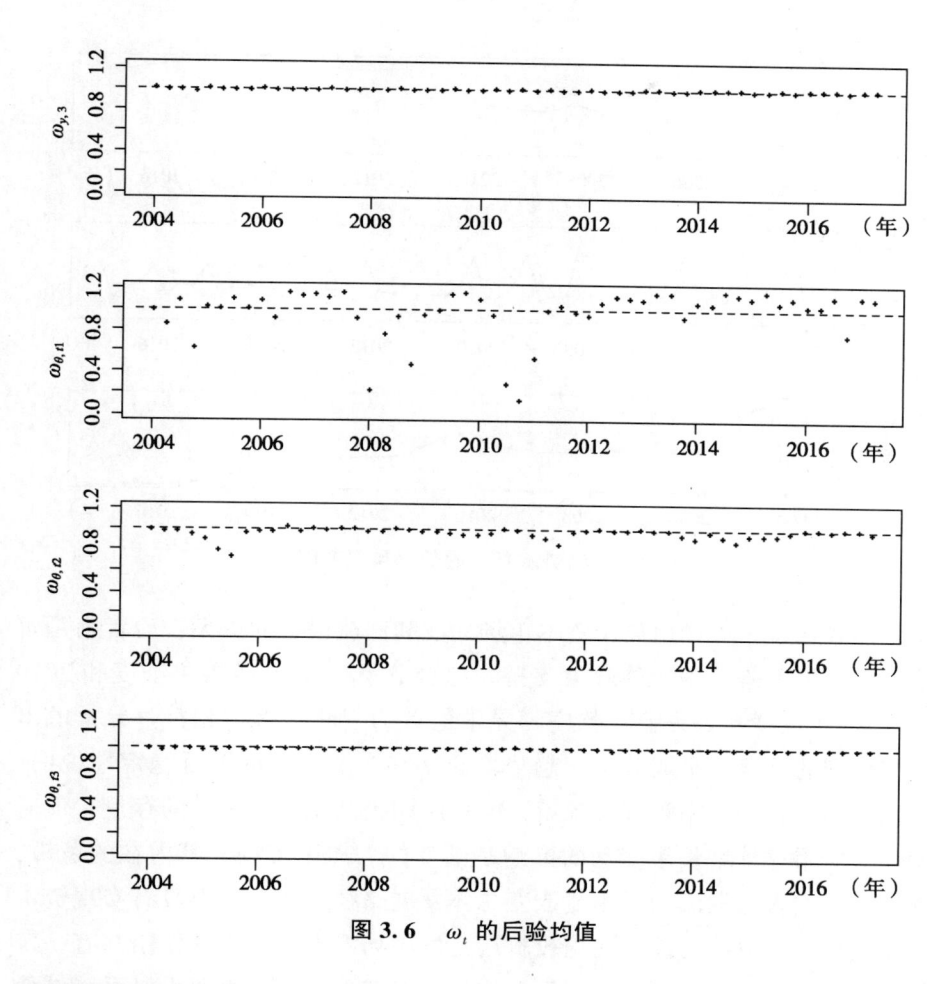

境外人民币的供需渐趋平衡。

使用推广的 DLM 模型对香港人民币存款序列建模，并基于贝叶斯吉布斯抽样方法估计了模型参数和状态后验均值。结果表明，存款序列存在突出的结构异常变动现象，分析其主要原因在于，政策变动对境外人民币需求的冲击效应。人民币国际化政策的出台，改变了境外人民币需求增长率的瞬时路径。在政策对市场的刺激效应释放后，人民币存款仍会回复正常增长路径，因此离岸人民币需求不是仅靠国际化政策推动，而是有其内在的逻辑。后期存款增长出现停滞甚至下降，说明政策推动不能决定境外人民币需求增长，贸易、投资和外汇等交易中人民币的真正使用才是内因，而汇率预期会全面影响上述交易的收益和风险。针对汇率预期的影响，需要进一步考察。2008 年和 2010 年增长趋势异常变动的根源是不同

图 3.7 趋势水平、增长率和季节因子

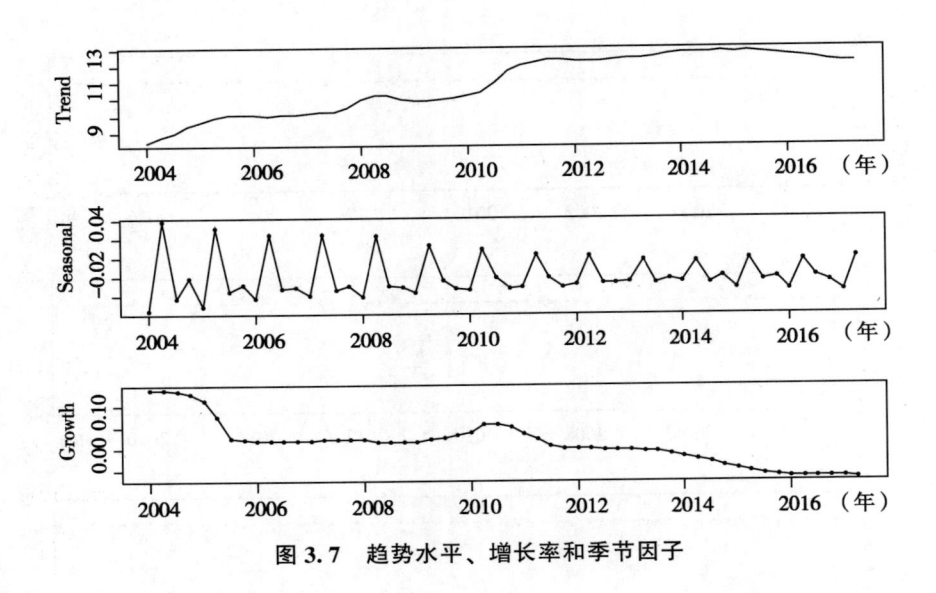

的。前者在于，人民币离岸资本市场建设和回流渠道的扩大；后者则是贸易渠道人民币跨境流通的政策支持。综合分析，2008 年第 1 季度和 2010 年第 3、4 季度视为香港存款序列异常值点的判断与事实相符。异常值出现在模型的趋势水平成分中，趋势增长率和季节因子的渐近稳定性说明，人民币国际化和汇率管理等政策，能短时期提高境外人民币的存量，但对境外人民币存款增长率变动的影响是渐变的。离岸市场有其内在的逻辑，依靠政策注入短期流动性不能改变总体发展路径。在人民币没有实现资本项完全自由可兑换之前，无论投资还是贸易功能下人民币的使用都有一定的局限性。升值暂缓则境外存款的增长停滞或下降，也表明人民币境外使用的广泛性和实用性距离美元等国际货币差距明显。[①]

（四）汇率预期的变动

人民币在境外的流动性弱于美元。虽然境外人民币存款的收益高于美元，但微小的利差不足以激励境外交易者以人民币计价和结算。人民币境外需求不断扩大，持续存在的升值预期起到了重要推动作用。很多国内外学者研究了汇率对货币境外需求的影响。阿德比伊（Adebiyi A，2005）研究了尼日利亚的广义货币需求，发现预期汇率对尼日利亚的货币替代起

---

① 李建军、甄峰、崔西强：《人民币国际化发展现状、程度测度及展望评估》，《国际金融研究》2013 年第 10 期。

了重要作用。能本久生（Kumamoto H）、熊本正夫（Kumamoto M，2017）也证实了汇率预期在拉美国家的"美元化"过程中的效果。姜波克（1999）论述了人民币汇率波动和货币替代程度的关系。蒋先玲等（2012）基于货币替代与竞争理论，分析了汇率预期和国际化政策对境外人民币需求的影响，证实预期汇率波动对境外人民币需求存在长短期效应。在市场的不同阶段，人民币汇率预期波动冲击具有非对称性，需要提高汇率的灵活性并合理引导汇率预期的形成及走向（王书朦，2016）。

在离岸市场上，人民币汇率预期一般用非交割远期汇率 NDF 衡量。由于从升值中获利是境外持有人民币的重要因素，境外投资者会高度关注汇率预期的变动。从图 3.8 可以直观发现，人民币存款规模和汇率预期有很强的对应性。2014 年以前，人民币汇率处于明显升值阶段，香港市场存款规模不断上升；2015—2016 年，人民币在贬值阶段，存款增速则会出现增长率调整甚至绝对规模下降。

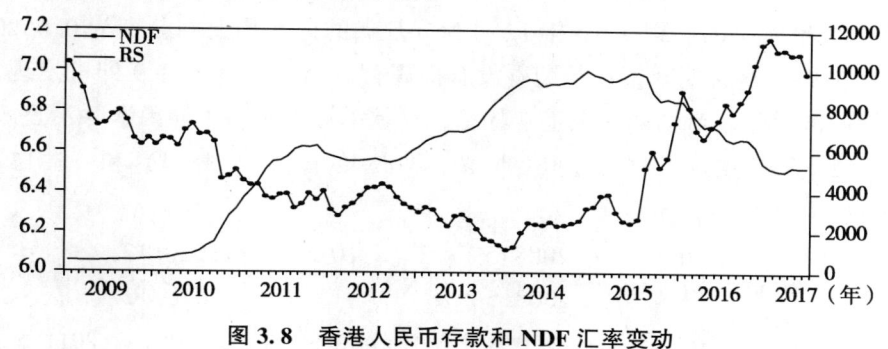

图 3.8 香港人民币存款和 NDF 汇率变动

三 静态的影响因素分析

（一）变量选择与统计描述

使用香港人民币存款作为境外需求规模的代理变量，其合理性有以下几点：首先，香港人民币存款是境外人民币的代表，其变动体现了境外人民币需求的总体变动；其次，从数据可获得性角度，境外人民币现金存量只能有估算数据，缺乏权威统计数据，测算数据也难以形成足够长度的时间序列；再次，关注人民币现金的境外需求，口径过于狭窄。实际上股票、债券、汇率市场人民币交易，不一定使用人民币现金形式，因此有必要关注更广义口径的流动性。最后，香港金管局从 2004 年开展人民币存款业务以来，统计了完整、精确的存款数据，这也为实证分析提供了便利。①

根据对境外存款的理论建模和影响变量初步讨论，本节针对人民币存款的境外需求因素进行实证分析。记香港人民币存款月增长率序列 $\{gcnhd\}$，时间区间是 2004 年 4 月至 2017 年 6 月。香港离岸市场人民币 CNH 与港元 HKD 的存款利差为 $\{scnhhkd\}$，而离岸人民币 CNH 与在岸人民币 CNY 的利差为 $\{scnycnh\}$。由于香港 CNH 即期汇率定盘价于 2011 年 6 月才正式推出，考虑数据长度的匹配性，模型中没有考虑在岸—离岸市场的即期交易汇差。设置虚拟变量衡量中国政府出台的人民币国际化政策的效应。对香港离岸市场发展产生重大影响的政策，主要分为 2008 年香港人民币离岸债券发行和 2010 年跨境贸易人民币结算政策的推行。以上述政策出台时期为依据，划分考察的数据样本区间。经计算样本期内 $\{gcnhd\}$ 均值为 0.045152，以 2008 年 5 月为界分割样本均值分别为 0.0547 和 0.0367，以 2010 年 12 月为分割点的样本均值则分别为 0.0520 和 0.0298，这说明政策从长期看没有提高存款增速，从图 3.9 即可发现，政策冲击后存款市场调整至正常状态，存款市场增速的主导因素并不是政策。以上讨论启示了政策虚拟变量 dv_1 和 dv_2 的设置，（3.14）和（3.15）的设置中（3.15）更合理。

$$dv'_{1t} = \begin{cases} 0 & t < 2008.5 \\ 1 & t \geq 2008.5 \end{cases}, \quad dv'_{2t} = \begin{cases} 0 & t < 2010.12 \\ 1 & t \geq 2010.12 \end{cases}, \quad (3.14)$$

$$dv_{1t} = \begin{cases} 1 & 2007.11 < t < 2008.4 \\ 0 & \text{其余} \end{cases}, \quad dv_{2t} = \begin{cases} 1 & 2010.7 < t < 2011.5 \\ 0 & \text{其余} \end{cases} \quad (3.15)$$

其中 dv_1 和 dv_2 分别考察离岸债券市场融资规模和跨境贸易人民币结算范围扩大的政策环境变异。

使用 12 个月期限的无本金交割 CNH 远期汇率 $\{ndf\}$ 变动作为衡量境外对人民币升值的预期，$\{ndf\}$ 的变动率记为 $\{gndf\}$。用每日 $\{ndf\}$ 数据计算月度标准差 $\{sndf\}$，作为反映汇率预期变化的波动性变量。汇率预期波动明显，通常代表汇率政策变动或经济形势的巨变期，境外交易主体在不确定性增加时，通常会选择增加流动性更强的资产，对人民币的需求

---

① 数据查询的网址为 https://www.hkma.gov.hk/gb-chi/index.shtml。

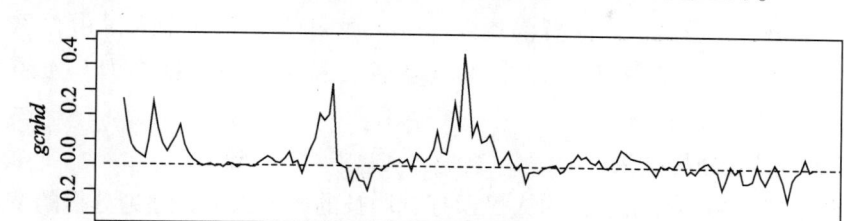

可能会下降，但如果人民币剧烈升值，境外需求又会迅速上升。

图 3.9　香港人民币存款的增长率

（二）实证分析

（1）变量的稳定性检验

境外存款和离岸—在岸汇率变动存在相互的作用，不同动机的交易者最终决定境外人民币供需均衡。嘉伯（2012）对香港人民币存款市场的供需进行逻辑分析，认为境外需求的初始推动力源于在岸 CNY 对 USD 的升值预期。资本管制导致的 CNY/CNH 利差及与 USD 的汇差，使离岸 CNH 的需求进一步上升，反过来 CNH 需求上升又导致 CNH 存款规模扩大，存款规模上升使获取 CNH 的成本下降，最终使在岸—离岸的汇差与利差缩小。如果 CNY/USD 处于贬值预期，上述逻辑链条反转后仍会向均衡状态收敛。存款市场对外生冲击存在的动态反馈机制为协整分析提供了基础。

表 3.10　　　　　变量的 $DF-GLS$ 单位根检验

序列	检验类型（C, T, K）	检验统计量	检验结果
$gcnhd$	（C, 0, 0）	-3.2765	平稳（$P<0.01$）
$gndf$	（C, 0, 0）	-6.7012	平稳（$P<0.01$）
$scnhhkd$	（C, 0, 2）	-1.2123	平稳（$P<0.05$）
$scnycnh$	（C, 0, 2）	-1.6631	平稳（$P<0.05$）
$sndf$	（C, 0, 2）	-2.7718	平稳（$P<0.01$）
$rtour$	（C, 0, 12）	-2.9026	平稳（$P<0.05$）
$rtrade$	（C, 0, 12）	-1.7103	平稳（$P<0.1$）

注释：单位根检验的类型（C, T, K）分别为序列检验时是否包含截距项、线性时间趋势项和滞后长度。

首先对各变量进行稳定性检验，$DF-GLS$ 单位根检验结果表明人民币存款增长率｛$gcnhd$｝、汇率预期的变动率｛$gndf$｝、离岸市场人民币与港

元的存款利差 $\{scnhhkd\}$、汇率预期的波动 $\{sndf\}$、内地出境旅游人数增速 $\{rtour\}$、进出口商品贸易增速 $\{rtrade\}$ 和在岸—离岸人民币存款利差 $\{scnycnh\}$ 均为 I_0 序列。表 3.10 证实各变量可视为平稳序列，无须担心"伪回归"现象。

（2）回归分析结果

利用回归模型分析同期内人民币存款增长的影响因素，理论分析的变量可能由于具体制度、实施等原因不具有显著效应，因此使用逐步删除法筛选重要解释变量。表 3.11 是使用逐步回归删除变量估计模型 1—3 的结果。

表 3.11　　　　　存款增速的影响因素回归分析

模型		模型 1	模型 2	模型 3
被解释变量		人民币存款增长率 gcnhd		
解释变量	常数项	0.03 (0.02)	0.033 (0.013)	0.019 (0.011)
	$gndf$	−0.161 (0.048)	−0.159 (0.047)	−0.164 (0.046)
	$scnhhkd$	0.016 (0.01)	0.014 (0.010)	—
	$scnycnh$	0.024 (0.07)	—	—
	$sndf$	−0.349 (0.18)	−0.366 (0.258)	—
	$rtour$	0.014 (0.019)	0.028 (0.51)	—
	$rtrade$	0.017 (0.29)	—	—
	dv_1	0.125 (0.03)	0.127 (0.03)	0.12 (0.03)
	dv_2	0.104 (0.028)	0.103 (0.027)	0.111 (0.02)
	$ar(1)$	0.559 (0.09)	0.557 (0.087)	0.580 (0.08)
R^2		0.704	0.702	0.69
$D-W$		2.05	2.05	2.10

注释：( ) 内为回归模型估计参数的显著性检验的 P 值。

（3）结果分析

对样本数据进行估计，得到如下结论：

第一，模型 1—3 的估计中模型 3 的效果较好。虚拟变量 dv_1 和 dv_2 对香港人民币存款增长的影响显著，系数分别为 0.12 和 0.111，说明国际化政策对境外需求具有推动作用。政策对境外需求的冲击效应是短期的，政策出台后，香港人民币存款的增速迅速提高然后快速回落，这种现象表明政策推动具有局限性。境外需求的提升，最终依赖于境内的经济发展、金融市场开放和离岸市场的推进。

第二，从理论上分析的在岸—离岸人民币存款利差、离岸市场 CNH/HKD 的存款利差没有统计显著性，境内赴香港旅游和境内国际贸易增长也没有进入模型中。表明在岸—离岸及离岸市场内的套利活动并没有显著影响到香港人民币的变动。境内进出口贸易增长并不一定使用人民币结算，因此也缺乏解释能力，人民币结算当然是香港人民币存款变动的直接影响因素，但由于结算数据始于 2009 年，与我们考察区间并不吻合，因此没有将其加入。

第三，汇率预期变动对存款增长是重要的，系数是 -0.164，说明当期汇率预期贬值 1%，存款增长率下降 0.164%。利差因素没有汇率预期变动对境外人民币需求的影响力明显。原因在于，考察期境外经济主体从汇率升值获取的回报，远大于存款利差的收益。模型 3 仍然显示了变量间的自相关特征，说明政策推动的效果没有脱离汇率预期的影响。变量间的关联存在着动态滞后影响，只考察同期的回归模型有其局限性，因此研究继续使用 VAR（向量自回归）模型分析变量间的动态影响。

四　动态的影响因素分析

线性回归模型分析了香港存款需求与影响因素的同期关系，但是影响因素变动对境外需求的冲击，可能有滞后或引导作用，并非同期发生。[①]例如，经济主体从观察到冲击到调整其金融资产组合，这一过程存在时间滞后性。对于 CNH 存款、CNH 汇率等各因素构成的多变量系统，要加深理解各影响因素的随机扰动，在系统中对境外需求的影响传导路径，非结构化 VAR 模型分析是有效的计量手段。

（一）VAR 模型的设定

在 VAR 模型系统中，研究重点关注 $\{gcnhd\}$、$\{scnycnh\}$、$\{scnhhkd\}$、$\{sndf\}$、$\{gndf\}$ 的相互影响，哑变量 $\{dv_1\}$、$\{dv_2\}$ 代表中国政府的政策干预，被视为外生变量。针对其他变量是否可被视为内生变量，初步建立 VAR 模型并进行外生性检验（block exogeneity wald），检验结果见表 3.12。

[①] 陈珂、王萌：《在岸与离岸人民币汇率价差影响因素研究》，《财经理论与实践》2017 年第 5 期。

表 3.12　　　　　　　　VAR 模型变量外生性检验

被解释变量	gcnhd	scnycnh	gndf	sndf	scnhhkd
χ^2 统计量	19.92	33.02	22.37	38.21	9.65
联合检验 P 值	0.05	0.001	0.03	0.0002	0.63

表 3.12 检验结果视 {scnhhkd} 为外生变量，其余 4 个为内生变量。综合使用最终预测误差（FPE）、LR 似然比统计量（LR）、施瓦泽信息准则（SC）、赤池准则（AIC）和汉南—奎因准则（HQ）的结果判定 VAR 模型的滞后阶数 P。LR、FPE 和 AIC 准则选择滞后期为 3，而 SC 和 HQ 准则判定的结果是 1，综合选择 VAR 模型的滞后阶数是 3。

表 3.13　　　　　　　　VAR 模型滞后阶数判定结果

滞后	LogL	LR	FPE	AIC	SC	HQ
0	570.41	Na	1.51e-10	-11.23	-10.87	-11.26
1	703.22	247.12	1.39e-11	-13.62	-12.93*	-13.56*
2	726.53	36.58	1.26e-11	-13.78	-12.62	-13.37
3	758.77	40.26*	1.12e-11*	-13.97*	-12.29	-13.28
4	759.68	19.59	1.23e-11	-13.73	-11.80	-13.02

注释：* 表示准则下判定的滞后阶数。

继续进行 VAR 模型稳定性检验，结果见表 3.14。各变量特征根的模都小于 1，可以判定 VAR 模型满足了稳定性条件。

表 3.14　　　　　　　　VAR 模型的根

根	0.8792±0.06i	-0.3061±0.6991i	-0.0469±0.5679i	0.0311
模	0.8813	0.7536	0.5701	0.0311
根	0.4719±0.2241i	-0.3914±0.3248i	0.5134	—
模	0.5224	0.5086	0.5134	—

（二）VAR 模型估计

经过上述系列的检验，最终给出 VAR 模型的参数估计结果，见表 3.15。

表 3.15　　　　　　　VAR 模型参数估计结果

	(1) $gcnhd$	(2) $scnycnh$	(3) $sndf$	(4) $gndf$
$gcnhd(-1)$	0.3282 (2.91)	-0.0581 (-0.57)	0.0785 (2.10)	0.5149 (2.38)
$gcnhd(-2)$	0.1266 (0.97)	-0.2792 (-2.31)	0.0080 (0.17)	-0.4783 (-1.93)
$gcnhd(-3)$	-0.0027 (-0.03)	0.2749 (2.80)	-0.0419 (-1.18)	0.1911 (0.94)
$scnycnh(-1)$	-0.0391 (-0.36)	0.8087 (8.05)	-0.1130 (-3.09)	-0.2092 (-0.12)
$scnycnh(-2)$	-0.1633 (-1.12)	0.1058 (0.75)	0.1881 (3.66)	0.4749 (1.6109)
$scnycnh(-3)$	0.1779 (1.51)	0.0657 (0.67)	-0.0691 (-1.78)	-0.1513 (-0.68)
$sndf(-1)$	-0.1526 (-0.51)	-0.2139 (-0.78)	0.3062 (3.05)	-0.2059 (-0.37)
$sndf(-2)$	-0.2179 (-0.76)	-0.6174 (-2.33)	-0.0292 (-0.28)	0.5531 (1.07)
$sndf(-3)$	-0.6749 (-2.36)	-0.1422 (-0.54)	0.3132 (3.71)	0.3082 (0.59)
$gndf(-1)$	-0.0998 (-1.52)	-0.0672 (-1.13)	0.0243 (1.12)	0.3173 (2.51)
$gndf(-2)$	0.0381 (0.55)	-0.1582 (-2.72)	0.0353 (1.61)	-0.2321 (-1.86)
$gndf(-3)$	-0.0837 (-1.45)	-0.0857 (-1.61)	0.0131 (0.68)	0.1231 (1.12)
C	0.0432 (3.02)	0.0236 (1.81)	0.0102 (2.13)	-0.0473 (-1.75)
dv_1	0.0984 (3.70)	-0.0118 (-0.47)	0.0166 (1.82)	-0.1721 (-3.38)
dv_2	0.0688 (2.82)	0.0356 (1.62)	-0.0035 (-0.44)	-0.0422 (-0.91)
$scnhhkd$	0.0097 (1.39)	0.0046 (0.64)	0.0002 (0.14)	0.0178 (1.32)
R^2	0.7022	0.9408	0.4823	0.3487

注释：( ) 内为参数估计的 t 检验统计量值。

表 3.15 中有些参数 t 检验并不显著，非结构 VAR 模型中通常对参数显著性并不特别关注，因此保留所有参数估计结果。整体上 VAR 模型的决定残差协方差较小（5.79E-12），方程系统整体上显著。方程（1）和（2）的可决系数较高，而方程（4）的可决系数较低，反映 $gndf$ 的变动还受到全球经济，尤其是美国经济及投资者心理波动等复杂因素影响，模型很好地捕捉 $gcnhd$ 和 $scnycnh$ 的动态变化。方程（1）中各解释变量能决定总变动的 70%，政策变量的外生冲击影响是明显的。

（三）脉冲响应和方差分解

由于各内生变量的滞后值影响了存款增长率的变动，因此只考虑同期相互作用是不够的。VAR 模型的最大优点在于，可以分析随机扰动新息对变量系统的冲击效应，从而使系统内的传导机制更加清晰。下面使用脉冲响应函数来分析冲击—响应的系统反应。出于本书的研究目的，重点关注在其他内生变量的扰动下，香港人民币存款增速 $gcnhd$ 的动态响应变化。

在图 3.10 中，考虑内生变量 $scnycnh$、$sndf$、$gndf$ 以及自身扰动对 $gcnhd$ 的影响效应。图 3.10 中的脉冲响应函数值用实线表示，反映出扰动项受到 1 个单位标准差新息的冲击后，内生变量当前值以及未来值的动态变化路径。脉冲响应函数值的两倍标准差置信区间用虚线表示。

由图 3.10 a）可见，$gcnhd$ 对自身的冲击反应是正向的。第 1 期为 0.0464，其后迅速衰减，第 5 期以后影响基本消失，说明存款增长动态有 5 个月左右的持续性。境外非居民由某种动机激励对人民币需求上升，从而使当期 CNH 存款增速上升，冲击使存款市场可以保持 5 个月的正向响应路径，直至存款市场获得重新平衡后消失。

图 3.10 b）表示，在岸—离岸人民币存款利差方程的 1 个标准差新息，对香港 CNH 存款增长的影响。当在岸 CNY 的利率提高，相对 CNH 的收益提升，在岸—离岸人民币存款的利差会扩大，因此 CNH 回流境内的动力增强，导致离岸 CNH 存款的增长率下降。由脉冲响应图可见，冲击的负效应在第 3 期达到最大，到第 5 期基本上影响消失。总体上，在岸—离岸利差对 CNH 存款增长的冲击效应并不大。香港人民币离岸市场是由人民银行与香港金管局共同协商推动，管理政策出台通常需兼顾双方的利益。由于大陆政府的影响力重大，香港并非完全意义上的人民币离岸中心。[①] 当离岸人民币投资选择供给不足时，人民币业务参加行收取的人民币存款累积，香港清算行——中银香港只能转存境内人民银行获取利息，此制度安排已经制约了机构 CNH 存款的收益率上限。只有推动点心债等人民币投资品不断丰富，并且扩大在岸—离岸资本市场投资配额，鼓励更多"一带一路"沿线企业在离岸市场融资人民币，才能从根本上突破相应的利差制约。现阶段利差对 CNH 存款变动的冲击机制是受限的。

在图 3.10 c）中，ndf 的波动性 $sndf$ 对 CNH 存款增速的冲击也是负向的。1 个标准差的新息冲击，使 $gcnhd$ 保持较长期的负向变动。在第 4 期的冲击效应达到最大，而在第 9 期后影响才会逐步消失，说明汇率预期波动对 CNH 需求的影响非常关键。当 ndf 的波动增大时，境外市场交易者对于经济预期不确定性的感知会增强，未来的不确定性又导致投资者对

---

① 中国社科院世界经济与政策研究所课题组：《香港离岸人民币市场问题与风险》，《中国金融》2011 年第 20 期。

CNH 汇率变动的判断分化。由于投资者对风险的偏好程度存在明显差异，因此市场交易的混乱导致 sndf 增强。最终风险厌恶型投资者占据上风后，离岸市场上 CNH 将被抛售，投资者转向持有美元等更具流动性的资产。由 sndf 时序图（图 3.11）可发现，汇率波动性最强的时间段有两个，一个是 2008 年全球金融危机期，另一个是 2015 年"8·11"汇改后的区间。在样本考察期内，虽然我国境内的经济形势仍远好于发达经济体，但是危机蔓延的恐惧心理使市场波动性显著增强。汇率预期分化会动摇市场参与者持有人民币的信心，最终推动香港离岸市场上 CNH 存款的增速下行，甚至出现存款规模的绝对下降。①

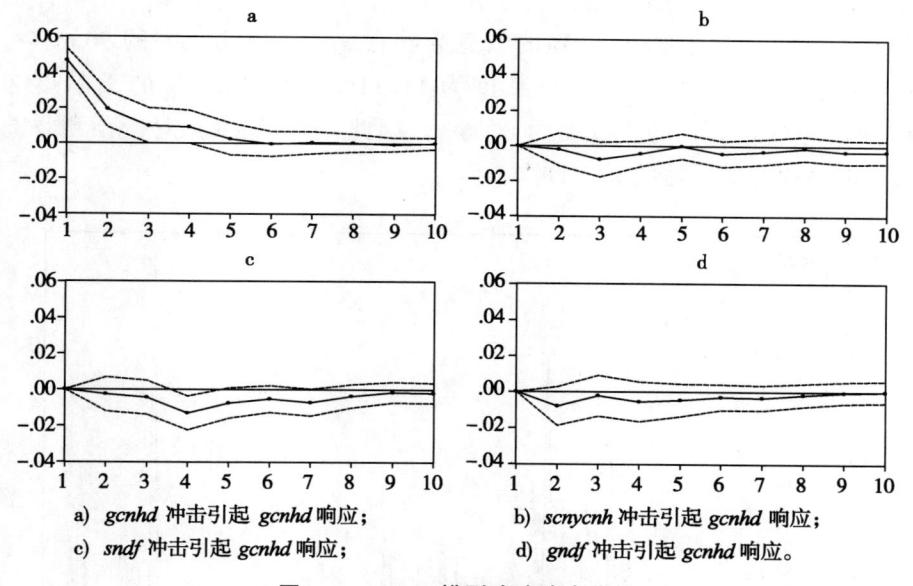

a) gcnhd 冲击引起 gcnhd 响应；
b) scnycnh 冲击引起 gcnhd 响应；
c) sndf 冲击引起 gcnhd 响应；
d) gndf 冲击引起 gcnhd 响应。

图 3.10 VAR 模型脉冲响应分析

在图 3.10 d) 中，ndf 的变动率 gndf 对 CNH 存款增速的冲击也是负向的。1 个标准差的新息冲击使 gcnhd 出现向下变动，但冲击恢复速度要快于 sndf 的影响。冲击效应在第 2 期达到最大，而在第 3 期后影响就明显减小。由于这里 ndf 汇率是用美元兑人民币标价，因此 gndf 增大意味着 CNH 的贬值预期不断增强。受资产保值或投机需求动机驱动，离岸市场交易者

---

① 严佳佳、黄文彬、黄鑫：《央行汇率干预行为研究：基于香港离岸人民币汇率的影响》，《国际金融研究》2014 年第 10 期。

会抛售 CNH 资产，转换持有价值更稳定的金融投资产品。如果 CNH 用于跨境贸易结算功能，那么境外贸易商将会在其从境内进口时更多支付人民币，导致 CNH 回流在岸市场；同时在向境内出口时，更多采用美元等币种结算。跨境贸易结算的不平衡会使 CNH 存款的增长停滞甚至下降。这种情况在出现强烈的升值预期或贬值预期时，市场的表现会更加明显。

利用对 VAR 模型的方差分解，可以把系统中内生变量的预测均方误差分解为各方程新息的组合。在经过一定的预测期后，各方程的新息对模型内生变量的相对影响权重将保持在稳定水平上。在 VAR 模型中，可以利用权重大小判断出方程的相对重要性。在图 3.12 中，对 $gcnhd$ 的方差分解表明，从第 10 期开始，方差分解的结果基本稳定下来。在估计的 VAR 系统中，来自方程（1）的新息影响占 $gcnhd$ 预测误差的 76.63%，其后依次是：方程（3）的贡献度为 11.11%，方程（4）的贡献度为 6.20%，方程（2）的贡献度为 6.06%。因此，方程（1）对于预测香港人民币存款的增长是最重要的。

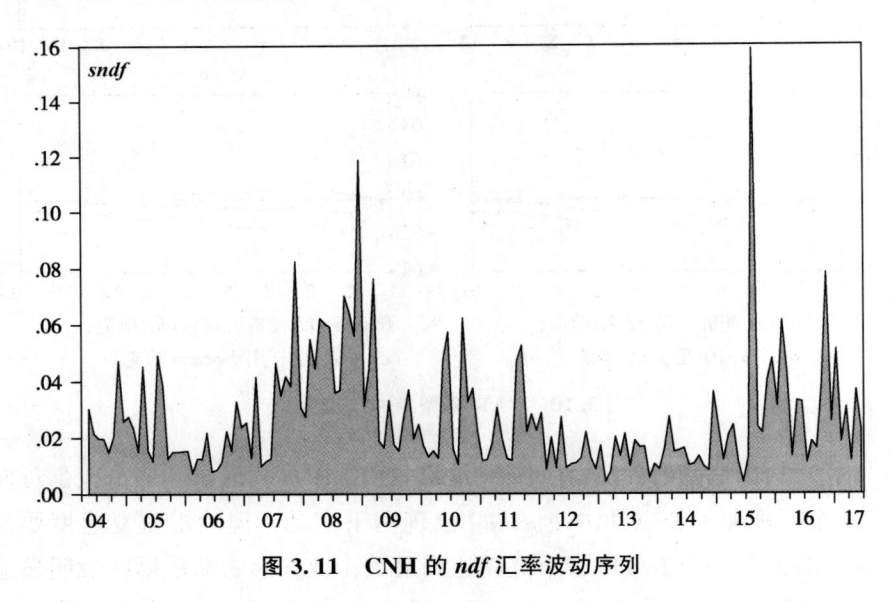

图 3.11　CNH 的 ndf 汇率波动序列

（四）估计的结论

研究利用 $gcnhd$、$scnycnh$、$sndf$、$gndf$ 作为内生变量，并将 $scnhhkd$、dv_1、dv_2 作为外生变量，共同建立了 VAR 自回归方程系统。利用脉冲响应函数和扰动新息方差分解，重点考察了不同因素对 $gcnhd$ 的影响强度和影

图 3.12 *gcnhd* 的方差分解

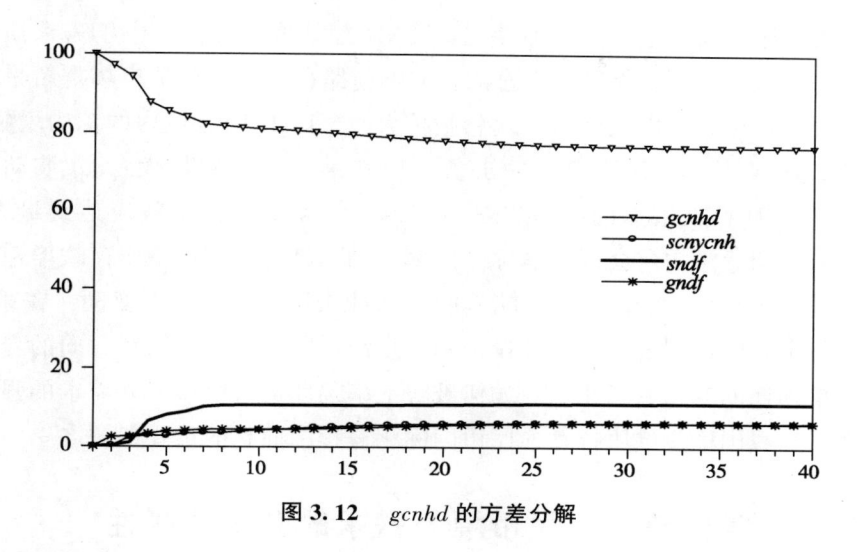

响传导路径，实证分析得到了如下主要结论：

第一，香港 CNH 存款增长不仅受前期增长路径、在岸—离岸存款利差、汇率预期变动、汇率预期波动的影响，也与政策冲击和离岸市场 CNH/HKD 利差变动密切相关。CNH 存款增长的第 1 期滞后性显著，并且汇率预期波动对存款增长滞后第 3 期的影响力明显，说明汇率和存款变动有滞后传导的效应。

第二，境外 CNH 资本市场建设和跨境贸易人民币结算政策，对境外人民币需求影响非常显著。在人民币国际化的初期阶段，由于人民币的非自由兑换和资本管制状态尚未最终解除，使得人民币境外需求受政策的影响很大，但是政策的外生冲击对存款增速并不具有长期效应。内生变量之间的系统状态没有在政策冲击下发生根本性改变。人民币在资本项下的自由兑换等重大改革才会实质性改变境外人民币的需求模式。

第三，人民币汇率预期贬值和汇率预期波动都导致境外需求下降。无论是在同期还是在前期，汇率预期均有显著的影响力。说明汇率因素在开放经济条件下是显著影响 CNH 存款增速的因素。人民币对外币值的稳定性和适度的升值预期有助于人民币境外需求的提升，但是持续单向的升值或者贬值过程都会为汇率投机行为提供空间。

第四，脉冲响应函数和方差分解分析表明，*gcnhd* 对自身的冲击反应是正向的，但在第 1 期后迅速衰减。在第 5 期以后，影响会基本消失，说明存款增长动态有 5 个月左右的持续性。境外非居民受某种动机激励，导致对人民币的需求上升，从而使当期 CNH 存款增速上升。由于需求惯性存在，存款市场可以保持 5 个月的正向响应路径，直至存款市场重新平衡后消失。在岸—离岸人民币存款利差扩大时，CNH 回流境内的动力增强，导致 CNH 存款增长率下降，冲击负效应在第 3 期达到最大。ndf 波动性 $sndf$ 对 CNH 存款增速的冲击也是负向的。第 4 期的冲击效应达到最大，而在第 9 期后影响才会逐步消失。汇率变动预期 $gndf$ 对 CNH 存款增速的冲击同样也是负向的。1 个标准差的新息冲击使 $gcnhd$ 向下变动，在第 2 期的冲击效应达到最大。跨境投资和贸易活动中，人民币结算方向的变动与汇率预期的变动密切相关。如何破解汇率预期与人民币境外需求的强关联性，是我国稳步健康推动人民币国际化进程中面临的重要课题之一。

第四节　人民币境外需求的升值依赖性

经济学理论模型与实证分析发现，人民币汇率预期变动是影响境外需求的重要变量。更进一步来说，人民币境外需求是否依赖于汇率升值呢？此问题的讨论具有重要理论与实际意义。理论上，关系到人民币国际化的路径选择与制度设计；实践上，关系到贸易结算、离岸债券市场建设等具体问题的推进；微观上，牵涉到各参与方的福利分配。中国当局通过贸易结算推动人民币国际化，但没有完全实现减少美元依赖和降低境内交易成本的初衷，反而引发了套利套汇行为（余永定，2011）。[①] 刘旗（2011）认为，中国出口产品技术含量不足，差异性不强导致定价结算能力偏弱，这是结算不平衡的主要原因。马骏（2012）认为，人民币升值停止则国际化倒退的观点高估了升值预期在结算"跛足"中所起的作用。结算不平衡还应与人民币境外存量不足、境外贷款量较小和美元融资的低成本有关。升值弱化非但不会逆转结算的发展势头，只会使其结构更加合理。[②] 上述研究均是从经济学逻辑演绎和政策角度定性分析，都有各自角度的合理性。本小节从实证角度出发，检验人民币境外需求与汇率预期的关系，试图揭示境外需求是否依赖于汇率升值预期。

[①] 余永定：《再论人民币国孙化》，《国际经济评论》2011 年第 5 期。

[②] 马骏、徐剑刚等：《人民币走出国门之路——离岸市场发展与资本项目开放》，中国经济出版社 2012 年版，第 122 页。

一 升值依赖的实证分析

(一) 香港人民币存款增长与汇率预期变动的对应性

利用资产组合货币需求理论框架与 CNH 存款市场经验证据，揭示境外企业和居民配置金融资产组合，是人民币结算持续失衡及其再平衡以及香港人民币存款增长的直接原因，而影响资产组合中人民币持有比例的重要推动，源于人民币汇率升值预期的持续性。[①] CNH 存款月度环比增长率的三次峰值分别是 2010 年 10 月（45.4%）、2008 年 4 月（33.03%）和 2010 年 8 月（25.78%），均对应于预期汇率 ndf 强烈的升值状态；而增长率的低谷则发生在汇率贬值预期强烈的 2016 年 12 月（-12.89%）。直观上分析可以发现，CNH 存款市场的状态在升值预期持续和汇率前景不明确的区间更替中转换。不同体制状态下，CNH 存款市场的发展态势将明显不同。

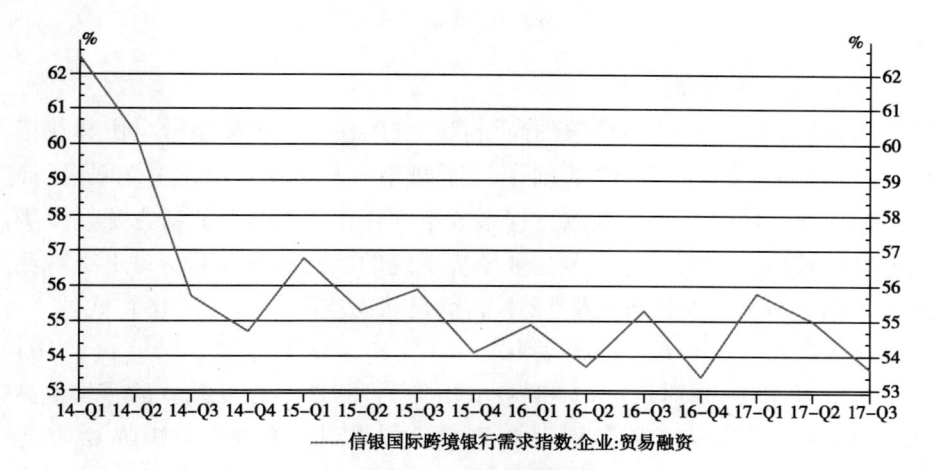

图 3.13 离岸企业人民币贸易融资需求指数

资料来源：Wind 资讯

市场的高潮和低谷转换会影响离岸市场的人民币存款这一流动性基础。延伸开来会影响企业的境外人民币贸易融资需求，以及个人金融投资需求等各方面。由图 3.13 和图 3.14 可以发现，无论企业贸易融资还是个人金融投

---

① 中国人民银行广州分行课题组：《汇率预期、货币选择与人民币国际化》，《南方金融》2016 年第 2 期。

资活动，都明显受到了汇率贬值的影响。本书引入了马尔可夫体制转换动态线性模型（DLM-MS），研究 CNH 存款市场发展与 ndf 变动的对应性，目的在于甄别汇率预期是否是境外人民币流动性需求的最重要因素。

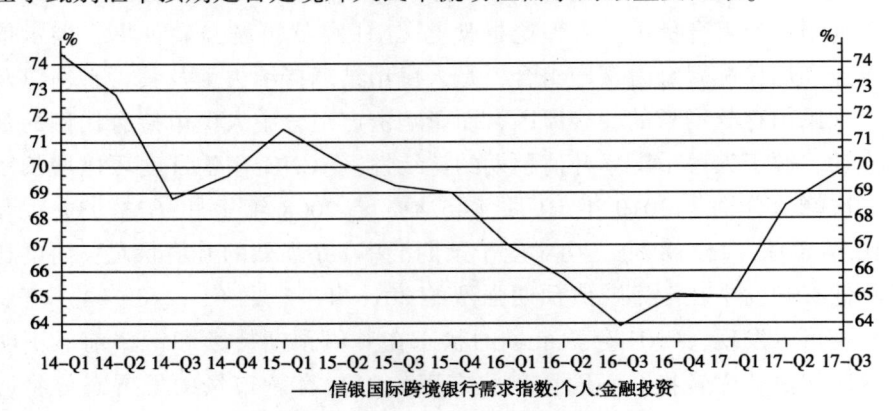

图 3.14 离岸个人人民币金融投资需求指数

资料来源：Wind 资讯

（1）模型设定和估计

DLM-MS 模型是一类特殊的高斯状态空间模型，该模型最早由林德格伦（Lindgren）提出。在此基础上，涉姆韦（Shumway R H）和斯托弗（Stoffer D S，1991）提出观测方程系数矩阵存在体制转变的新方法。该类模型已经被广泛应用于建模多变量经济系统的状态改变。设 $q \times 1$ 维观测向量 $\{H_t\}$，$p \times 1$ 维状态向量 $\{Z_t\}$，满足状态空间模型（3.16）式：

观测方程：$Z_t = G_t H_t + \tau_t$，状态方程：$H_t = F_t H_{t-1} + \xi_t$ （3.16）

这里 G_t 和 F_t 分别是 $q \times p$ 和 $p \times p$ 矩阵，τ_t 和 ξ_t 是相互独立的零均值高斯随机向量，其协方差阵分别为 R 和 Q。如果观测方程系数矩阵 G_t 状态间转换满足一个马尔可夫链，则称该模型为 DLM-MS 模型。模型的更多细节将结合实证论述。

记 $\{gcnhd\}$ 是香港人民币存款的环比月度增长率序列，时间区间为 2004 年 4 月—2017 年 6 月。根据理论分析和经验观察，模型设定的基本思想是，对增长率 $\{gcnhd\}$ 观测序列进行基本状态结构成分的分解，包括三个部分——周期性变动成分、突发因素变动成分和趋势成分，而这三种状态成分是无法直接观测的。对状态成分的选择，基于如下考虑：首先，香港人民币存款变动的最重要渠道——进出口贸易，受国际经济周期的影响可能存在周期性波动；其次，汇率波动和两岸调整会激发或抑制套利、套汇等投机活动、跨境人民币结算、离岸资本市场建设、汇率体制改革以及"一带一路"等政策出台，可能对香港人民币需求产生重大影响，跨境流量的突然变化将引发人民币存款余额的波动；最后，跨境贸易、投资持续扩大，在政策、汇率以及宏观经济平稳发展的情况下，离岸人民币存款增长将存在潜在的长期趋势。

继续对三种状态成分的演化进行具体形式设定。周期性变动成分 $\{y_{t1}\}$ 选择 2 阶自回归模型，即 $y_{t1} = \varphi_1 y_{t-1,1} + \varphi_2 y_{t-2,1} + \varepsilon_{t1}$，其中，误差项 ε_{t1} 服从白噪声过程，$\text{var}(\varepsilon_{t1}) = \sigma_1^2$。对人民币存款增长率突发变动成分 $\{y_{t2}\}$，设定为 $AR(1)$ 的自回归衰减形式，即 $y_{t2} = \gamma_0 + \gamma_1 y_{t-1,2} + \varepsilon_{t2}$，$\varepsilon_{t2}$ 服从白噪声过程且 $\text{var}(\varepsilon_{t2}) = \sigma_2^2$。随机趋势成分 $\{y_{t3}\}$ 服从 $y_{t3} = y_{t-3,1} + \varepsilon_{t3}$ 的随机游走形式，$\text{var}(\varepsilon_{t3}) = \sigma_3^2$。记不存在汇率升值预期和政策变动的体制为 $S_t = 1$，而汇率升值预期和政策刺激效应下的体制是 $S_t = 2$。设 η_t 为白噪声过程，$\text{var}(\eta_t) = \sigma_\eta^2$。$\{rs\}$ 可表示如下形式：

当 $S_t = 1$，$rs_t = y_{t,1} + y_{t,3} + \eta_t$，而当 $S_t = 2$ 时，$rs_t = y_{t,1} + y_{t,2} + y_{t,3} + \eta_t$。

根据方程（3.16）和模型设定，状态变量 $(y_{t1}, y_{t-1,1}, y_{t2}, y_{t3})'$ 的演化如下：

$$\begin{pmatrix} y_{t1} \\ y_{t-1,1} \\ y_{t2} \\ y_{t3} \end{pmatrix} = \begin{bmatrix} \varphi_1 & \varphi_2 & 0 & 0 \\ 1 & 0 & 0 & 0 \\ 0 & 0 & \gamma_1 & 0 \\ 0 & 0 & 0 & 1 \end{bmatrix} \begin{pmatrix} y_{t-1,1} \\ y_{t-2,1} \\ y_{t-1,2} \\ y_{t-1,3} \end{pmatrix} + \begin{pmatrix} 0 \\ 0 \\ \gamma_0 \\ 0 \end{pmatrix} + \begin{pmatrix} \varepsilon_{t1} \\ 0 \\ \varepsilon_{t2} \\ \varepsilon_{t3} \end{pmatrix} \quad (3.17)$$

（3.17）式可以简写为标准的状态方程形式：$X_t = \Phi X_{t-1} + \Psi u_t + E_t$，其中 Φ 是（3.17）式中 4×4 的系数矩阵，状态向量 $X_t = (y_{t1}, y_{t-1,1}, y_{t2}, y_{t3})'$，状态的扰动向量 $E_t = (\varepsilon_{t1}, 0, \varepsilon_{t2}, \varepsilon_{t3})'$，$u_t \equiv 1$，$\Psi = (0, 0, \gamma_0, 0)'$。$\{rs\}$ 的观测方程 $rs_t = P_t X_t + \eta_t$，令 $M_1 = [1, 0, 0, 1]$，$M_2 = [1, 0, 1, 1]$，在体制 $S_t = 1$ 下，$P_t = M_1$，在体制 $S_t = 2$ 下，$P_t = M_2$，观测方程误差 η_t 的方差 $Q = \text{var}(\eta_t) = \sigma_\eta^2$，记序列处于体制 1 和 2 的概率分别为 $\pi_1 = \Pr(P_t = M_1)$ 和 $\pi_2 = \Pr(P_t = M_2)$，且 $\pi_1 + \pi_2 = 1$。

参数估计使用基于拟牛顿拉普森算法的极大似然估计方法。[①] 对于体

[①] Metaxoglou K, Smith A. Maximum Likelihood Etimation of VARMA models using a State-Space EM algorithm [J]. *Journal of Time Series Analysis*, 2007, 28 (5): 666-685.

制 j 下的条件概率 $\pi_j(t|t-1) = \Pr(P_t = M_j | rs_{t-1})$，$j = 1, 2$，设定估计迭代的初始值为 $\pi_1(1|0) = \pi_2(1|0) = 0.5$。在 DLM-MS 模型参数估计后，进一步使用极大似然估计，得到状态 X_t 的滤波 $X_t^t = E(X_t | rs_t)$，预测 $X_t^{t-1} = E(X_t | rs_{t-1})$，以及相应的误差协方差阵 Ξ_t^t 和 Ξ_t^{t-1} 的估计。序列位于体制 j 下的时变概率的平滑估计为：

$$\pi_j(t) = \Pr(P_t = M_j) = \sum_{i=1}^{m} \pi_i(t-1|t-1)\pi_{ij}$$

体制转移概率 $\pi_{ij} = \Pr(P_t = M_j | P_{t-1} = M_i)$ 的非负权重满足 $\sum_{i=1}^{2} \pi_{ij} = 1$。由公式 $\pi_j(t|t) = \dfrac{\pi_j(t)f_j(t|t-1)}{\sum_{k=1}^{m}\pi_k(t)f_k(t|t-1)}$ 计算滤波概率的更新，观测序列的条件密度 $f_j(t|t-1)$，将其设定为正态分布形式。模型对 rs_t 的 1 步预测，可分成两种形式：

如果 $\hat{\pi}_1(t|t-1) > \hat{\pi}_2(t|t-1)$，有 $\hat{rs}_t^{t-1} = M_1 \hat{X}_t^{t-1}$；

而当 $\hat{\pi}_1(t|t-1) \leqslant \hat{\pi}_2(t|t-1)$ 时，则有 $\hat{rs}_t^{t-1} = M_2 \hat{X}_t^{t-1}$。

（2）模型的估计

根据 CNH 存款增长的 DLM-MS 模型设定，使用极大似然方法进行估计。初始估计发现，观测误差方差 σ_η^2 和状态趋势成分误差 ε_{t3} 的方差 σ_3^2 不显著，再次估计时，模型中删除了不显著参数，即观测方程不包含观测误差项。数据变异由状态成分方差解释，而趋势成分则由固定趋势而非随机趋势表达。最终得到模型结果如下：

表 3.16　　　　　　　　DLM-MS 模型参数估计

参数	估计值	标准差	t-值
φ_1	1.2761	0.1132	11.273
φ_2	-0.3974	0.1017	-3.9076
γ_0	0.0326	0.0121	2.6942
γ_1	0.4351	0.1013	4.2952
σ_1	0.0124	0.0016	7.75
σ_2	0.0671	0.0083	8.0843

由表 3.16 可见，CNH 存款余额的 DLM-MS 模型的估计是稳定的，估

计参数在 0.05 的水平下均具有显著性。两种体制下模型估计的误差标准差均较小,模型估计精度比较理想。模型周期性状态成分 $\{y_t^1\}$ 的参数 φ_1 和 φ_2 估计值,满足 $AR(2)$ 模型的平稳性条件: $\varphi_1 + \varphi_2 = 0.8787 < 1$,$\varphi_2 - \varphi_1 = -1.6754 < 1$,并且有 $|\varphi_2| = 0.3974 < 1$。由 $\varphi_1^2 + 4\varphi_2 = 0.0388 > 0$ 可知,$AR(2)$ 过程的自相关函数呈现指数衰减特征,滞后第 1 期值对当期值有显著的加速效应,而滞后第 2 期则出现负向调整行为。汇率预期变动、政策变动等因素,对 CNH 存款市场的冲击效应非常明显,造成存款余额增速发生了向上的水平位移。一阶的自相关系数 $\gamma_1 = 0.4351$,说明冲击效应随着时间演化衰减,具有一定的持续性。冲击效应的长期无条件均值为正,因此考虑的政策冲击效应有利于扩大人民币境外需求。回顾 2005 年至 2014 年人民币汇率体制改革历程,几乎没有脱离汇改即升值的路径。① 只有 2015 年"8·11"汇改后,人民币汇率双向浮动的趋势增强。近几年,我国陆续推出跨境贸易人民币结算、人民币跨境直接投资、"点心债"券发行、"一带一路"等政策,其实施的目的或作用都是扩大境外经济活动中的人民币使用。

继续估计存款增长过程处于体制 1 和 2 下的时变平滑概率,估计结果见图 3.15。其中,处于状态 1 下的区间表示市场相对平稳,而位于体制 2 下的区间的市场波动较强。在 2004 年 4 月—2017 年 6 月的 159 个月样本考察期内,有 95 个月度处于体制 1 中,占比 59.8%,有 64 个月度处于体制 2 中,占比 40.2%。估计结果表明,在各种需求因素的推动下,CNH 存款市场发展以稳定增长状态为主,但同时频繁受汇率预期、人民币贸易结算、离岸人民币市场建设、"一带一路"等政策突发因素影响。存款市场经常处于高变动状态,说明人民币资本的跨境流通机制建设尚不完善,香港人民币市场的供需平衡经常被外部因素打破,市场波动期的状态转换比较频繁。其中,结构突变分析中获得的三个显著异常值,即 2008 年第 1 季度和 2010 年第 3 季度三个时段、2010 年第 4 季度,以及 2015 年"8·11"汇改的时点均位于体制 2 内,均对应于预期汇率或人民币国际化政策的显著变动,体现出汇率预期和政策等因素变动与香港人民币需求的直接关联性。

---

① 肖立晟、张明:《克服浮动恐惧 增强汇率弹性——"8·11"汇改一周年回顾与展望》,《金融评论》2016 年第 5 期。

除去 2004 年 10 月前，香港开展人民币业务初始的不稳定阶段。在不考虑个别短期市场波动的情况下，存款市场总体经历如下 8 个阶段的状态转换：

第 1 阶段，2004 年 11 月—2005 年 7 月。由于受人民币升值预期增强和汇率体制改革重启的影响，香港人民币存款高速增长，市场处于体制 2 中。

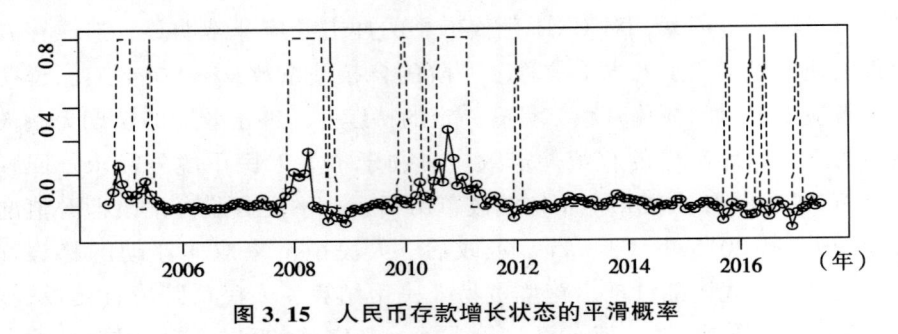

图 3.15　人民币存款增长状态的平滑概率

第 2 阶段，2005 年 8 月—2007 年 9 月。汇率和货币管理政策变动延续性较强，使得存款市场位于稳定增长的体制 1 内。该阶段境外人民币存量扩大，但仅靠人员携带、小额边贸等传统方式，境外人民币需求被抑制。

第 3 阶段，2007 年 10 月—2008 年 5 月。"点心债"的发行和升值预期的联合冲击，刺激香港人民币需求。存款市场进入体制 2 内，非居民持有人民币以把握潜在投资机会的需求增强。

第 4 阶段，2008 年 6 月—2010 年 6 月。随着美国次贷危机逐步演化为全球性金融危机，央行实际上重拾固定汇率以防止金融冲击，升值进程暂时中断使存款增长位于体制 1 中。

第 5 阶段，2010 年 7 月—2011 年 6 月，由于人民币汇率灵活性的增强，跨境贸易渠道下人民币结算的范围扩大，存款进入高增长高波动的体制 2 中变动。

第 6 阶段，2011 年 7 月—2015 年 7 月。此阶段，在离岸市场政策和跨境贸易人民币结算、跨境投资等政策效应释放后，市场呈现稳定增长的体制 1 状态，2014 年年底，香港人民币存款规模达到峰值。

第 7 阶段，2015 年 8 月—2016 年 7 月。受国际经济环境不景气及中国经济下行的影响，境外对 CNH 的贬值预期增强。"8·11" 汇改后，离岸市场出现"做空"人民币的投机交易,存款市场的波动性变大,存款余额持续下降,香港人民币存款市场进入体制 2 状态。

第 8 阶段,2016 年 8 月至今。由于中国宏观经济走势良好,人民币汇率仍有升值空间。人民币被纳入 SDR 货币篮子后,国际货币地位上升;"一带一路"战略的推进激发人民币需求,香港人民币市场再次进入体制 1 状态。其后一段时期内,CNH 存款增长位于体制 1 状态内运行的可能性较大。

继续使用 DLM-MS 模型,捕捉汇率和人民币国际化等政策出台对存款市场的影响。预测逻辑是:当条件概率 $\pi_2(t|t-1) > 0.5$ 时,预测人民币存款增长位于体制 2 内,体制判断的逻辑指示值为 1;而当 $\pi_2(t|t-1) \leq 0.5$ 时,则预测其位于体制 1 内,逻辑指示值为 0。根据上述预测准则,得到了香港 CNH 存款增长所处状态的判断。由图 3.15 显示模型很好地捕捉到了 CNH 存款增长率的变动特征。在图 3.16 中,继续对存款增长率进行向前 1 步预测,虚线内区域是 2 倍标准误的置信区间。

在样本区间内,除了个别异常时点,模型成功预测到了香港 CNH 存款的增长变动,表明总体上模型的设定是成功的。模型预测未来一段时期内,CNH 存款增长将处于低速增长的体制 1 内。由状态新息标准差测度的模型预测精度显示,在体制 1 下预测标准误是 0.0117,而在体制 2 下的预测标准误是 0.0782。表明汇率波动、政策变动的效应提高了预测难度,降低了预测精度。

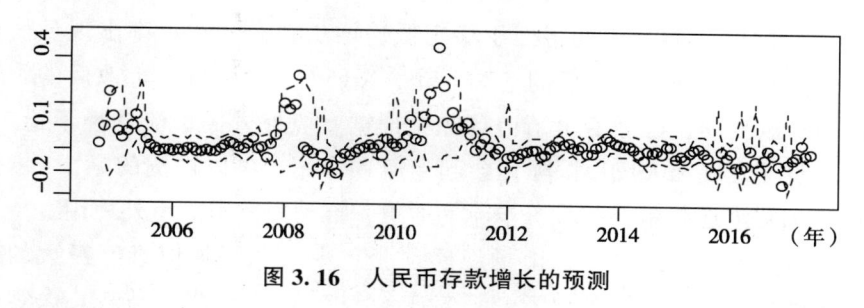

图 3.16 人民币存款增长的预测

总体上样本观测值落在了模型置信区间内,但 2010 年 10 月和 2008 年 4 月的数据位于预测区间之外,DLM-MS 模型似乎低估了存款增速的峰值。分析其原因在于,贸易结算政策出台后存款增长波动性显著增强。香港 CNH 存款增长取决于货币供给与需求两个方面。在贸易结算渠道出现之前,香港企业和居民要获取人民币,途径局限于跨境携带、大陆游客消费等，供给量存在瓶颈限制。贸易结算和跨境投资渠道的出现，使大规模获取人民币成为可能，导致汇率变动预期和投资贸易结算渠道交互影响，导致更高极值。同时应注意到此交互效应的双向性，可以大规模输出人民币，也同时提供了大规模回流的途径，后果是资本跨境流动性增强。以跨境贸易人民币结算为例，在升值预期强烈时，香港人民币需求会显著上升，境外出口商更多地收取人民币；而当升值幅度放缓或预期不明确时，进口商会选择更多地使用人民币进行结算，因此，对于贸易结算对香港人民币存款的影响方向和强度，单方面难以确定。在一定汇率预期判断下，跨境贸易和投资成为持有和抛出人民币的主要方式，因此存款波动性增加导致模型对极值预测的低估。短期大规模资金跨境流通，也为货币当局的宏观审慎监管和政策独立性带来了挑战。[1]

估计模型包括三种状态成分的滤波值，图 3.16 中实线表示了存款增长率的循环变动，虚线表示汇率预期与政策变动等因素对存款增长的干预效应。图 3.17 中虚线表示存款增长率的固定趋势成分。可以发现，存款增长缺乏明显的季节性和循环变动特征，样本期内规则性变动均值为 0.0082。趋势成分均值为 0.0143，在人民币跨境贸易结算等国际化政策推出后，趋势增长率轻微上升，表明人民币国际化政策总体上有利于提高境外的人民币需求。在没有汇率显著变动和政策出台刺激下，趋势和周期性成分构成的平均增长率约为 2%。而在汇率升值推动和政策效应下，样本期内的均值估计为 6.81%。如果汇率升值预期消退，并且没有新的政策推动，香港 CNH 存款市场将处于稳定低速增长状态。在汇率出现贬值预期时，甚至会出现存款余额的绝对下降。2015 年 "8·11" 汇改后的香港人民币存款变动，已经给出了市场经验证据。境外人民币流动性不稳定，对离岸市场发展和人民币国际化会起到瓶颈作用。可以推测的是，"一带一路"和陆港通政策将扩大资本流动通道，推动人民币的境外使用。

最后，香港人民币存款市场规模预测是令人感兴趣但难度极大的问题。在市场高潮期，很多学者和机构进行过乐观的预测。马骏、徐剑刚（2012）认为，在资本项目不开放，境外居民获得人民币主要通过贸易渠道的情况下，香港人民币存款 2012 年年底将达到 1 万亿，2015 年年底可

---

[1] 张明：《中国经济面临的三难选择：全球金融危机前后的对比》，《国际金融》2017 年第 5 期。

以达到 2.5 万亿元的规模。汇丰银行对 2012 年的预测结果为 1.2 万亿元，大和证券预测 2013 年为 2 万亿元。经过 2015 年"8·11"汇改后，人民币汇率双向波动增加，境外投机性需求退潮，各方对此项的估计变得非常谨慎。以 2017 年 6 月香港人民币存款 5260.77 亿元为基准，本书利用 DLM-MS 模型尝试进行预测。若人民币存款市场增长处于体制 1 内，2017 年年底的存款余额大约为 5920 亿元；而如果处于体制 2 内，则人民币存款预测规模为 7810 亿元。如果汇率预期升值，而且有"一带一路"、跨境投资等重大政策利好推动，人民币存款可能再次超过 1 万亿元；但如果更严厉的跨境资本监管等政策出台，境外人民币需求也存在进一步萎缩的可能。对更长期情形的预测难度更大，精确预测的意义不大，本书只给出长期增长的基本判断。前景预测没有考虑人民币贷款业务产生的货币创造，相对较为保守。相比学者和机构已有的预测，本书考虑了两种不同的变化体制，这是相关研究所没有关注的。预测结果说明，如果没有强烈的升值预期和新政策推动，仅通过贸易结算和有限度开放投资渠道，香港人民币流动性的上升将有限量。离岸市场发展将受制于流动性不足的瓶颈，延缓离岸人民币外汇、债券、股票和期货等衍生品市场的发展。人民币只在贸易项下输出，最终可能会增加贸易逆差并提升人民币贬值压力，稳健推进的人民币国际化进程最终要靠配套改革而非政策刺激。[①]

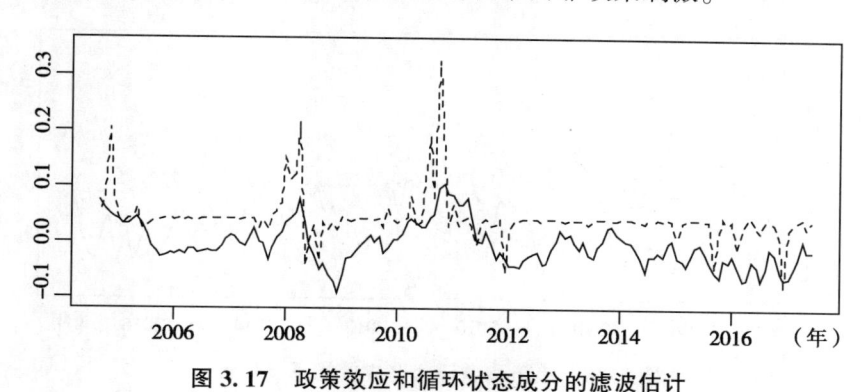

图 3.17 政策效应和循环状态成分的滤波估计

（3）模型估计的结论

通过构建 DLM-MS 模型，对香港 CNH 存款增长状态估计，研究了境

[①] 何平、钟红：《人民币国际化的经济发展效应及其存在的问题》，《国际经济评论》2014 年第 5 期。

外人民币存款增长与汇率预期变动的对应性,获得如下主要结论:

第一,DLM-MS 模型发现了 CNH 存款增长的潜在演化路径与汇率预期变动的对应性。人民币存款增长状态可分为低变动和高变动的两种体制,体制转移的动力来自人民币汇率预期的变动和国际化政策的刺激效应。实证分析支持汇率升值预期对香港 CNH 存款增长的重要影响。跨境贸易、投资、汇率政策因素的刺激效应是短期的,我国经济发展是最根本的推动力量。

第二,在两种体制下分别对香港 CNH 存款增长进行了预测。2017 年年底体制 1 和 2 下的存款规模分别将达到 5920 亿元和 7810 亿元。从中长期的角度分析,境外需求长期动力源的转换,有助于香港离岸市场的健康有序发展。

第三,人民币汇率变动预期和跨境贸易投资政策具有双重交互效应。前者为境外企业和居民的人民币需求提供了动力,而跨境贸易投资则成为实现需求的常规渠道,也为人民币的大进大出提供了可能。人民币汇率的浮动区间过窄,使得人民币价格调整机制灵活性不足,这给套汇套利的投机需求留下了空间。如果跨境贸易人民币结算的比例大幅提升,在"一带一路"等政策背景下,跨境投资规模扩大,人民币跨境流通的波动性将给中国货币当局的监管带来重大挑战。①

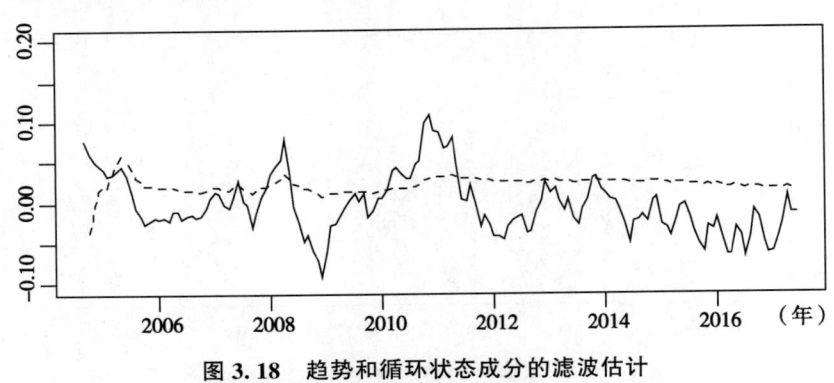

图 3.18 趋势和循环状态成分的滤波估计

(二)境外需求与汇率预期的共同趋势

通过建立在微观经济学基础上的理论模型分析,研究从理论上剖析了

---

① 田巧雨:《"一带一路"战略对人民币国际化的影响》,《农村金融研究》2016 年第 12 期。

在汇率变动背景下,境外企业通过贸易渠道的人民币结算,对货币需求的调整策略,以及如何导致离岸市场上人民币存量的变化。通过建立马尔可夫体制转移动态线性模型(DLM-MS),发现人民币存款增长存在体制状态的改变,汇率变动和存款规模变动具有对应性。离岸市场的人民币存量变动影响到人民币的供给和离岸汇率,存款市场和离岸外汇市场存在相互影响的效应。中国的宏观经济走势、货币政策、汇率政策和国际化政策,也会对不同市场起到潜在影响。离岸汇率和香港人民币存款变动的背后,存在着共同因素的驱动。提取不同市场变动的共同因子,揭示出主导性的因素,对于深化研究具有积极意义。国内外学者对离岸市场上人民币的供需机制,进行了较为深入的探讨。嘉伯(2012)对驱动 CNH 市场的平衡机制进行了研究,发现存在在岸—离岸市场间及离岸市场内部的套汇、套利机制,驱动境外需求。随着离岸市场发展,CNH 订单流对 CNY 的影响上升[张贤旺(Cheung Y W),瑞姆(Rime D);2014],在岸—离岸的联动机制不断增强。

本书引入向量时间序列的共同潜在因子模型,以捕捉离岸汇率和存款市场共同的动态变化趋势。思路是使用贝叶斯方法估计模型的参数,将 2 维的时间序列通过降维,得出无法观测的 1 维趋势序列。

(1)模型简介

共同因子(common factors)模型最早由哈维(Harvey)引入[1]。模型的目的在于探求多个时间序列背后的共同因子。经济学中,通常用多个经济时间序列共同展现当前的经济状态,而背后无法观测的低维时间序列,则构成了驱动所有序列动态变动的共同因素。提取潜在的因子对简化经济学研究问题、突出研究重点有重要的意义。利用贝叶斯估计方法,使共同因子的计算和提取变得容易实现,通过更大容量的 MCMC 模拟样本,可任意精度地逼近理论参数。下面介绍基本模型的框架。

假设有 n 个时间序列构成向量 X_t,线性依赖于 $p(p < n)$ 个相关的序列,为简单起见,假设其服从随机游走的形式。模型具体形式如下:

$$X_t = B\psi_t + \varepsilon_t, \varepsilon_t \sim N(0, \Phi) \tag{3.18}$$

$$\psi_t = \psi_{t-1} + \xi_t, \xi_t \sim N(0, \Theta) \tag{3.19}$$

---

[1] Harvey A C. *Forecasting, Structural time series models and the kalman filter* [M]. Cambridge University Press, 1990, p.66.

这里 B 是 $n \times p$ 的因子载荷矩阵，其元素是固定不变的常数，对因子矩阵 B 也可无须施加任何约束。共同因子 ψ_t 随着时间的推移而演化。误差扰动项 ε_t 和 ξ_t 假设服从正态分布，其方差—协方差矩阵分别记为 Φ 和 Θ。实际上，因子模型显然可被理解成一种状态空间模型，X_t 是观测序列向量，ψ_t 就是模型的潜在状态，而观测序列由无法观测的潜在因子所驱动。

（2）实证分析

（ⅰ）数据来源

研究选取的变量为离岸人民币远期汇率和人民币存款，具体数据包括：12 个月的远期非交割人民币汇率 ndf（100 元人民币/美元）数据和香港银行的人民币存款总额 $save$（单位亿元）。分别利用公式 $rndf_t = \log(ndf_t) - \log(ndf_{t-1})$ 和 $rsave_t = \log(save_t) - \log(save_{t-1})$，将水平值转化为相应的增长率序列 $rndf$ 和 $rsave$。此处对数的差分运算被解释为对数增长率，用以追踪两个市场的变动。人民币存款的数据频率是月度数据，汇率数据也基于每日的 ndf 数据计算出月度的平均汇率，然后再计算出增长率序列。数据的区间从 2009 年 1 月至 2017 年 6 月，此区间涵盖了跨境贸易人民币结算、跨境人民币投资、离岸债券发行、陆港通、"一带一路"等一系列政策出台，给香港人民币存款市场带来的巨大变化。研究将能更清晰地揭示汇率和人民币离岸需求的相互关系。两个序列的变动由图 3.19 所示。由图 3.19 可见，人民币存款和远期汇率变动呈现了非常相似的模式。两个序列具有显著的协同变动趋势，说明汇率预期变动和离岸市场的人民币存量具有密切的相互关联性。

（ⅱ）模型设定

记 $rndf$ 和 $rsave$ 构成的双变量序列 $X_t = (rndf_t, rsave_t)'$，根据公式（3.18）和（3.19），将具体模型设定如下：

$$X_t = B\psi_t + \psi_0 + \varepsilon_t, \varepsilon_t \sim N(0, \Phi) \qquad (3.20)$$

$$\psi_t = \psi_{t-1} + \xi_t, \xi_t \sim N(0, \theta_\psi^2) \qquad (3.21)$$

这里 2×1 的矩阵 $B = (1, \beta)$，$\psi_0 = (0, \bar{\psi})'$，潜在状态 ψ_t 被解释为离岸远期汇率和人民币存款变动的共同随机性趋势，也是模型关注的焦点。假设共同趋势 ψ_t 服从随机游走的形式。以动态线性模型的观点，公式（3.20）和（3.21）可以表示为：

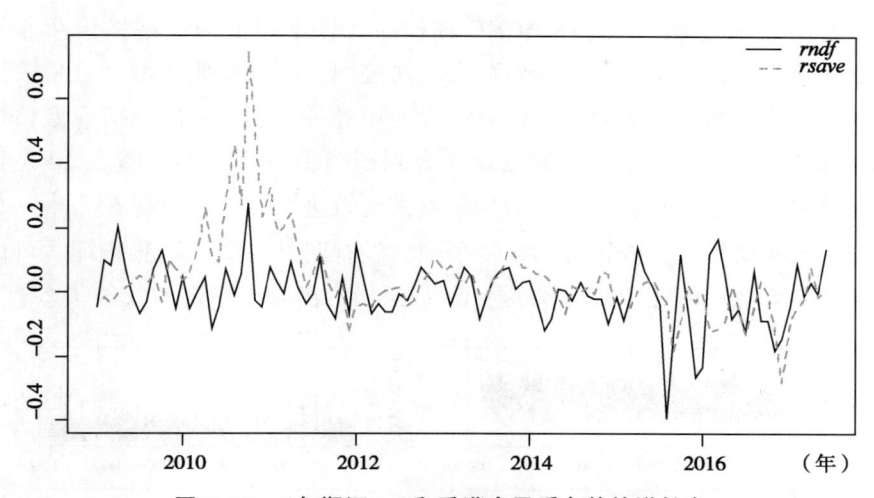

图 3.19 1 年期汇 ndf 和香港人民币存款的增长率

注释：汇率增长率的变化相对存款的增长率变化小，图中对此做了尺度变换处理。

$$X_t = FS_t + \varepsilon_t, \quad S_t = \begin{pmatrix} 1 & 0 \\ 0 & 1 \end{pmatrix} S_{t-1} + \begin{pmatrix} \xi_t \\ 0 \end{pmatrix} \quad (3.22)$$

其中，$S_t = (\psi_t, \bar{\psi})'$，$F = \begin{pmatrix} 1 & 0 \\ \beta & 1 \end{pmatrix}$，$\Phi = \begin{pmatrix} \sigma_1^2 & \sigma_{12} \\ \sigma_{12} & \sigma_2^2 \end{pmatrix}$，$\Theta = \begin{pmatrix} \theta_\psi^2 & 0 \\ 0 & 0 \end{pmatrix}$。

（ⅲ）模型的估计

模型的未知参数包括趋势成分参数 β，观测方程误差项方差和协方差参数 σ_1^2、σ_2^2 和 σ_{12}，以及状态方程扰动项方差参数 θ_ψ^2。本书使用贝叶斯方法同时估计模型的上述未知参数。假设 β 的先验分布 $\beta \sim N(\beta_0, \rho^2)$，$1/\theta_\psi^2$ 和 Φ^{-1} 的先验分布设定为相互独立的伽马（Gamma）分布和威夏特（Wishart）分布，即 $1/\theta_\psi^2 \sim g(a, b)$，$\Phi^{-1} \sim w(v_0, \Omega_0)$。取 $\beta_0 = 0$，$\rho^2 = 16$，a 和 b 使得 $E(1/\theta_\psi^2) = 0.01$，$Var(1/\theta_\psi^2) = 1$，$v_0 = 2$，$\Omega_0 = \Phi_0/2$，$\Phi_0 = \begin{pmatrix} 1 & 0.5 \\ 0.5 & 4 \end{pmatrix}$，$E(\Phi) = \Phi_0$。可以计算出 β_T、ρ_T^2、$1/\theta_\psi^2$ 和 Φ^{-1} 的全条件分布。通过吉布斯抽样的样本逼近后验分布，MCMC 迭代的次数设定为 10000 次。

（ⅳ）估计结果

MCMC 方法是由计算机模拟样本从后验分布抽样，然后基于样本均值估计模型的参数和状态变量。马尔可夫链是否达到稳定状态对于统计推断的稳健性十分关键，因此对 MCMC 抽样后，样本均值的稳健性诊断非常必要。常见的诊断手段包括马尔可夫链轨迹图、核密度曲线图、自相关性诊断以及遍历均值图等方法，一般综合使用各种方法，才能确信模型估计结果真实有效。下面结合各种技术综合判断模型的稳定性。图 3.20 是设定的模型中 5 个未知参数估计的马尔可夫链轨迹图，可以发现 β、σ_1^2、σ_2^2、σ_{12} 和 θ_ψ^2 的马尔可夫链轨迹均比较平稳，没有明显的变动趋势特征。可以推断，参数估计值经 10000 次的 MCMC 迭代后已处于稳定的收敛状态。

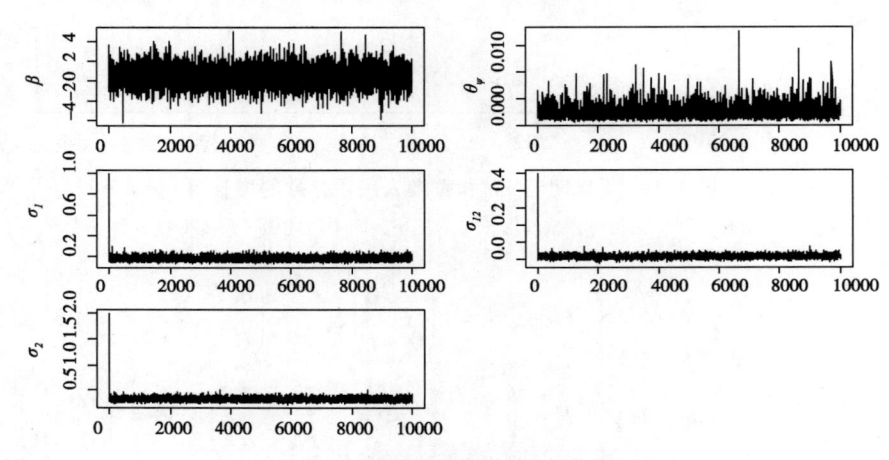

图 3.20　模型参数的马尔可夫链轨迹

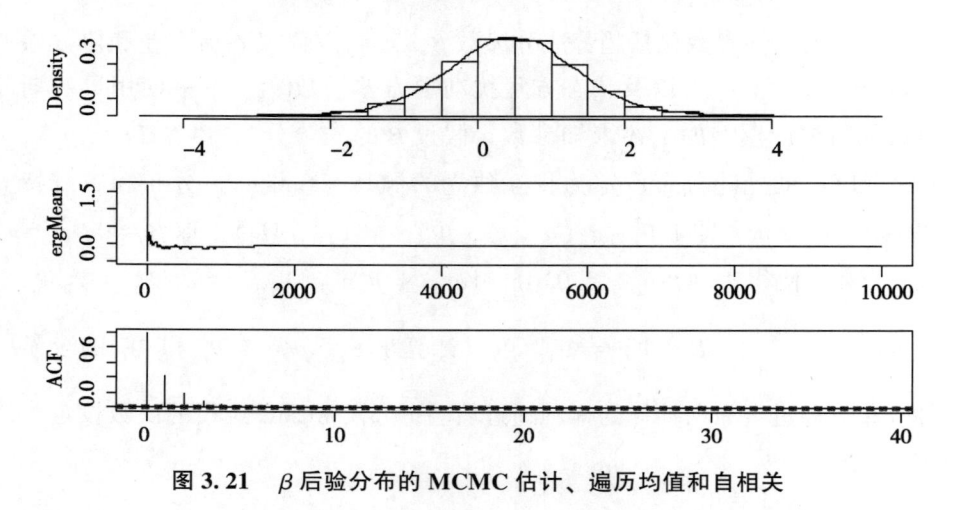

图 3.21　β 后验分布的 MCMC 估计、遍历均值和自相关

对参数 β 和 θ_ψ 的后验分布的 MCMC 估计、遍历均值和 MCMC 自相关诊断。结果显示，得到的 10000 次 MCMC 抽样样本，其核密度函数曲线

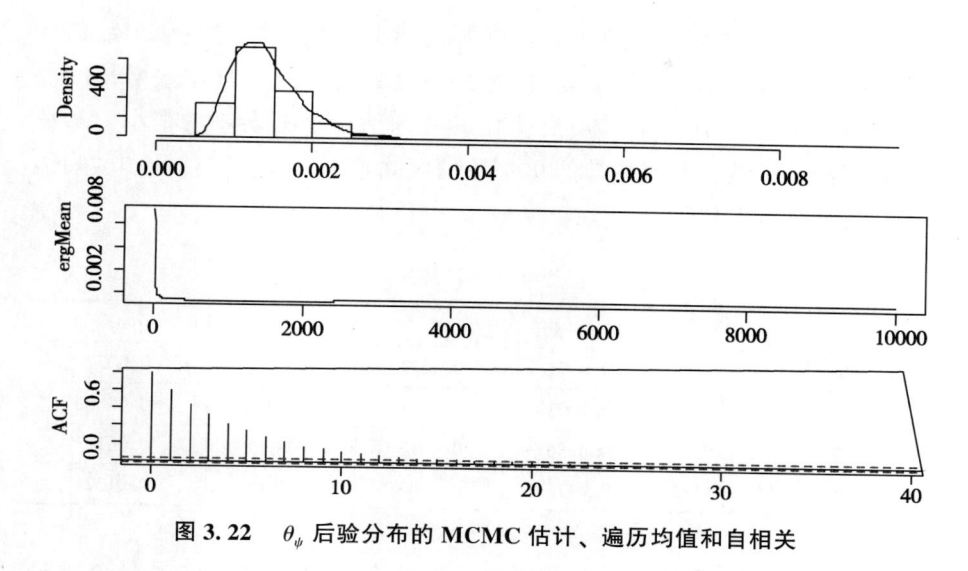

图 3.22 θ_ψ 后验分布的 MCMC 估计、遍历均值和自相关

均比较光滑，没有出现凸凹不平的状况，初步可认定参数估计值的收敛特征良好。两个参数的抽样样本的遍历均值也很快进入了收敛状态，波动性很不明显。两个参数的马尔可夫链不具有显著的记忆性特征，自相关函数很快出现衰减现象。综合以上特征的信息，得出两个参数估计比较稳健的结论。图 3.23 中，给出了其余 3 个未知参数 σ_1、σ_2、σ_{12} 的马尔可夫链遍历均值和自相关函数，也容易证实 3 个参数的估计满足稳定性条件。

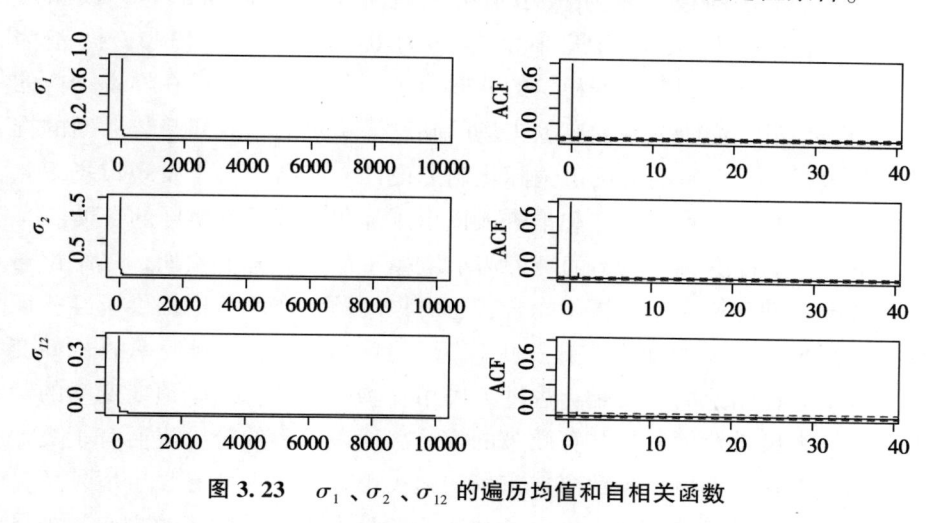

图 3.23 σ_1、σ_2、σ_{12} 的遍历均值和自相关函数

经过一系列的模型估计稳定性诊断，可以给出最终模型未知参数的估

计结果。在表 3.17 中，列出了 5 个参数的后验均值、标准差和参数估计的 90% 置信区间。估计结果 β = 1.3127，说明共同因子对存款增长率的影响系数稳定为 1.31 左右。所有待估参数的估计标准误差均很小，参数都具有统计显著性，参数估计的 90% 置信区间范围合理。点估计和区间估计的结果均具有可信性。

表 3.17　　　　　　　　　　模型参数估计结果

待估参数	β	θ_ψ	σ_1	σ_2	σ_{12}
后验均值	1.3127	0.0371	0.1371	0.2292	0.0072
标准差	0.0131	0.00018	0.0001	0.0003	0.00006
5% 分位点	0.3314	0.0286	0.1213	0.2030	0.0017
95% 分位点	2.2033	0.0475	0.1547	0.2586	0.0132

在估计出上述模型参数值的同时，贝叶斯 MCMC 估计的另一个优势就是，可以同时估计出模型的状态变量。研究关注点在于，两个时间序列的共同因子趋势成分。在图 3.24 中，粗黑虚线给出的共同因子显示出了令人印象深刻的结论：

第一，离岸远期非交割汇率和香港人民币市场存款的变动率，具有共同的随机趋势因子。ndf 的增长率和人民币存款的增长率，在考察期内都变动剧烈。$rndf$ 的极大值和极小值分别为 0.2775 和 -0.3944，极差为 0.6699。$rsave$ 的极大值和极小值分别为 0.3743 和 -0.1380，极差为 0.5123。二者之间却存在着稳定的共同因子。共同趋势因子在样本期内的变动相当平滑，说明汇率和存款市场的联系是稳定的。共同趋势后面的推动是我国在岸—离岸的人民币国际化制度设计。该结论对于发现市场现象背后的经济规律，科学制定和推进人民币国际化政策具有实际的帮助。

第二，实证支持人民币的境外需求依赖于汇率的升值预期。该结论与前面的经济学理论模型分析相吻合，也对该问题存在的争论提供了经验证据。共同趋势因子的动态变化，更接近于离岸远期非交割汇率的长期变动。这个分析结论的含义是：香港人民币存款的增长受汇率预期变动的影响更大。人民币跨境贸易结算政策的推行，使人民币的跨境流通有了更加畅通和规模化的渠道，导致离岸市场的人民币存量波动性更强。境外贸易商在进出口贸易结算时，可根据微观效用的最大化选择结算的方向。如果人民币升值趋势明显，将有更多的企业在对境内出口结算时收取人民币。

而在汇率升值预期减弱或者出现贬值倾向时，则在从境内进口时更多地支付人民币，从而使人民币回流境内。

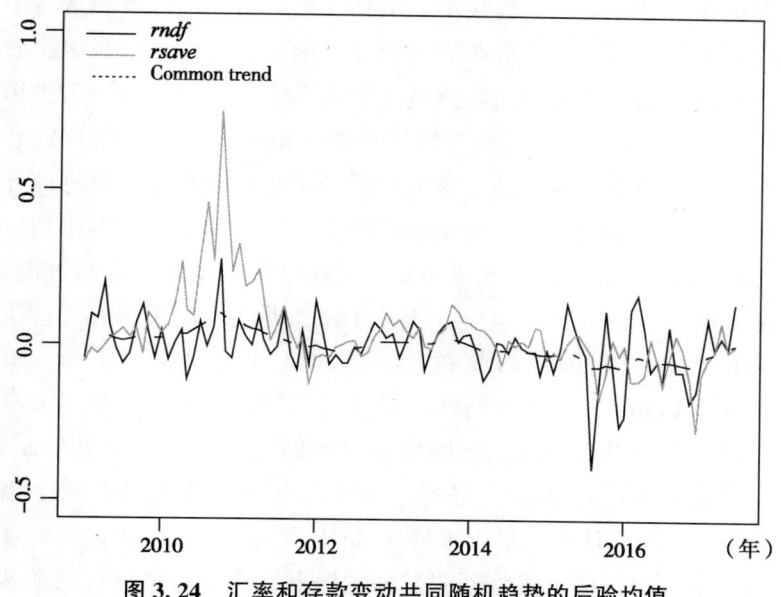

图 3.24　汇率和存款变动共同随机趋势的后验均值

第三，在经历市场的爆发性增长后，共同随机趋势因子整体上呈现缓慢下降的特征。2010 年 10 月以前，驱动汇率升值和香港人民币"资金池"成长的动力正在缓慢调整，这对于人民币离岸市场的发展和国际化政策的推行，将产生不利的影响。虽然中国货币当局出台了货币互换、RQFII、陆港通等一系列新政策，推动人民币境外使用，但人民币离岸—在岸供需的动因，没有从根本上得到改变。如果离岸人民币的流动性不足，人民币债券等计价资产的价格将会下跌，资产被抛售将导致人民币国际化出现停滞甚至倒退的风险。基于汇率升值的人民币国际化战略是难以持续的，也是非良性的发展模式。[①]

二　升值依赖的原因分析

影响人民币境外需求的内外因素很多，为何实证分析揭示了预期汇率是最重要的影响变量呢？本书认为原因主要有以下两点：

---

① 李婧：《人民币国际化的非均衡性及新形势下的战略》，《东北亚论坛》2013 年第 5 期。

第一，人民币境外流动性弱于美元，导致境外需求方要求更高回报。

人民币的有限兑换性使其境外流动性弱于美元等国际货币。境外持币者投资渠道狭窄导致交易规模较小。境外人民币债券认购者通常将债券持有到期，因此人民币和计价资产的转换存在困难。境外企业和居民的人民币使用，集中于如下几种用途：跨境贸易结算、人民币存款、人民币债券投资（点心债）、境内银行间债券市场投资（RQFII）、贸易融资或者保值贮存。保值贮存功能实现必然要求人民币的币值稳中有升。贸易商在选择结算币种时，也会比较收益。在离岸市场上，美元和港元的 1 年期定期存款约 0.2%，而人民币存息则为 0.6%。比较境外人民币债券与香港政府、美国国债的收益，优势也不明显（表 3.18）。香港人民币 IPO（首次公开募股）和境内银行间国债的收益较高。2011 年 4 月汇贤基金（REIT）IPO 的回报为 4.26%，境内银行间国债收益均值为 3.46%，但是 IPO 的规模有限，境外机构投资境内银行间债券市场的资格审查和额度限制较严，远不能满足境外人民币的投资需求。2016 年年底，香港证交所上市人民币证券数目为 179，日成交量由顶峰 3.53 亿元萎缩为 0.32 亿元。在正常投资渠道有限和回报比较优势不明显的情形下，境外居民持有流动性偏弱的资产必然要求更高的回报。境外需求对升值预期的依赖性就强烈。表 3.19 计算了 2005—2016 年人民币的年度升值比率，平均值为 1.2%而且大部分时间是单向趋势。升值获益使得存款、债券收益优势变得不明显，这是境外需求依赖于升值预期的动因所在。

表 3.18　　　　　　　　不同债券市场收益率比较　　　　　　　　单位：%

债券	中央 1—3 年政府债	香港 2 年政府债	美国 2 年国债	境内银行间国债
年收益	0.56	0.298	0.27	3.457

资料来源：中银香港、香港金管局和美国财政部网站。

第二，市场分割和境内汇率体制缺乏灵活性为汇率投机提供了空间。

稳定升值为投机者从汇率渠道获利提供了可能性。资本管制导致境内外市场分割和汇率体制灵活性不足创造了投机需求的无风险环境。市场分割导致境内外出现了同币不同价的局面，境内为稳定汇率进行市场干预和有限的浮动空间使得汇率难以调整。制度因素为境外需求的汇率依赖提供了可能性。在市场机制下汇率呈双向波动，套汇的机会瞬间消失使得投机的风险加大。境外需求更多地是由真实贸易投资背景的需求推动的。

表 3.19　CNY 中间价计算的升值幅度　　　　　　　　单位：%

年份	2005	2006	2007	2008	2009	2010	2011
升值幅度	2.56	3.35	6.88	6.80	0.12	3.10	5.09
年份	2012	2013	2014	2015	2016	2005—2016	2017
升值幅度	0.17	2.94	-0.33	-6.02	-6.67	1.20	—

资料来源：国家外汇管理局网站，根据每年首末交易日中间价计算。

本章小结

本章首先借鉴货币境外需求的理论，构建人民币境外需求的理论模型，探讨可能的影响变量。基于微观调查数据和计量模型实证分析，检验人民币境外需求的影响因素。其次，利用静态回归和动态 VAR 模型分析，探寻各变量对境外需求的影响。最后，利用 DLM-MS 和贝叶斯共同因子模型，挖掘汇率预期和境外存款需求的关联，证实了人民币境外需求对汇率升值的依赖性，研究为境外需求估计的方法探索和规模测算奠定了基础。

第四章

境外需求估计方法的比较和改进

本章对人民币现金境外需求的估计方法进行考察。研究思路是：首先，对已有的不同货币境外需求估计的方法进行梳理和比较，明确各种方法的优缺点；然后，在此基础上遴选并改进已有的估计方法；最终的目的是尽可能合理有效地测算人民币的境外需求规模。

第一节 境外需求估计方法的基础

一 估计方法的数据基础

估计货币的境外需求，必须建立在拥有一定数据资源和观测经验的基础之上。数据是方法选择和创新的前提。没有相应的数据支撑，空谈方法将成为空中楼阁，因此本书结合研究可用的数据资源来筛选估计方法。有些估计效果更佳的方法由于数据缺乏，也可能暂时难以使用。与此同时，在比较研究中，本书尽可能关注更广泛的方法。原因在于，当数据资源发生变化时，原来难以应用的方法可能变成合理和高效的解决办法。作为全球流通最广泛的货币，学者和官方机构对美元境外需求的研究最有代表性。研究首先以美元为例，梳理在美元境外需求的研究中，研究者使用了哪些经济数据资源。

（一）美元境外流通的数据资源

美国对现金跨境流通监测的数据资源的划分，按照相关性的标准，可以分成直接和间接数据两类；从可获得性的角度，数据还可以分为公共数据和内部数据两类［贾德森（Judson R, 2017）］。美国海关总署（U. S. Customs Service）和纽约联邦储备银行（FederalReserve Bank of New York）是美元跨境流通的直接信息来源。海关总署提供现金和货币工具报告（CMIR），纽约联邦储备银行提供现金跨境装运记录（NYB）以及海外现金扩展托管库存记录（ECI）。

CMIR 数据记录了跨境个人或公司现金流动超过 10000 美元的报告（1980 年前底限是 5000 美元）。CMIR 数据与美联储纽约银行的调运数据吻合，但数据难以代表美元现金跨境流通的全貌。波特（Porter R D）和贾德森（2004）指出，该统计数据存在的最大问题：首先，入境者从海关入境，但出境不一定经过海关；其次，CMIR 忽略了 10000 美元以下的小额现金携带，而小额携带由于数量众多，累积的总量无法忽视；最后，银行跨境调运报告数据准确，但个人报告的数据质量较低。另一个直接数据 NYB 是商业银行提供给纽约联储银行的现金装运月度数据，现金流向和流量揭示出境外需求美元的重要地区和数量。

上述数据仍是不充分的测量指标，为了更新存量估计，仍需辅助现金流动的非直接信息。一个辅助信息来自密歇根调研中心对 500 个家庭户现金持有行为的跟踪调查，调查重要目的在于，搞清楚非现金交易技术普及对居民现金持有行为的影响。另一个非直接信息来自联邦储备发行的新系列美元跨境流通的经验观测记录。波特和贾德森（1996）将数据用于生物计量法研究中，得出 2/3 的 100 \$ 和 1/2 的 50 \$ 纸币被境外持有的结论。计算获得表 4.1 中的结果，发现美国家庭持有现金下降。一些学者和机构利用上述数据资源开展了研究［塞布拉（Cebula R J），菲戈（Feige E L，2012）；斯卡希尔（Scahill E M，2015）］。

表 4.1　　　　　　　　　　家庭户现金使用调查

项目	1984 年 6 月	1986 年 6 月	1995 年 5 月
人均现金持有	148 $	153 $	100 $
月现金支出	633 $	669 $	301 $
支出现金构成	30%	34%	20%
现金年周转率	50	49	36

资料来源：美联储（Federal Reserve），波特和贾德森（1996）。

数据对估计方法的影响是明显的。1996 系列的美元纸币发行，为波特和贾德森引入生物计量法研究美元境外需求提供了契机。巴尔兹，塞茨（2017）也利用新欧元现钞系列发行的机会，开展了该方法的欧元外部需求估计研究。基于家庭户现金使用调查的结果，发现持币因电子交易技术改进而下降。该观察经验为货币—产出比率法的实施提供了理论支持。因此，货币境外需求的估计方法事实上很大程度是由数据资源驱动的。

（二）人民币境外流通的数据资源

人民币"走出国门"的历史大约只有30年，而且境外的存量规模仍然有限。对人民币跨境流通和境外持有的监测和统计工作，开展的历史较短，因此可获得的公开信息资源较少，而且数据信息的观测序列缺失严重。只是在人民币国际化背景下，近10余年该方面的统计得到了重视。现梳理一些各方监管部门的直接或间接信息，可对研究估计方法的选择产生影响。

（1）境内的数据资源

从外部学术研究角度来看，人民币跨境流通的公开数据资源非常匮乏。跨境现金调运和海关出入境人员携带现金的申报统计数据并不公开完备信息。人民银行等相关金融机构会有少量的调研成果发表。人民银行、外管局没有公开提供，类似美联储定期发布的境外现金估计数据（http://www.Federal reserve.gov/releases/z1/）。虽然人民银行等相关机构先后组织了全国和地区性调查工作，但程序化的时间序列数据资料信息发布方面，仍然相对缺乏。政府金融管理机构与社会民众的信息不对称程度明显。能够公开获取的相关重要的统计信息包括：

①跨境流动的人口统计。公安部门具有出入境的人口统计资料，包括总人次、境内居民出境、港澳台居民入境、外国人入境等资料；[①]

②境内居民出境旅游统计。国家旅游局有系统的调查数据报告，掌握与现金流动相关的指标，包括境外现金消费、出境旅游人次等资料；

③边境贸易统计数据。跨境贸易中，小额边贸和边民互市是人民币现金使用率较高的形式，国家统计局该项归类于贸易统计口径里；

④跨境贸易人民币结算。跨境贸易渠道是人民币资产负债关系发生转移的重要渠道。大额贸易现金使用的比率不高，一般利用境内外人民币账户的汇兑和转账。人民银行和商务部等部门掌握相关统计数据并定期公布；

⑤边境口岸的调研数据。人民银行总行和各地支行先后组织多次人民币跨境流通的调研，并公开了一些调研的结果，可借鉴使用。人民银行总

---

① 出入境边防检查综合统计数据在2017年前每半年发布一次。

行于 2011—2012 年组织了边境口岸跨境流通调查活动，本书研究中使用了相关的统计资料。

⑥中国跨境资金流动监测报告和国际收支报告，定期由外管局发布；

⑦其他的宏观经济数据。宏观产出、消费、利率、汇率、通胀率等数据均为常见数据，由国家统计局定期公开发布，可被用来间接估计境外需求。

（2）境外的数据资源

随着人民币国际化的不断推进，越来越多的间接信息可用来辅助推断境外的人民币存量，包括：

①经香港处理的跨境贸易结算数据，由香港金管局公布；

②香港人民币存款余额、利率、港元和美元利率等数据，由香港金管局定期发布；

③境外人民币离岸即期汇率、远期汇率数据等；

④其他离岸市场的人民币业务相关统计数据；

⑤跨境人民币投资、离岸债券、期货交易统计等；

⑥人民币国际市场交易支付统计；

⑦其他的境外宏观经济变量。

现金调运的统计数据涉及商业银行的业务隐私，通常难以获取。该方面的估计研究通常由人民银行内部研究人员进行。由于数据资源方面的劣势，学术界对现金跨境流通的直接推断研究的难度通常较大。间接数据信息方面的发现也能够有效推动该方面研究。比如巴内加斯（Banegas），贾德森和希姆斯等（Sims et al., 2015）发现美元的国际性需求和经济指数以及政治不确定性有很强的关联性。[1]

二 估计方法的思想基础

理论上，货币的境外需求规模可通过普查方式获得。确定境外的现金规模可通过两条途径：一是对境外流通现金统计普查，然后将其加总；二是对境内现金持有普查，然后从流通中现金总量中扣除。上述两种方法在实践中均缺乏可操作性。首先，普查的成本非常高昂，难以承受；其次，调查涉及居民家庭、个人财富状况等隐私问题，被调查者通常不会配合。

---

[1] Banegas A, Judson R, Sims C, et al. International Dollar Flows [J]. *Board of Governors of the Federal Reserve Syserve System International Finance Discussion paper* 1144, 2015.

上述因素决定研究只能通过估计方法大致推断。

虽然估计方法的种类繁多，但估计的思想基础是明确的：一是追踪货币跨境流通的途径，进行分类的估计直接推断；二是探索境外货币需求对经济规律造成的影响，从经济规律的变异中，间接推断境外需求规模。境外需求的估计是非常困难的问题，该方面的研究至今不存在完美的方法。本章方法研究的目的是，梳理和比较已有的方法，并尝试进行改进，目的在于寻求在现有条件下合理有效的问题解决途径。

第二节　境外需求估计方法的梳理

现金境外需求的估计方法选择依赖于拥有的数据基础。对美元的估计研究中，波特和贾德森（2004），菲戈（2012）主要基于直接信息，而多伊尔（Doyle B M，2000）对美元、马克、瑞士法郎的估计，则更多依赖间接数据。贾德森（2017）的研究则综合了多种直接和间接方法。以数据资源为基础，现金境外需求的估计方法分成直接法和间接法两种。直接估计法基于对货币需求个体的微观调查的经验数据进行推算；而间接估计法则是综合运用货币需求理论和数量模型进行估计，二者各有优缺点。直接估计法的优点是，利用货币需求主体调查或现金跨境流通的统计资料推断，估计更具针对性；缺点则是考虑渠道较狭窄，在对调查单位加总推算过程中，难免存在误差放大的问题[1]。间接估计法推断中，货币需求函数的形式设定不同，可能使结论存在差异。由于两种方法各有优缺点，研究中应综合运用直接和间接估计方法。下面介绍两种思路下，一些估计现金境外需求的具体方法。

一　直接估计方法的梳理

（一）直接调查法

从理论上可通过调查从发行区内或区外获取现金流通的信息，如对境外的家庭部门和企业调查货币存量。由于成本过高和被访者存在藏富心理等原因，全面调查的困难太大。同样可调查境内对现金的持有状况。例

---

[1] 李婧、管涛、何帆：《人民币跨境流通的现状以及对中国经济的影响》，《管理世界》2004年第9期。

如，德国央行于1992年，美联储于1986年、1987年和1995年组织过类似的调查。德国央行调查表明，仅10%的流通中现金在国内交易中被使用，而将大量"迷失"的现金归咎于国内贮藏是难以解释得通的。综上，该方法存在明显的缺点：

（1）调查必须定期组织，以便于不同时期的比较；
（2）调查结论对问题提问设计的依赖性很强；
（3）回答问题的真实性通常难以保证；
（4）识别调查样本的代表性存在困难。

鉴于上述原因，直接调查法的使用并不普及，学术研究更多地使用间接估计方法。

（二）现金跨境流通统计推断法

如果跨境现金全部通过官方渠道进行，则可通过跨境流入和流出的监测数据获取流量和存量估计。卡明（Kamin）和埃里克松（Ericsson，1993）、菲戈（1996，2012）、海勒斯坦因（Hellerstein R）和瑞恩（Ryan W，2011）、波特和贾德森（2004）等对美元，塞茨（1995）和多伊尔（2000）对德国马克分别进行了估计研究，其中塞茨（1995）的研究最具代表性。塞茨（1995）将马克的跨境流动分成流入和流出两个方向。推断方法如下：

流出=出境旅行携带+工人邮寄（Marplan调查估计）+商品购买（德国央行）+金融交易（瑞士、比利时和卢森堡的银行估计）+银行外运；

流入=人员入境旅行携带+银行系统的现金回流。

通过从1948年引入德国马克后的净流量加总，最终获得了境外存量的估计。该方法的最大优点是，可同时估计流量和存量；缺点是，由于现金具有便于携带和隐藏的特点，使得在直接统计精确测量总流量时，面临很大的困难。系统地获取跨境人民币净流量数据的难度也很高。

（三）生物计量法

生物计量法也称为"标志重捕法""捕获—再捕获"方法，最早被丹麦生物学家卡尔皮特森（Carl Petersen）运用于对生物种群动态数量的估计。生物计量法的理论依据是再捕获样本比率$\hat{\theta}$是总体比率θ的无偏估计。[1] 该

---

[1] Seber G A F, Felton R. Tagloss and petersen mark-recapture experiment [J]. *Biometrika*, 1981, 68（1）: 211-219.

方法的使用仅见于波特和贾德森（1996）对美元境外持有的估计。该方法基于如下信息：联邦储备现金办公室对当地银行现金装运的连续抽样数据。尽管没有专门对100美元纸币做人为的标识，但是1990系列（1991年8月开始使用）纸币因为被嵌入了防伪线，因此可以与之前发行的现钞系列自然地分开。当1990系列前发行的纸币返回联邦储备现金办公室后，将被1990系列现钞替换掉。测算并记录1990系列纸币的发行量和返回现金办公室数量的比例。由于纽约现金办公室处理的现金基本是跨境使用的货币，因此可以根据回流信息，估计出美元境外的持有比例。波特和贾德森（1996）估计，1995年12月100美元现金的境外持有比率为66%—75%，50美元的境外比率是40%—49%。该估计结果对美国的货币需求研究和美联储的货币政策制定产生了很大影响。此后20年美联储、财政部等官方机构均重复引证该数据。菲戈（2012）对该结论提出了质疑，认为美元的境外比率远低于波特和贾德森（1996）的估计结果。除了美元研究外，巴尔兹，塞茨（2017）针对欧洲央行发行新的10欧元和5欧元纸币的机会，也使用了生物计量法研究。对于人民币境外需求估计，在条件满足时，亦可考虑使用该方法。由于防伪技术更新等原因，人民币可能会改版或增加防伪标识，甚至可使用新钞号码作为标识，有此种机遇时，人民银行可考虑使用生物计量法测算境外存量。

（四）硬币—纸币比率方法

货币当局在现金供给时，硬币作为辅币和纸币通常满足一定的流通比例（表4.2），而且货币持有结果会随着时间推移发生改变。以美元为例，100美元面额的纸币流通比例不断上升。1996年的比例为61.2%，而在2016年的比例则达到78.9%。跨境人员出于携带和贮藏的便利，需求以大面额纸币为主，此规律在对美元、港元等货币的跨境装运记录观察中已被证实。

表4.2　　美元流通的面额结构比较　　单位：10亿美元

面额结构	$1	$2	$5	$10	$20	$50	$100	$500—$10000	总量
1996年	6.6	1.1	7.8	14.3	87.1	48.6	261.4	0.3	427.1
2001年	7.8	1.3	9.2	14.7	100.9	57.0	421.1	0.3	612.3
2006年	9.0	1.5	10.5	16.0	119.2	62.8	564.1	0.3	783.5

续表

面额结构	$1	$2	$5	$10	$20	$50	$100	$500—$10000	总量
2011年	10.0	1.9	11.8	17.2	141.1	69.6	782.6	0.3	1034.5
2016年	11.7	2.3	14.2	19.2	177.2	83.5	1154.8	0.3	1463.4

资料来源：美联储网站 https://www.federalreserve.gov/paymentsystems/coin_currcircvalue.htm。

波特和贾德森（1996）基于该方法估计，有70%的100美元纸币在境外流通。从1996年与2016年美元流通的面额结构比较中，易见大额美元需求急剧上升的趋势（表4.2），仅用国内CPI的变动难以解释。香港金管局对港元纸币的发行记录也显示了类似规律。① 1997—2009年500元和1000元港元纸币发行的份额从71%上升到80%，小面额纸币则从29%下降到了20%。

人民币硬币面额以1角、5角和1元为主，小面额纸币包括1角、2角、5角、1元、5元、10元、20元。由于物价上涨等原因，1分、2分和5分硬币已基本退出流通领域，1角和2角的纸币在现实生活中也不再常见。由于境外人民币需求主要用于贸易结算、旅游支付、贮存保值和离岸市场投资等。人民币小额纸币和硬币应限于发行区（中国境内）内流通，境外对人民币现金的持有以大面值50元和100元为主。上述分析的启示是，小额纸币和硬币基本是用于境内流通交易的，一般也不被用于国内贮存。可通过对小额纸币或硬币流通的追踪，计算季节性因子用以代表国内的交易模式，然后根据与总货币流通模式的对比，计算出境外现金的需求比率。根据央行流通货币统计资料，2005—2009年100元面额纸币占现金总量的比率逐步上升，2009年份额达到88.52%，2005—2009年增长了65.89%，同期硬币总流通量增长了64.16%。直观上判断，境外需求还没有明显影响到人民币发行的面额结构，境内的物价变动可能是主要原因。

该数据在BIS统计国家表中，中国的该项数据自2010年后不再披露。B100和B5分别代表流通中的100元和5元现钞，M0是流通中现金总量，

---

① Leung F, Ng P, Chan S. Analysing External Demand for the Hongkong-Dollar Currency [R]. *Working paper* 1007, *Hong kong Monetary Authority*.

图 4.1　人民币 100 元和总流通

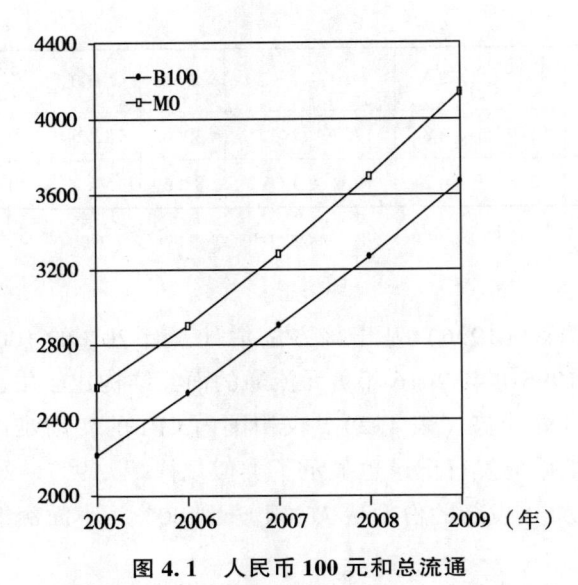

资料来源：国际清算银行 BIS（http：//www.bis.org/）。

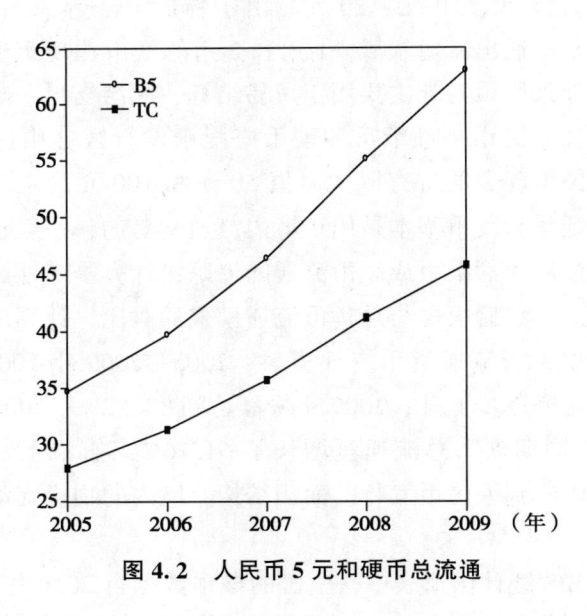

图 4.2　人民币 5 元和硬币总流通

TC 是硬币总流通量。

表 4.3 中比较了几种货币的面额结构。无论与美元、欧元、日元、澳大利亚元等已经国际化的货币相比，还是与港元、巴西第纳尔、俄罗斯卢布和印度卢比几种重要地区性货币相比，人民币最大面额经汇率换算后都

较小。随着境外需求的上升,人民币面额应面临调整,以更适应境外携带与储藏。当然此问题还与人民币的汇率升值程度密切关联。

表 4.3　　　　　　　　　几种货币的面额结构比较

货币	硬币	大面额纸币
美元	1、5、10、25、50 分,1 元	50、100 元
欧元	1、2、5、10、20、50 分,1、2 元	50、100、200、500 元
港元	1、2、5 毫,1、2、5、10 元	50、100、500、1000 元
人民币	1、5 角,1 元	50、100 元
日元	1、5、10、50、100、500 元	1000、2000、5000、10000 元
澳元	1、2、5、10、20、50 分	50、100 元
卢比	5、10、20、25、50 派沙,1、2、5 卢比	50、100、500、1000 卢比
雷亚尔	1、5、10、25、50 分	50、100 雷亚尔
卢布	1、5、10、50 戈比,1、2、5、10 卢布	50、100、500、1000、5000 卢布

资料来源:国际货币基金组织(IMF)网站(http://www.imf.org/)。

(五) 纸币寿命估计法

纸币在交易、携带和贮藏中逐渐被磨损或遗失,最终会退出流通领域,即纸币具有使用寿命。通常纸币在境内流通和境外持有时,其被使用的频率是不同的。因此通过探究不同面额纸币的使用寿命,可推测该面额纸币在境外的持有比率。境内市场上纸币的流通速率一般高于境外,因此境外流通纸币的使用寿命应长于境内流通纸币的使用寿命(塞茨,1995)。比如,考察某货币大额纸币的境外流通情况,估计外部流通比率可分为以下 3 个步骤:

(1) 计算纸币的平均使用寿命

波什腾(Boeschoten,1992)提出了计算平均寿命的方法。记纸币的平均使用寿命是 ANL,纸币的流通数量为 $NC_{l,t}$,新发行的该面额纸币数量是 $NN_{l,t}$,而退出流通的纸币数是 $NW_{l,t}$,则有:

$$ANL_{l,t} = (NC_{l,t} + NC_{l,t-1})/(NN_{l,t} + NW_{l,t}) \qquad (4.1)$$

如果 $NN_{l,t} = NW_{l,t}$,$NC_{l,t} = NC_{l,t-1}$,则(4.1)转化为 $ANL_{l,t} = NC_{l,t}/NN_{l,t}$。

(2) 计算纸币的正常使用寿命

由于纸币同时在境内和境外流通使用,因此其实际使用寿命和全部在境内流通使用时寿命不同,需参照某种全部在境内使用货币的寿命,代理纸币正常使用寿命。选择外部流通可被忽略的，基本在境内流通的参照货币［谢利（Shirley M A J，2017）］。如选择200000和500000越南盾的平均使用寿命，近似代表100元人民币纸币全部在境内使用时的正常期限。劳伦特（Laurent R D，1974）研究发现，纸币平均使用寿命和纸币的真实价值有关，即

$$NANL_{l,t} = \alpha + \beta \ln RV_{l,t}, \beta > 0 \qquad (4.2)$$

纸币承载购买力提高将延长其寿命。人民币的正常使用寿命推断，可通过参照纸币平均使用寿命估计关系式（4.2）。

（3）计算境外持有份额

记人民币的境外持有份额为 $RMBA_{l,t}$，则其可由下式计算：

$$RMBA_{l,t} = \frac{100(ANL_{l,t} - NANL_{l,t})}{ANL_{l,t}} \qquad (4.3)$$

基于纸币使用寿命，估计境外持有比率的明显优点是，区分了境内贮藏和境外持有情形，而这是通常非直接估计方法固有的缺点。估计结果只依赖于境外人民币持有，缺点是正常使用寿命估计是基于参考国货币的使用寿命代理。选择的参照货币的使用寿命，是否可代理研究货币境内流通的使用寿命值得商榷。

二 间接估计方法的梳理

直接数据统计渠道通常缺乏全面性，这导致直接估计结论通常会低估境外持有比率，因此间接估计法被更广泛地使用。间接估计是基于寻找货币境外需求影响变量和方式的思想（塞茨，1995）。下面系统梳理几种典型的非直接估计方法。

（一）外币存款推断法

外币现金在某一国家的流通量数据在各国一般是不存在的，一种思路是，根据银行系统外币存款变动间接推断现金的持有。该方法早期研究参见穆勒（Mueller，1994）的做法，根据外币存款占存款总余额的比率推断现金比率，该方法后来遭受广泛质疑，已经逐步被弃用。不合理之处在于以下三点：

（1）根据外币存款占总存款的比率推断现金比率本身不合理。在经济不稳定国家，居民可能持有外币现金并没有外币存款（卡明，埃里克森；1993）；

（2）有些国家只可获取外币存款数据，但具体币种的统计信息未知［布克斯（Buchs T D，2000）］；

（3）很少国家能获取外币现金和存款相互影响的信息。有些国家的外币存款和现金是呈现相同趋势变动，有些国家却可能是相反的（穆勒，2003）。

（二）缺口估计法

缺口估计法是一种被广泛应用的间接估计方法。菲利浦（Philip Ng）和米切尔程（Michael Cheng，2016）利用该方法的新近研究发现，2015年港元的境外持有比率为68.3%。模型的基本思想是：首先，通过计量经济学模型，估计国家或地区的本币全部在境内流通，不存在境外需求时的货币需求函数；其次，基于实际货币供应量和拟合值的差异，推断境外存在的货币存量。[①] 基于此思想，缺口估计法可被分成3个步骤：

（1）选择研究时期的分段。在样本期Ⅰ内，本币全部在境内流通，不存在境外需求；在样本期Ⅱ内，则开始在境内和境外同时流通；

（2）设定货币需求函数。基于样本期Ⅰ的数据，估计货币需求函数，并检验需求函数的稳定性。稳定性检验的目的是，确保需求函数关系能延续到研究时期Ⅱ内。设定一般的货币需求函数形式：$M_t = F(C_t, R_t, O_t)$。其中C_t和R_t分别表示规模变量（产出或消费）和机会成本变量（名义利率、通胀率），考虑实际情况纳入其他变量O_t；

（3）境外货币需求估计。首先，基于时期Ⅰ数据估计的货币需求函数，预测时期Ⅱ的货币需求；其次，计算实际值和拟合值的差额；最后，获得货币境外需求估计。设时期Ⅰ中的估计需求函数形式：$\hat{M}_t = \hat{F}(C_t, R_t, O_t)$，在时期Ⅱ中的拟合值为$\hat{M}_t$，则境外需求估计为$\hat{M}_t^f = M_t - \hat{M}_t$。

该方法使用的关键有以下两点：首先，合理地确定样本期的分段，即确定货币何时开始在境外流通；其次，合理设定货币需求函数的形式，并估计其稳健性。设定的需求函数可量化货币需求和其他宏观变量的联系，稳健性检验则用于保证货币需求形式有延续性，可被外推至未来的时期。

（三）季节因子比较法

季节因子模型的基本思想是，货币外部和内部流通的模式不同。该方

[①] 徐奇渊、刘力臻：《香港人民币存量估计：M_1口径的考察》，《世界经济》2006年第9期。

法最早由萨姆纳（Sumner S B，1990）提出，用来估计美国国内美元的贮藏规模。假设贮藏的美元没有季节性波动，但增加了美元的国内存量，参与国内交易的美元减少，从而导致了美元货币流通季节性因子波动幅度下降。波特和贾德森（1996）推广了此方法，并将其运用到美元的境外需求估计问题上。假设美元在远离美国本土的境外流通时，由于距离和装运成本等因素影响，没有回流的美元与国内现金流通的季节模式不同。加拿大作为理想的对比国家，可对美国的货币需求提供参照。因为加拿大元基本只在本国流通，国外流通持有的规模很小，可被忽略不计，而美元在加拿大则相对广泛地流通。加拿大国内交易活动的货币需求模式与美国国内美元的实际交易模式基本相同，因此可以代理美国境内美元的流通规律。通过比较加拿大货币需求和美国发行美元总量季节模式差异，可以获取美元的境外需求比例的估计结果。基于此方法波特发现，20世纪80—90年代初期，境外对美元现金需求大约稳定在发行美元货币的60%左右。该规模相当于1989—1993年的美元发行总量，境外美元已经构成世界货币流通总量的重要部分。贾德森（2017）再次比较了加拿大和美国的货币流通模式的异同（表4.4）。在此基础上，利用 X-12 季节因子方法估计，发现有70%的美元在境外流通。

表 4.4　　　　　　2016年美元和加拿大元流通结构对比　　　　　　单位：%

		$1—10	$20	$50	$100	$1000
价值对比	美元	3	12	6	79	—
	加拿大元	4	24	16	55	1
数量对比	美元	45	22	4	29	—
	加拿大元	29	41	11	19	<1

资料来源：Judson R. The Death of Cash? Not So Fast：Demand for US Currency at Home and Abroad，1990-2016 [J]. 2017.

季节因子比较的方法并不是完美无缺的，也存在内在的缺陷。[①] 突出的问题是：首先，加拿大货币需求是否可以完全代表美国境内美元交易的季节模式。若美国境内美元贮存现象比较突出，一定比例的美元没有进入

---

① Judson R A. The Death of Cash? Not So Fast：Demand for US Currency at Home and Abroad，1990-2016 [J]. //*International Cash Conference* 2017 - *War on Cash：Is there a Future for Cash? Deutsche Bundes-bank*，2017.

交易领域，那么美元总供应的季节性因子波动就可能被削弱，从而导致高估美元的境外需求比率。其次，境外美元流通也可能存在季节模式，比如加拿大和墨西哥的旅游者进入美国境内具有一定的季节性，同时美元现金回流也存在规律性。最后，季节因子分解的方法影响估计结果，比如采用 X-3 和 X-12 计算的结果可能不同。① 但只要有估计就会有误差，几乎不存在完美的方法。

波特和贾德森（1996）的研究，提供了一个极佳的间接估计思路，下面将模型正式表述如下：

记流通中的现金序列为 $\{M_t\}$，将 $\{M_t\}$ 使用季节调整程序进行季节性分解。按照乘法季节模型，$\{M_t\}$ 被分解为趋势成分 Tr 和季节性因子 Se 的乘积，即 $M_t = Tr \times Se$。若该种货币存在一定规模的外部流通现象，则可将 $\{M_t\}$ 进一步分解为如下两部分：$M_t = Tr \times Se = Tr^i \times Se^i + Tr^o \times Se^o$。这里，$i$ 表示境内流通，而 o 则表示外部流通。记 $\gamma = Tr^i/Tr$ 为现金在境内流通的比例，自然地 $1 - \gamma = 1 - Tr^i/Tr = Tr^o/Tr$ 表示境外流通的比例。

由 $Tr \times Se = Tr^i \times Se^i + Tr^o \times Se^o$，可得 $Se = Tr^i/Tr \times Se^i + Tr^o/Tr \times Se^o$，即 $Se = \gamma \times Se^i + (1-\gamma) \times Se^o$。

若该境外流通中存在季节性波动，则有 $Se = \gamma(Se^i - Se^o) + Se^o$，整理得到：

$$\gamma = (Se - Se^o)/(Se^i - Se^o) \tag{4.4}$$

假设该货币在境外流通中不存在季节性模式，即 $Se^o = 1$，则有：
$Se = \gamma \times Se^i + (1 - \gamma)$，整理可得：

$$Se - 1 = \gamma \times (Se^i - 1), \quad \gamma = (Se - 1)/(Se^i - 1) \tag{4.5}$$

(4.5) 式表明，该货币发行区内的流通比率 γ 是货币总量季节性因子 Se 和境内留存部分季节性因子 Se^i 的函数。如果境内货币流通缺乏季节性变动，那么将同样无法估计出结果，这种情形在现实经济中出现的可能性较小。(4.5) 式最明显的好处在于，货币总量季节性因子 Se 可被货币发行方观测到，在货币统计中容易获取。境内流通部分的季节性因子 Se^i 是难以直接观测的，必须被合理地估计出来，否则无法计算比率 γ。不同的研究者曾使用过不同的代理变量计算 Se^i，代表性的变量有以下 3 种：

---

① 1954 年希斯金（Shiskin）在美国普查局首先开发了在计算机上运行的程序对时间序列进行季节调整，称为 X-1，此后的改进方法均以 X 加上序号表示。

（1）使用小面额美元纸币流动的季节因子（萨姆纳，1990）。原因在于，根据经验观察，小面额的纸币通常不会被境外持有，基本上在美国本土流通，因此小面额纸币或硬币的季节性变动间接反映了境内的货币流通模式。

（2）使用其他国家的货币流通规律，代理国内的交易模式（波特，贾德森；1996）。

（3）用国内私人消费支出的季节性作为合理的替代变量。该方法的突出优点是不关注境外的货币需求动机。无论货币被用来交易、投资还是贮存，该方法均可使用。方法的缺陷在于，货币总量的季节性波动会因境内现金贮存而变小，方法可能会高估境外的持有比例。网银电子支付、移动支付等模式在不断发展，使得消费支出与现金流通模式的差异越发明显。①

（四）需求函数最佳拟合法

该方法建立于对货币需求函数的研究基础之上。货币需求可表示为交易变量和机会成本变量的函数已经成为货币研究中的共识，可通过对货币需求函数研究来间接推断现金外部需求。虽然存在国内居民贮藏现金和"地下经济"运行的货币需求，仍然是该方法无法回避的问题，但可以通过某些处理使其影响尽量变小［莱德勒（Laidler，1993）］。基于交易现实，货币需求函数模型中不仅关注流通中现金，而且还包括活期存款。货币供应量统计指标口径中，流通中现金 M0 和企业活期存款共同构成狭义货币供应量 M1。流通中现金代表了最直接的购买力，而活期存款的变现成本也很低，很容易参与交易支付。贮藏和地下经济交易的现金，在经济运行一段时期后仍然会参与市场交易，从而进入公开流通领域或银行系统，因此影响并不大。交易动机的货币需求包括现金和活期存款成分，现金中应扣除境外需求的部分。塞茨（1995）估计了德国马克的狭义货币需求函数：

$$\frac{sd_t + \theta cu_t}{P_t} = \alpha_0 + \beta cr_t + \gamma ir_{t-1} + \delta \pi_t + \varepsilon_t \qquad (4.6)$$

其中 P_t 是 t 期的价格水平，sd_t 和 cu_t 分别是活期存款和流通中现金。cr_t

---

① Dennehy D, Sammon D. Trends in mobile payments research: A literature review [J]. *Journal of Innovation Management*, 2015, 3 (1): 49-61.

是实际私人消费支出，ir_t 和 π_t 分别表示实际利率和通胀率。θ 是境内持有的现金比率，预期 $\beta > 0, \gamma < 0, \delta < 0$。

彭文生（Peng W）和乔安娜史（Shi J Y L, 2003）估计港元时的设定形式则是：

$$\log(\frac{M_1 - \theta CU}{P}) = \alpha_0 + \alpha_1 \log(\frac{Y}{P}) + \alpha_2 \pi + \alpha_3 r + \varepsilon \quad (4.7)$$

其中 CU 是流通中现金，P 是价格水平，M_1 是狭义货币名义值，包括流通中现金和活期存款。Y 是名义收入，π 和 r 分别是预期通胀率和实际利率。预期有 $\alpha_1 > 0, \alpha_2 < 0, \alpha_3 < 0$。这里的 θ 是境外的现金持有比率，不同于（4.6）式的含义。类似研究还有巴尔兹，塞茨，塞泽尔（2015）对欧元的研究。总体上，（4.6）和（4.7）式本质上并无差异，本书的研究采用了（4.7）式的形式。

参数 θ 是未知的，$0 \leq \theta \leq 1$。当 $\theta = 0$ 时，现金全部在境内流通；当 $\theta = 1$ 时，现金全部在境外流通。尝试变换 θ 的取值计算（4.7）式的对数似然函数值 LL：

$$LL = \frac{N}{2} + \left(\frac{N}{2}\right)\ln(2\pi) + \left(\frac{N}{2}\right)\ln(\frac{SSR}{N}) \quad (4.8)$$

在（4.8）式中，N 和 SSR 分别为数据量和残差平方和。通过逐步缩小搜索范围，计算最大 LL 以获得最佳拟合参数 $\theta = \theta^*$。不变常数 θ^* 的估计，不依赖于汇率趋势等经济变量，因此估计值只能理解为研究区间的平均值，这是该方法的最大缺陷。

（五）现金产出比率法

现金产出比率（currency to gdp ratio）法其思想相当直接。基于对很多国家流通中现金与产出比率的演化路径观察发现，随着时间的推移，信用卡、网上银行等无现金交易技术发展，现金产出比率通常存在着稳定的衰减趋势。首先，在全部境内流通时期，通过对现金产出比率的趋势拟合找到其运行轨迹；其次，外推至存在境外流通的时期；最后，根据实际现金产出比率和拟合值的差，估计外部现金的持有份额。格林伍德（Greenwood, 1990）、彭文生和乔安纳史（2003），弗兰克梁（Leung F）等（2010）先后使用该方法，估计港元的外部持有。塞茨（1995）则使用该方法对马克进行考察。下面简单介绍该方法，由于无现金支付发展和其他金融创新活动，现金产出比率 CR 将随着时间的推移逐步下降，假设比率

趋势 $CR = a + bT^{-n}$，其中 T 是研究区间的时间趋势。该函数形式的设定确保随着时间的推移，CR 会渐近减少到设定的参数 a，彭文生和乔安纳史（2003）基于韩国、马来西亚和台湾在 1990—2001 年的平均 CR 值，设定香港的参数 $a = 6\%$。通过反复试验确保初值条件满足设定 n，通过最小化方程的残差误差估计参数 b，最终估计出境外的现金份额 PA：

$$PA = 1 - \frac{\hat{CR}}{CR} \tag{4.9}$$

第三节　境外需求估计方法的比较

一　直接估计方法的比较

直接估计方法的基本思想是追踪现金的流动来推断境外需求。直接估计方法可同时用来测算跨境流量和境外存量，但存量推断需要有从起始期起连续的净流量数据。在表 4.5 中，列出了常见的 5 种现金直接估计方法的应用条件和优缺点。

从估计精度比较，理论上直接调查法能够达到理想标准。跨境现金流动推断法的估计效果取决于现金跨境流动监测的力度。由于流动监测只能涵盖部分渠道，而且不同渠道估计加总后存在误差放大的问题，估计精度将逊于直接调查。生物计量法是具有严密数理统计理论基础的方法，可以获得境外现金比率的无偏估计。实际操作中，很难保证封闭的抽样环境，导致估计精度难以保证。对于纸币寿命估计法，难点是选择的替代纸币与研究货币的特征相似度是否高。硬币—纸币比率估计更多是作为一种辅助方法使用。[①]

从应用成本角度比较，直接调查法的成本最高，其次是根据跨境流动渠道直接推断的方法。生物计量法实施需要某个特殊的机遇或设计，而硬币—纸币和纸币寿命方法的成本则相对较低。若出入境监管部门对现金的出入境进行比较系统的统计，使用跨境流通直接推断的方法就非常容易实现。

---

① Bahmani-Oskooee M, Kutan A, Kones A. Policy uncertainty and the demand for money in the United States [J]. *Applied Economics Quarterly*, 2016, 62: 37-49.

二 间接估计方法的比较

本书梳理了外币存款指标法、缺口估计法、季节因子比较法、货币需求最佳拟合法和现金产出比率法五种间接估计的方法。下面简单比较这些方法的优缺点和适用场合，基本比较结论见表4.5。

从逻辑上判断，对于五种方法的估计思想，外币存款指标法最缺乏经济理论基础。缺口估计法和货币需求最佳拟合法均是基于货币需求函数的估计方法，缺口估计法可获得每个时点的估计，最佳拟合法则只能获得研究时期的平均比率。季节因子比较方法估计的效果，取决于代理境内现金流通季节因子的变量，而现金—产出比率方法的估计则通常不够精致。

五种间接估计方法的推断均立足于可观测的经济变量，估计的成本不高。估计成本较低是间接估计相对于直接估计方法的比较优势，但不同间接方法估计结果的差异可能较大。直接估计方法可以从不同渠道推断流向和流量，结论更加可靠，但推断的途径通常比较狭窄，估计结果一般小于间接估计结果。

表4.5　　　　　　　　境外现金需求的估计方法比较

	估计方法	应用条件	优缺点
直接估计法	直接调查法	境内外实施连续大规模调查	获取信息直接，但实施困难大
	跨境现金流动推断	海关或央行完备统计监测	信息连续真实，但统计渠道狭窄
	生物计量法	货币当局现金分批发行可区分	有统计理论基础支撑，但非常规操作
	硬币—纸币比率法	需硬币纸币流通统计数据	分析常规化连续监测，但受物价的影响
	纸币寿命估计法	追踪纸币使用	参照货币使用期限对本币的代表性
间接估计法	外币存款推断法	境外外币存款统计信息	方法简便，但外币现金与存款变动有时不一致
	缺口估计法	货币需求函数的稳定性	货币开始跨境流通的时点选择具有主观性
	季节因子比较法	需选取参照国家或代理指标	代理的国家或指标的代表性显著影响估计结论
	货币需求最佳拟合法	货币需求函数的稳定性	有统计理论基础估计参数只是样本期平均值
	现金产出比率法	现金产出比率存在下降趋势	有经验基础，比率小幅变动时估计难度将增加

三 估计方法的应用比较

本书选择了一些的境外需求的估计方法进行梳理，并比较了各方法的异同点。国内外对某货币境外需求的已有研究，均是首先选择合适的方法，因此研究中需要特别注意估计方法的应用问题：

第一，分清估计方法的使用条件和优缺点，正确使用方法。各种方法均具有不同的假设前提，缺少数据信息作为参照，很难比较出估计方法的优劣。对每一种方法的使用，应报有虽不存在完美的估计方法，但应正确使用方法的观念。在表4.5中，对两类估计方法的应用条件和优缺点进行了梳理。总体上，直接估计法对现金流动数据的信息要求更高。因为有些渠道无法观测，直接估计的结论通常比实际值偏小。间接估计不再直接追踪现金流动，因而降低了对现金流通的信息要求。估计通常难以排除境内贮藏的情况，导致结果可能偏高。间接估计的最大优点是可以包括非正规渠道流动的货币。

第二，方法选择依赖于掌握的数据信息资源。估计方法的选择首先依赖于掌握信息资源的充裕程度，数据来源匮乏将抑制某些方法的使用。在直接估计法中，如能获得银行现金调运资料即可用于流向和流量推断；如能获取硬币—纸币比率或境内外纸币的使用寿命信息，则可去推断境外持有量；如能收集边境贸易、出入境人口统计及现金携带信息，可以测算跨境流入、流出和净流量，基于跨境流通时期起点的各期净流量加总，可推算出境外的存量；如果拥有实施生物计量法的条件，则可以使用"捕获—再捕获"试验，但这种方法只有官方机构才能组织研究。[①] 在间接估计思路中，要求必要的反映货币需求的宏观变量，只有从宏观经济变量的稳定联系获取规律，然后捕捉境外需求造成的趋势变动，才能最终估计出境外现金规模。基于详尽、高质量追踪数据的估计精度通常会高于非直接研究。综上，本书观点是：选择哪一类思路估计，其依据是拥有什么类型的数据信息。

第三，综合使用直接和间接方法，并进行方法创新。鉴于直接和非直接方法各有自身的使用条件和优缺点，应该综合使用直接和间接方法，相互补充，共同得到更合理的测算结果。对经典方法，在研究中应因地制宜

---

① 参照波特和贾德森（1996）对美元境外持有的估计研究。

进行改进,以期更好地解决人民币境外需求的估计问题。

第四节 境外需求估计方法的改进

一 直接估计方法的改进

(一) 已有的人民币跨境流通直接估计方法

(1) 估计方法的思路

人民币跨境流量研究中,李婧、管涛、何帆(2004)的推算方法具有代表性。推算的思路基于以下三个渠道:边境贸易、境内居民因私出境旅游携带和港澳居民入境携带。具体的估算方法是:

跨境流通≈边贸流通+境内居民出境携带+港澳居民入境携带　(4.10)

净流出≈边贸净流出+因私去亚洲消费-港澳居民入境携带　(4.11)

边贸流量=边贸总额×汇率×人民币结算率(设定50%)　(4.12)

边贸净流量=边贸逆差×汇率×人民币结算率(设定50%)　(4.13)

境内居民因私出境消费≈因私去亚洲人次×人均现金消费　(4.14)

境外居民入境携带≈港澳居民入境人次×人均携钞量(设定600元)

(4.15)

设定2001—2004年人均消费6000元,2005年7000元,2006年7500元。在2002年,85%的境内居民的出境目的地集中于亚洲国家和地区,因此研究使用境内居民因私去亚洲人次代替出境人次。港澳居民入境代替境外居民入境因为港澳居民是入境人群的主体。使用香港环亚经济数据公司(CEIC)的数据,李婧、管涛、何帆(2004)基于公式(4.10)—(4.15)估计了1994—2003年人民币现金跨境流通的规模,发现人民币跨境流量与净流出呈不断增大的趋势。

(2) 估计方法的缺陷

"边贸结算+出境携带+入境携带"的思路给出了一种可行的跨境流量直接估算方法,但此方法存有明显缺陷。

第一,研究人群具有选择性偏误。以港澳居民代替所有非居民入境主体的做法,忽略了所有外国人的入境携带。以2016年的出入境数据为例,入境非居民中港澳台居民占比79.68%。如果只计算港澳台居民,那么将舍弃近20%的外国居民,推算必然会存在较大的误差。

第二，推算中没有考虑不同国籍非居民携带现金的差异性。中国周边国家地区居民来华时，人民币现金携带量显著高于欧美国家的来华人员。调查显示，英国人来华通常携带的现金数量为 2000 元，用于购买矿泉水和出租车代步支付。蒙古国人、缅甸人等来华会购买更多商品，因此通常会持有更多的人民币现金。估算中应考虑不同来源地人员携带现金的差异性。

第三，边贸现金结算和跨境人员携带统计口径的交叉性。边境贸易包括边境地区经济合作、边境小额贸易和边民互市三种形式。以前人民币现金的使用率较高，财政部〔2010〕26 号文件规定取消现金结算的出口退税，显著影响了境内出口现金结算的积极性。随着人民币国际化和"一带一路"的推进，中国与周边国家的人民币结算系统升级，无现金结算形式变得更加普遍。

（二）对直接估计方法的改进

除了银行现金的跨境调运、贸易结算和汇兑等人民币资金转移途径以外，现金跨境流通的最大特点是"钱随人走"，因此分析出入境人群跨境流通的人口统计规律，对于改进人民币跨境流通的直接估计方法非常有帮助。[①] 下面对于直接估计方法的改进，就集中于人员进出境现金携带的渠道。

（1）跨境人员按出境目的地和入境来源地统计的规律性

在表 4.6 中，列出了境内居民出境目的地和非居民入境的来源地统计资料。从人次排名分析，境内居民出境目的地和外国人入境来源地的前 10 位，一直处于稳定状态。从中国出入境人员构成表 4.6 来看，分出境目的地的前 13 位境内居民人数占出境总人数的 89.28%，其中出境人群的目的地以香港和澳门所占的份额最大（68.08%）。入境非居民来源地中，这 13 个国家和地区的构成占 99.45%。可以对跨境人员分出境目的地和入境来源地，分别估计现金携带的均值，然后通过加总推算总的跨境流量规模。

表 4.6　　　　出境目的地与外国人来源地前 10 位统计

时间	境内居民出境目的地	外国居民入境来源地
2007 年	中国香港、中国澳门、日本、韩国、越南、俄罗斯、泰国、美国、新加坡、马来西亚	韩国、日本、俄罗斯、美国、马来西亚、新加坡、菲律宾、蒙古国、越南、泰国

[①] 骆钰：《走出跨境资金监管困境》，《中国金融》2016 年第 21 期。

续表

时间	境内居民出境目的地	外国居民入境来源地
2008年上	中国香港、中国澳门、日本、越南、韩国、泰国、俄罗斯、美国、新加坡、马来西亚	韩国、日本、俄罗斯、美国、马来西亚、新加坡、菲律宾、越南、蒙古国、泰国
2009年	中国香港、中国澳门、日本、韩国、越南、中国台湾、美国、俄罗斯、新加坡、泰国	日本、韩国、俄罗斯、美国、马来西亚、新加坡、越南、菲律宾、缅甸、蒙古国
2010年	中国香港、中国澳门、日本、韩国、中国台湾、越南、美国、马来西亚、泰国、新加坡	韩国、日本、俄罗斯、美国、马来西亚、新加坡、越南、菲律宾、蒙古国、加拿大
2011年上	中国香港、中国澳门、韩国、中国台湾、泰国、马来西亚、日本、美国、越南、柬埔寨	韩国、日本、俄罗斯、美国、马来西亚、新加坡、越南、蒙古国、菲律宾、加拿大

资料来源：中国公安部网站（http://www.mps.gov.cn/n16/index.html）。

（2）出入境人员调查方法估计现金携带

在掌握了出入境人次的统计资料基础上，计算现金的跨境流量必须获取现金携带的信息。人均现金携带量不存在公开的统计数据，必须通过调查渠道获取，因此合理设计调查方法非常重要，应包括以下核心内容：

①现金跨境流通调查原则：随机性、有效性、可测量、简单性。口岸调查出入境人员可等间隔调查；被访者要能够有效填写问卷；指标应可测量；问题要简单明确。

②调查对象的确立：对于跨境流动的人群，通常按两方面划分：一是按流动方向分为入境和出境；二是按居住地分为国内居民和其他国家、地区两类。调查资料建议直报人民银行总行货币金银局。抽样方法建议采用目录抽样法，即重点调查和随机抽样相结合。首先确定部分重点调查单位（重要口岸）作为样本，然后按照分层随机抽样。座谈会应在各样本口岸举行，由各省市自治区人行及当地人行负责完成。座谈会参加人员应包括当地海关、边检、公安、金融办、统计局、旅游局、商务局、各专业银行、进出口公司及个体商户代表。

③调查时间、地点：调查的最佳地点是境内代表性海、陆、空口岸。如存在调查实施困难的情况，可考虑在涉外宾馆、进出境人群集中的商贸、休闲场所进行。考虑调查的时效性，最佳时间是旅客出入境前后的较短时间内。如存在实施困难，可适当提前或延迟，事后抽样电话回访，调查时间安排在填写问卷后24—48小时内。调查组织的间隔应适中，过于频繁抽样可能存在操作困难、加重调查员工作强度的问题。间隔过大可能

难以反映现金携带的季节性、趋势性变化。具体安排可每半年进行一次数据调查汇总,问卷可在半年内的某时点合理分配发放。

表 4.7　　　　　　2011 年上半年中国出入境人员构成比　　　　　　单位:%

国家和地区	2011 年上半年中国出入境人员构成比		2011 年出入境构成比
	境内居民出境构成比	非居民入境构成比	
中国香港	39.96	62.90	52.85
中国澳门	28.12	18.74	21.05
中国台湾	2.68	4.11	3.48
韩国	3.17	3.32	3.13
日本	2.38	2.68	2.48
美国	1.83	1.69	1.67
俄罗斯	1.18	1.79	1.52
马来西亚	2.55	0.96	1.44
泰国	2.63	0.52	1.20
越南	1.74	0.80	1.08
新加坡	1.50	0.80	0.99
澳大利亚	1.04	0.55	0.69
加拿大	0.50	0.59	0.54
其他	10.72	0.55	7.88

资料来源:根据中国公安部(http://www.mps.gov.cn/n16/index.html)数据计算。

④调查问卷问题设计:根据现金携带推算的研究目的,合理确定调查内容。调查方案可分为人民币现金跨境流动情况问卷(分为境内和境外居民两个子问卷)和人民币跨境流动座谈会问卷两类;报表分为人民币现金跨境流动情况统计表、分地区主要经济社会指标统计表和本期出入境人数统计表三个主体部分。

⑤人民币现金跨境流动情况问卷:境内居民调查问卷和其他国家/地区人员调查问卷的基本结构相似,都分为被访者身份甄别、主问卷和被访者背景资料三个主体部分。被访者身份甄别部分用来甄别被访人员的国别/地区和年龄区间以便于统计。主问卷是用来提取跨境携带数据的核心内容。问卷信息应包括:第一,确认被访者系出境还是入境,用来确定现金流向;第二,精心设计出入境现金携带数量的问题。该方面信息涉及个人隐私,被访者可能因抵触情绪,故意隐瞒携带现金数量;第三,出入境

人员的现金携带需求信息。用来调查 20000 元的人民币携带限额是否能满足出入境需求；第四，境外获取人民币现金的主要渠道有哪些；第五，人民币现金在境外的受欢迎程度如何；第六，出境携带人民币现金的主要用途。图 4.3 展示了调查组织的流程结构，图 4.4 列出了主要的调查信息。

⑥人民币现金跨境流动情况统计：由各省市人行支行及样本观测点填报，分为进出口贸易额、现金交易额、出入境人数、出入境现金数额（包括银行机构的调运）、本地区已开放的口岸数量。

⑦主要社会经济指标统计：由各省市人行及样本观测点填报，统计数据用来间接估计境外需求规模。

⑧本期出入境人数统计：由各省市人行及样本观测点填报。主要分为本期监测点出境人数、入境人数两部分；出入境两栏又分成国别和跨境人数两部分。

```
                    ┌─────────────────┐
                    │  人民币现金跨境  │
                    │    流动调查      │
                    └─────────────────┘
                             │
                    ┌─────────────────┐
                    │  人民币跨境流动  │
                    │     座谈会       │
                    └─────────────────┘
                             │
              ┌──────────────┴──────────────┐
       ┌──────────────┐              ┌──────────────┐
       │ 境内居民调查 │              │ 其他国家/地区 │
       │              │              │   人员调查    │
       └──────────────┘              └──────────────┘
           │                                  │
     ┌─────┴─────┐                     ┌──────┴──────┐
 ┌────────┐ ┌────────┐           ┌────────┐  ┌────────┐
 │出境人员│ │入境人员│           │出境人员│  │入境人员│
 │  调查  │ │  调查  │           │  调查  │  │  调查  │
 └────────┘ └────────┘           └────────┘  └────────┘
```

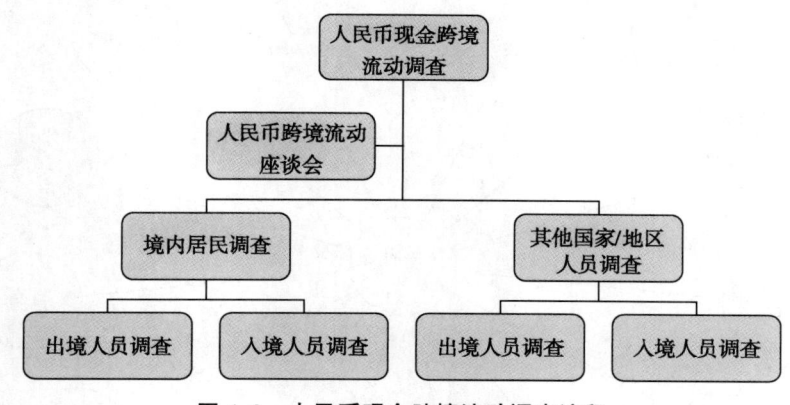

图 4.3　人民币现金跨境流动调查流程

⑨人民币跨境流动专家座谈会设计：座谈会的目的是更充分地利用各领域专家的智力资源。专家构成包括机关企事业单位代表：海关、边防检查、公安局、商务局、统计局、旅游局等相关机关事业单位；涉及人民币跨境流动业务的各银行、信用社等金融部门代表；公司、个人经营实体代表：旅游公司、进出口贸易公司等各类从事跨境业务的公司，从事跨境行为的个体经营户代表等。

⑩基于抽样调查估计平均携带量

根据调查问卷，估计平均现金携带量。根据抽样人员现金携带的数据区间，采用区间中间值估计现金携带量。通过估算出每个出入境人员的现金携带量，进而推算出分类的出入境携带现金均值。当然也可以使用另外的方法对出入境人员平均现金携带量进行估计。专家会议调查可辅助检验和修正抽样调查的结论，增强统计推断的可靠性。

（3）估计人民币现金的跨境流量

作者参与了 2011—2012 年人民银行和西南财经大学联合组织的人民币现金跨境流通调查。依据调查方法在云南瑞丽和畹町、内蒙古二连浩特和深圳福田口岸进行了预调研，结合人行的相关资料估计平均现金携带。按照如下方法估计人民币现金跨境流量。

上、下半年的出入境人数基本持平，根据 t 年上半年的数据可以推算全年的出入境数据。当然根据年度的统计数据结果会更加精确。

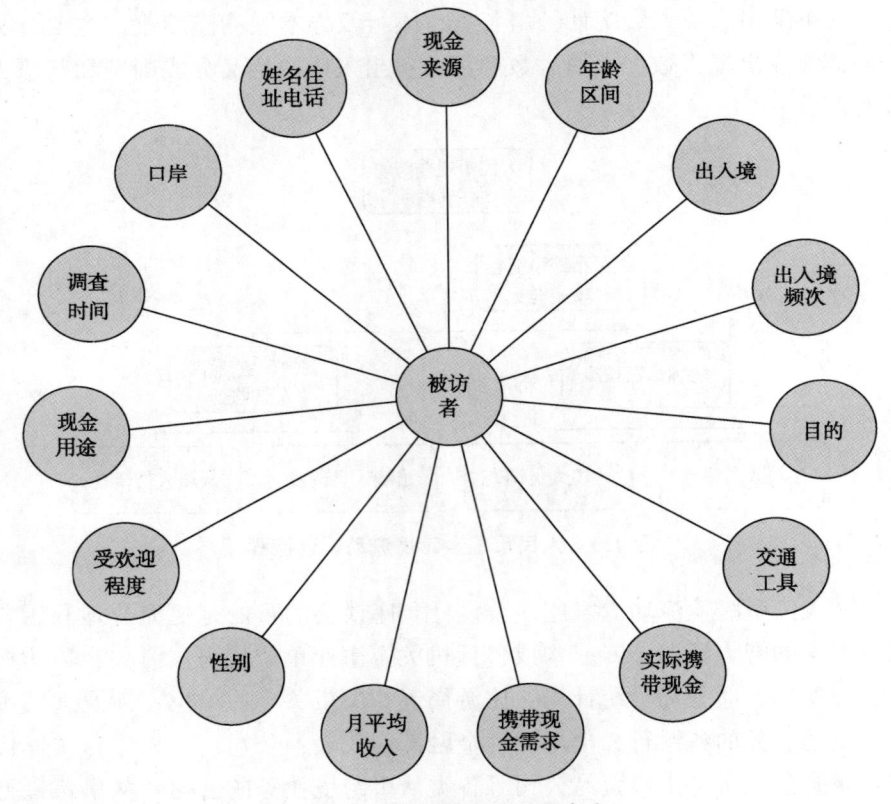

图 4.4　调查问卷的主要内容

记 FL 为年度的人民币现金跨境流量，FL^{ne} 为跨境净流量。n_i^{in} 是年度的 i 国（地区）居民入境人次，n_j^{ou} 是境内居民出境赴 j 国（地区）的人次。x_i^{in} 表示 i 国（地区）居民入境的平均携钞量，x_j^{ou} 则为境内居民出境赴 i 国

（地区）的平均携钞量。t 年 i 国（地区）的出入境数 n_i 有

$$n_i = n_i^{in} + n_i^{ou} \tag{4.16}$$

人民币现金跨境流量估计公式：

$$FL = \sum_{i=1}^{n} n_i^{in} x_i^{in} + \sum_{j=1}^{n} n_j^{ou} x_j^{ou} \tag{4.17}$$

$$FL^{ne} = \sum_{j=1}^{n} n_j^{ou} x_j^{ou} - \sum_{i=1}^{n} n_i^{in} x_i^{in} \tag{4.18}$$

利用（4.17）和（4.18）式，通过对出入境人员按出境目的地和入境来源地分类，最终估计出现金的跨境总流量和净流量。

（4）按跨境人员目的地和来源地分类估计的优点

按跨境人员目的地和来源地分类估计的优点主要有两点：

①出入境人员分类的估计方法，考虑了外国人出入境的现金携带情况。该方法相对"边贸结算+出境携带+港澳居民入境携带"的估计思路有改进，因为后者忽略了外国人的现金携带。新方法避免了以港澳居民代替入境人群的做法会造成的选择性偏误，从而减小了推算的误差。

②按目的地和来源地的分类估计方法，考虑了不同人群的现金携带量差异。调查中发现，我国周边国家和地区居民来华时，人民币现金携带量明显高于来自欧美的入境居民。新方法在估计时考虑了不同类人员的现金携带差异，因此比原方法的估计精度更高。

二 间接估计方法的改进

（一）需求函数最佳拟合方法的改进

在寻找最佳拟合的过程中，最佳拟合估计法只能获得境外持有比率 $\theta = \theta^*$ 的不变估计。[1] θ^* 只能被解释为研究区间内的境外现金平均持有比率，难以得到更多的估计信息，这是该方法存在的内在缺陷。现实中，现金的境外持有比率应该是随着时间推移而不断变动的。

国内外研究表明汇率预期对开放环境的货币需求有显著影响。阿德比伊（2005）和菲舍尔等（2004）分别在对土耳其、尼日利亚和欧元区货币需求研究中证实了汇率的作用。国内研究中姜波克（1999）认为汇率

---

[1] B Fischer, P Köhler, F Seitz. The demand for euro area Currencies: past, present and future [J]. *European Central Bank Working Paper*, 2004 (330).

波动是影响我国货币替代行为的重要因素。蒋先玲等（2012）和王书朦（2016）研究了人民币汇率预期对境外需求的显著影响。香港人民币离岸存款市场变动，清晰地揭示了这种联系。2015年"8·11"汇改后，人民币双向浮动增强而升值预期减弱，离岸市场抛售人民币资产，存款余额从2015年8月后持续下降。基于以上考虑，在最佳拟合估计方法中，纳入汇率预期变动的因素，可以改善估计的质量，获得动态的估计结果。彭文生和乔安纳史（2003）中，货币需求函数被设定为（4.7）式

$$\log(\frac{M_1 - \theta CU}{P}) = \alpha_0 + \alpha_1 \log(\frac{Y}{P}) + \alpha_2 \pi + \alpha_3 r + \varepsilon。$$

参数 θ（$0 \leq \theta \leq 1$）是未知的常数。考虑汇率的影响，可将参数 θ 分解为 θ_f 和 E_f 两部分，其中 θ_f 是待估计的未知常数，E_f 是汇率预期的变动。存在升值预期时，货币的境外需求将上升，反之则会下降。分解结构则难以探测，这里将其假设为乘法形式 $\theta = \theta_f \times E_f$ （4.19）

估计分成以下三个步骤：

第一步，计算汇率预期的变动 E_f。汇率预期变动通常根据非交割的远期人民币汇率（ndf）来计算。汇率的变动幅度 $\Delta E = (EX_t - EX_{t-1})/EX_{t-1}$，记汇率因子 $E_f = \Delta E + 1$。汇率升值时货币的境外需求上升，而在贬值时，境外需求会下降。

第二步，尝试变换 θ_f 取值，利用 $LL = \frac{N}{2} + \left(\frac{N}{2}\right)\ln(2\pi) + \left(\frac{N}{2}\right)\ln(\frac{SSR}{N})$，计算（4.7）式的似然函数值。逐步缩小搜索范围，计算最大的 LL 值获得最佳拟合参数 $\theta_f = \theta_f^*$。θ_f^* 的估计值不依赖于汇率。

第三步，以乘积形式计算境外持有比率 $\theta^* = \theta_f^* \times E_f$，获得对境外现金持有比率的动态估计。

（二）对改进方法的评价

本书称上述改进的方法为修正的需求函数最佳拟合法，在第5章中，该方法将被应用于对人民币境外需求的规模测算中。修正的需求函数最佳拟合法的最大优点是，可以获得境外需求的动态估计，改变了原估计方法中 θ 固定不变的缺陷。通过纳入汇率因子，改进方法可以使境外需求的估计更加接近现实。

本章小结

本章首先对货币境外需求估计的方法进行系统的梳理，比较了代表性的直接和间接方法的应用条件和优缺点。根据对出入境人群的研究，针对性设计调查方案，获取人民币跨境流通的统计数据，改进了直接估计的方法。通过在持有比率参数中，吸纳汇率预期的变动因素，对需求最佳拟合方法进行了改进，提出了修正的需求最佳拟合方法。从而为创新和引入国外的先进方法，用于综合测算人民币的境外需求规模奠定了方法基础。

第五章

人民币境外需求的规模测算

本章的研究目的,重点是通过引入国外对美元等货币测算境外需求规模的方法,并运用本书改进的估计方法,对人民币现金的境外需求规模进行综合测算;其次是考察人民币境外存款的规模,并探讨境外人民币存款的统计问题。

第一节 现金跨境流量的直接测算

在第四章中,基于对出入境人群的统计规律分析,发现使用按出境目的地和入境来源地测算现金跨境流量是简便有效的方法。下面使用该方法,测算人民币现金的跨境流量。系列实地调研的资料为直接法跨境流量测算提供了重要的数据支撑。

一 现金跨境流量的测算

根据调查方法,首先按出入境方向对跨境人群进行分类,然后以来源地和目的地分别关注重点地区。本书设定出入境人群在跨境活动后,一般会返回居住地。首先分国家和地区测算出入境现金的人均携带情况。以香港为例,一是推算以香港为出境目的地的出境人群人均现金携带情况;二是计算来源于香港的入境人群的现金携带均值;三是根据出入境人数和现金携带的均值,推算境内和香港之间的现金流量。由于出入境人群集中于少数重点的国家和地区,本书选择了13个重点国家和地区作为研究对象。表5.1中13个国家和地区的出入境人数占2011年总量的92.10%,因此研究具有代表性。根据调查数据,结合相关的统计资料,获得了出入境人均现金携带的推断结果(图5.1)。由于各国(地区)对外币现金出入境的管理政策不同,而且对人民币的接受程度存在差异,因此境内与不同国家（地区）间现金携带的平均水平有显著差异。中国港澳台地区、泰国和新加坡等东南亚国家，是人民币现金跨境流通的主要方向，人均现金携带额较高。韩国、日本及欧美发达国家对人民币的接受程度较低。俄罗斯对外币的管理政策严格，使得俄境内对人民币的使用程度较低，出境前往俄罗斯的人群的现金携带量，在13个考察国家中最低。由于自身拥有国际化货币，因此出境前往美国、加拿大、日本等发达国家的携带水平也较低。

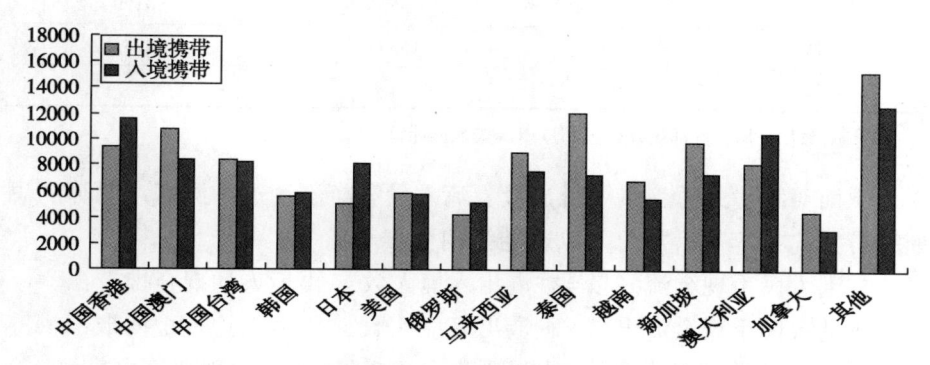

图 5.1　不同国家地区出入境人员人均现金携带量

资料来源：根据边境口岸调查数据及相关资料推算。

继续估算出入境人数。利用公安部的 2011 年上半年出入境数据估计全年的出入境数据。根据下面公式估计国家和地区 i 出入境人数：

国家和地区 i 的出入境人数 $n_i = 2 \times$（上半年出境去 i 人数+上半年从 i 入境人数），估计结果见表 5.1。港澳与境内间的出入境规模最大，占总人次的 73.9%。如果只估计港澳的数据，估计的误差将会很大。

表 5.1　2011 年出入境人数和现金平均携带　　　　单位：万人；元

国家和地区	出入境人数	出境现金人均携带	入境现金人均携带
中国香港	10408.15	9372	11614
中国澳门	4145.12	10837	8355
中国台湾	684.45	8339	8201
韩国	617.13	5616	5887
日本	487.65	5081	8074
美国	328.59	5848	5716
俄罗斯	299.40	4222	5106

续表

国家和地区	出入境人数	出境现金人均携带	入境现金人均携带
马来西亚	284.07	9037	7533
泰国	234.65	12109	7328
越南	212.49	6842	5483
新加坡	195.72	9888	7420
澳大利亚	136.15	8152	10599
加拿大	105.50	4536	3190
其他	1556.29	15397	12783
合计	19695.35	—	—

资料来源：根据公安部统计数据和口岸调查数据计算。

下面对跨境的总流量、流出量、流入量和净流量进行测算。测算的思路是分别先推算然后加总。以香港为例：

香港人民币现金流入量＝香港出入境人数×出境人均现金携带；
香港人民币现金流出量＝香港出入境人数×入境人均现金携带；
香港人民币现金总流量＝人民币现金流入量＋人民币现金流出量；
香港人民币现金净流量＝人民币现金流出量－人民币现金流入量。

依次测算其他国家和地区的人民币现金流量。根据对上述国家和地区测算数据加总，最终得到人民币现金的跨境流量直接测算结果（表5.2）。2011年人民币现金跨境流出量为19165.09亿元，现金回流量为20025.37亿元，跨境总流量约39190.46亿元，2011年人民币现金净流量为-860.28亿元。

表5.2　　　　　　　　2011年人民币现金流量测算　　　　　　单位：亿元；%

国家和地区	流入量	流出量	总流量	占比	净流量
中国香港	12087.98	9754.52	21842.50	55.73	-2333.46
中国澳门	3463.35	4492.06	7955.41	20.30	1012.71
中国台湾	561.33	570.76	1132.09	2.89	9.43
韩国	363.30	346.58	709.88	1.81	-16.72
日本	393.71	247.77	641.48	1.64	-145.93
美国	187.81	192.16	379.96	0.97	4.35
俄罗斯	152.88	126.41	279.29	0.71	-26.47
马来西亚	213.98	256.71	470.70	1.20	42.73

续表

国家和地区	流入量	流出量	总流量	占比	净流量
泰国	171.94	284.14	456.08	1.16	112.20
越南	116.52	145.39	261.90	0.67	28.87
新加坡	145.22	193.53	338.75	0.86	48.31
澳大利亚	144.30	110.99	255.30	0.65	-33.31
加拿大	33.65	47.85	81.50	0.21	14.20
其他	1989.40	2396.22	4385.62	11.19	406.81
合计	20025.37	19165.09	39190.46	—	-860.28

资料来源：根据调查数据进行计算。

由于按照来源地和目的地分类时，出入境人群每年排名的变化幅度较小，尤其排名前五位的国家和地区基本不变，这为测算带来了便利。

根据以上同样的思路，可以进一步推算2012—2016年人民币现金的跨境流入量、流出量、总流量和净流量，最终将计算结果梳理在表5.3中。

表5.3　　　　2012—2016年人民币现金流量测算　　　　单位：亿元

年份	流入量	流出量	总流量	净流量
2012	20264.66	19837.76	40102.32	-427.10
2013	20627.63	21006.86	40634.49	379.63
2014	21018.39	21316.31	42334.70	297.92
2015	22386.7	21824.25	44410.95	-562.45
2016	23567.28	23179.38	46746.66	-387.9

二　直接测算的结果分析

（一）测算结果的剖析

（1）人民币现金跨境流量呈逐年扩大趋势

2016年出入境人数已经超过5.2亿人次。依据对出境人员的目的地和入境人员的来源地划分，本书测算了2011—2016年人员携带途径的人民币现金流动规模。现金跨境流动课题组（2005）测算的2004年跨境流量是7713亿元，李婧、管涛、何帆（2004）对2002年的流量测算是1200亿—1400亿元。对比本书的结果，随着人民币国际化进程的不断推进，显然人民币跨境流量在逐年扩大。

(2) 港澳地区与境内的现金流动是主要的渠道

测算结果显示，在人员携带途径的人民币跨境流动中，港澳台地区与大陆之间的现金往来是主体，总流量、流出量和流入量的占比均超过七成。说明人民币现金的境外循环，主要仍在"大陆—香港—澳门—台湾"范围内。人民币在港澳地区可自由流通，在大陆周边和东南亚地区的流通也比较普遍，但在其他地区的流通仍很有限。比如在德国、俄罗斯等国家，人民币为非传统的结算工具，不可以作为流通货币使用。中国台湾对人民币的使用也较严格，超限携带的人民币将会被海关封存，出境时才可带出。由于人民币在全球大多数国家和地区都是非流通货币，出入境受到了携带限额的限制。非流通的现金大多掌握在旅行社、货币兑换点和地下兑换商手中。随着人民币开始获得储备货币地位，在"一带一路"沿线国家，人民币的境外流通会逐步变得更加流行。

(3) 人民币现金跨境净流量的波动性较强

测算结果显示，2011—2016年期间，现金的跨境流通的净流方向会发生变化，但不同国家和地区的流动不同。人民币现金净流方向变化的原因可能有以下两点：一是境内对人民币输出和回流政策的改变。如果境内鼓励人民币对外投资，那么人民币输出量会增加；而如果境内放松更多的对内人民币投资限制，那么人民币将获得回流渠道；二是人民币汇率预期影响境外对人民币的需求，导致流向发生变化。2015年"8·11"汇改后，境外对人民币贬值的预期非常强烈，导致境外需求下降，人民币大量回流。总体上，人民币升值的趋势仍然存在，对外贸易和投资预期会持续增长，因此总体净流出的格局不会改变。但是随着汇率开始双向浮动，经济环境变动会导致流动的波动性增强。

(二) 对测算结果合理性的讨论

按照出境目的地和入境来源地分类的测算方法，提供了另一种可供选择的途径。该方法集中于人员流动的现金携带，在测算时没有涵盖所有的现金出入境途径。首先，银行机构间的现金跨境调运没有计入；其次，贸易渠道的现金流动不全通过人员携带，部分使用银行汇兑等方式；再次，非正式渠道的现金跨境流通难以测算。① 综合以上分析，实际的现金跨境

---

① 随人民币国际化程度的不断提升，银行间跨境现金调运将越来越普遍。

流量应大于本书测算的结果。

银行间跨境调运和银行汇兑的数据难以获取，监管部门会掌握准确的资料，因此不在本书的测算范围内。小额边贸的结算普遍使用人民币现金，其中人员携带的现金结算部分，已包括在本书的测算结果中，其他途径的边贸现金使用并不在内。在表5.4中，尝试测算了小额边境贸易下的现金流动，非人员携带途径的小额边贸结算对总体测算的影响很小。我国的小额边贸以逆差为主，因此边贸已成为输出人民币的重要渠道。[①] 综上可见，本书直接法测算的结果集中在人员携带上，但具有合理性。

表5.4　　　　　　　小额边贸人民币现金跨境流量测算

小额边贸	2007年	2008年	2009年	2010年	2011年
总额（亿美元）	213.11	308.82	209.48	260.5	346.5
逆差（亿美元）	61.09	129.26	65.45	67.69	-57.5
总流量（亿元）	1458.45	2144.79	1430.96	1763.5	2237.97
现金流量（亿元）	729.23	1072.395	715.48	881.75	1118.99
净流出（亿元）	418.07	897.72	447.09	458.23	371.38
现金净流（亿元）	209.04	448.86	223.55	229.12	-185.69
小额边贸	2012年	2013年	2014年	2015年	2016年
总额（亿美元）	394.92	449.82	470.45	376.23	335.09
逆差（亿美元）	89.50	168.80	273.99	233.29	194.68
总流量（亿元）	2492.93	2785.83	2889.88	2343.31	2225.77
现金流量（亿元）	1246.47	1392.92	1444.94	1171.66	1112.89
净流出（亿元）	564.97	1045.41	1683.07	1453.02	1293.12
现金净流（亿元）	282.49	522.71	841.54	726.51	646.56

资料来源：根据2008—2012年《中国对外贸易经济统计年鉴》数据计算，假设小额边贸现金结算比率为50%。

第二节　现金境外存量的间接测算

人民币跨境流通和境外持有的统计监测缺乏系统性、完备性。直接方法估计只能测算可观测的渠道，口径相对狭窄。人民币研究中更多是使用

---

① 梅德平、苑笑怡：《我国边贸人民币结算的问题及对策研究》，《经济纵横》2015年第2期。

非直接方法测算。间接估计的出发点是，寻找影响人民币境外需求的相关变量，探索境外需求和经济变量的稳定联系，然后进行推断。间接法测算中，尝试运用不同的计量经济学手段。国外对货币现金境外需求估计研究的技术手段非常丰富，而国内对人民币境外需求的研究全部使用缺口估计方法（巴曙松，严敏，2010；李继民，2011；宋芳秀，刘芮睿，2016）。境外现金存量由于难以直接观测，且每一种方法因自身假设不同而存在局限性，单一方法研究难以保证测算效果。[①] 波特和贾德森（1996）认为，综合使用技术估计很有必要。本书将引入国外研究运用的估计方法，结合本书改进的方法进行综合估计。

一 缺口估计法测算

在国内公开发表的文献中，缺口法是已有间接测算研究中唯一的使用方法。根据缺口估计方法的原理，测算应完成以下两步。首先，应合理地确定本期分段，即确定人民币何时开始在境外流通；其次，建立货币需求函数形式，并进行稳健的估计。货币需求函数可量化货币需求和其他宏观经济变量的联系，稳健性检验则用于保证货币需求函数形式的延续性。徐奇渊、刘力臻（2006）使用缺口法估计了香港的人民币存量，结论是2004年1季度香港M1口径人民币存量超过1000亿元。马荣华、饶晓辉（2007）的结论是2005年年底人民币境外流通规模为311亿元。巴曙松、严敏（2010）估计的结论是1999—2008年人民币境外流通M0占比7.62%。董继华（2008）和李继民（2011）的研究中基于季度数据使用了缺口法测算。宋芳秀、刘芮睿（2016）的估计结果是2014年季度平均值为6818亿元。王雪、王聪（2016）估计2015年的境外存量为1577.3亿元；王峥（2015）对2014年季度平均值的估计结果是1140.47亿元。已有研究的结论差异较大，本书使用该方法进行更新的测算，目的是考察人民币国际化政策的推进是否显著地提升了现金境外存量。

（一）模型的时间划分和需求函数构建

国内缺口法测算研究中，对人民币开始境外流通的分界点划分存有争议。对香港的人民币存量研究中，徐奇渊和刘力臻（2006）基于事件研

[①] Cohen B J. The benefits and Costs of an interarntional Currency: getting the Calculus right [J]. *Open Econornies Review*, 2012, 23 (1): 13-31.

究法将 1997 年亚洲金融危机作为分界点，认为危机中人民币币值的稳定赢得了周边地区居民的信赖，人民币地位上升，导致 1998 年后境外存量开始上升。董继华（2008）和巴曙松，严敏（2010）以及王雪、王聪（2016）的测算研究也遵循此划分方法。马荣华、饶晓辉（2007）则从对中国经济货币化进程考察出发，将分界点设在 1994 年。石建勋、全淑琴、李海英（2012）从 2005 年中国汇率体制改革进程出发进行分段。最近的一些对分割点选取研究结果包括 2004 年（宋芳秀，刘芮；2016）、2003 年（余道先，王云；2015）等。综上可见，时间点划分有一定的主观性。本书对时间点的划分也选在 2005 年。划分依据有以下两点：

第一，从我国现金出入境管理制度演变看，1992 年前个人跨境携带人民币现金的限额是 200 元，1993 年后调整为 6000 元，20000 元的限额是从 2005 年后开始实施，显著规模的跨境流通始于 2005 年，2004 年前的境外存量有限。

第二，2004 年起境外持有人民币的收益增加。2004 年香港开展人民币存款等业务，境外人民币有了生息空间。2004 年起人民币汇率体制改革重启，单边升值趋势明显，非居民为获取升值收益而增持人民币。2008 年后，我国开始推行人民币国际化，人民币境外存量迅猛增长。

另一问题是货币需求函数的设定，货币需求函数包含规模变量和机会成本变量，已是货币经济学中比较一致的观点。中国货币需求的不同之处在于资本项下自由兑换被管制，流动性受到了限制。秦朵（1997）和白金辉（2002）研究发现，中国的货币需求中利率指标被通货膨胀所覆盖，而制度变量具有重要的影响。综上考量，本书货币需求函数中，初步包含规模变量、机会成本变量和制度变量。

（二）变量选取及数据来源

研究的样本区间是 1996 年第 1 季度—2016 年第 4 季度。根据前面对时间分界点的讨论，将样本期分割为样本期Ⅰ：1996 年第 1 季度—2004 年第 4 季度和Ⅱ：2005 年第 1 季度—2016 年第 4 季度两段。考察变量包括流通中现金 M0，规模变量选取季度 GDP 名义值，使用价格变量 CPI 将名义值转化为实际值。我国金融市场还没有实现市场化，存款利率还存在上限管理，难以反映真实的持币机会成本。本书选取 1996 年后已经市场化的银行间拆借加权利率（shibor）作为机会成本变量（NR）。随着股票、债券和房地产市场的发展及城市化进程的推进，大量资金被吸收（易刚，

2003），使用 EM = M2/GDP 表现经济货币化的进程。[①]

巴曙松和严敏（2010）使用 TAXR = TAX/GDP 衡量地下经济规模，以此估计地下经济的货币需求。中国宏观税率变化与1994年实施的分税制改革有关，由图5.2可见，中国宏观税率呈现了"U"型走势。分税制实施改变了中央和地方政府的税收结构，1995年宏观税率出现了拐点。拐点很难被理解为地下经济规模上升，原因应在于中国社会保障等公共开支的上升。中国财政与税收政策的转变，更可能是 TAXR 转向的重要原因，因此模型没有纳入 TAXR 变量。经济货币化变量 EM 呈现了持续增长趋势，反映了中国向市场经济体制转型过程中，商品、资本、土地等要素市场发展对货币的吸收。可预见 EM 的上升有助于货币需求的提高。使用价格指数 P（定基 CPI）将货币和产出名义值转化为实际值。

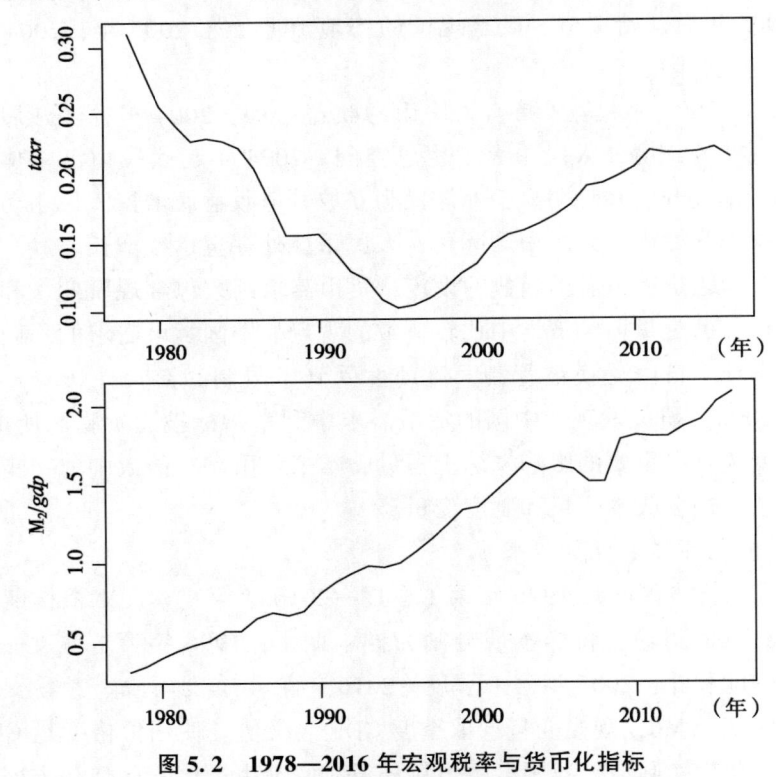

图 5.2　1978—2016 年宏观税率与货币化指标

数据来源：中经网统计数据库和历年《中国统计年鉴》。

[①] 易纲：《中国的货币化进程》，商务印书馆2003年版，第53—55页。

(三) 境外存量的测算

(1) 货币需求函数的估计

由 ADF 单位根检验的结果可判断变量序列均为 1 阶单整，具备协整的基础。使用约翰森（Johansen）方法检验变量间是否存在稳定的协整关系，检验结果如下：

表 5.5　　　　　　　　　　　约翰森协整检验结果

原假设	备择假设	特征值	迹统计量	5%临界值	P 值
$r = 0$	$r \geq 0$	0.9104	109.6174	47.8561	0.0000
$r \leq 1$	$r \geq 2$	0.3724	27.5798	29.7971	0.0882
$r \leq 2$	$r \geq 3$	0.2901	11.7417	15.4947	0.1697
$r \leq 3$	$r \geq 4$	0.0027	0.0931	3.8415	0.7603

表 5.5 约翰森协整检验结果分析，对数实际现金余额 $\ln(M0/P)$、对数实际产出 $\ln(GDP/P)$、利率 NR 和经济货币化指 lnEM 在 5% 的显著性水平下存在稳定的协整关系。估计长期回归关系如下：

$$\ln(M0/P) = 0.2937 + 0.6745\ln(GDP/P) - 0.0124NR + 0.552\ln(EM) \tag{5.1}$$

| 标准误 | 0.2377 | 0.0336 | 0.0034 | 0.0478 |
| T 统计量 | 1.2353 | 20.102 | -3.669 | 11.552 |

调整的 $R^2 = 0.9855$，$F = 792.5965$，$P = 0.0000$。方程整体上非常显著，各变量的参数在统计意义下具有显著性。系数符号均符合其经济学意义。实际产出规模和经济货币化程度与货币现金需求具有正向关系，而与 NR 呈负向变动关系。实际产出和货币化变量的需求弹性分别是 0.6745 和 0.552，而利率的半弹性是 -0.0124。

使用残差累积和（CUSUM）和残差平方累积和（CUSUM SQ）检验货币需求函数估计参数的稳定性。CUSUM 检验（图 5.3）和 CUSUMSQ 检验（图 5.4）显示模型的参数估计具有稳定性，残差累积和和残差平方累积和都位于 5% 的置信区间内，可使用该模型进行分析和估计。

(2) 现金境外需求的测算

使用对 1996 年第 1 季度—2004 年第 4 季度狭义货币需求函数的估计，将模型延伸至 2005 年第 1 季度—2016 年第 4 季度区间，计算模型的拟合值。使用流通中现金 M0 的实际值减去 M0 的估计值，最终测算出人民币

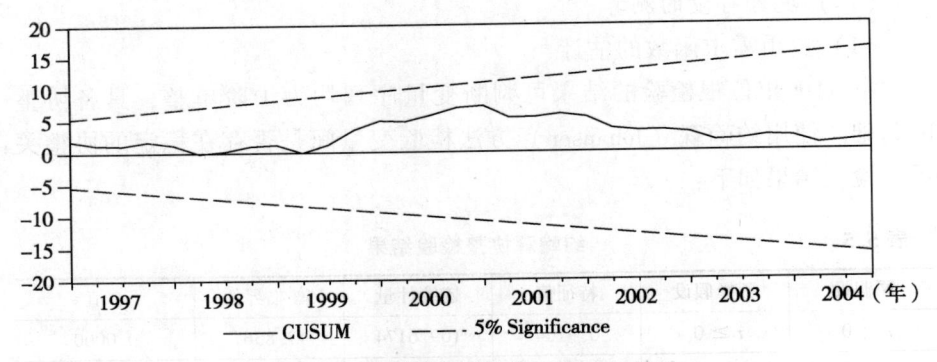

图 5.3 货币需求函数的 CUSUM 检验

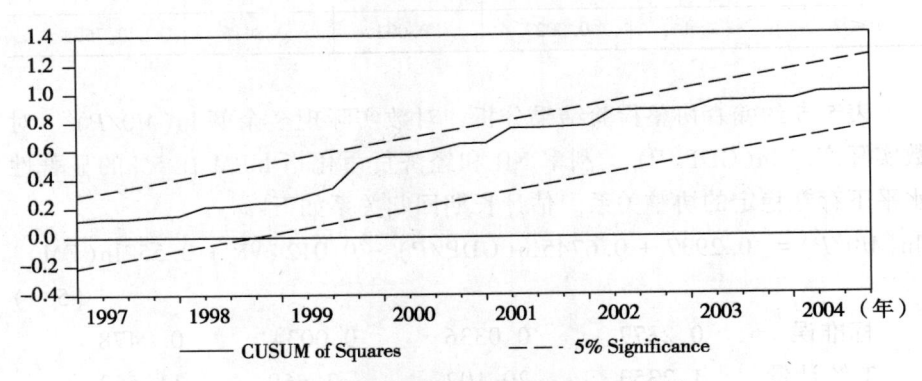

图 5.4 货币需求函数的 CUSUMSQ 检验

现金的境外需求规模,见表 5.6。

从表 5.6 可见,2005 年后人民币境外存量总体上呈增长趋势,但在季节之间具有变化。为进一步分析现金境外存量的规模变化,对每年度中的季度测算结果取平均值,作为该年度的现金境外存量测算值。2005—2016 年的测算结果在表 5.7 中列出。

表 5.6　　2005Q1—2016Q4 境外人民币现金存量估计　　单位:亿元;%

时间	境外存量	境外占比	时间	境外存量	境外占比
2005Q1	85.13	0.40	2011Q1	1976.11	4.41
2005Q2	197.89	0.95	2011Q2	1578.23	3.55
2005Q3	−239.95	−1.08	2011Q3	3321.56	7.05

第五章 人民币境外需求的规模测算

续表

时间	境外存量	境外占比	时间	境外存量	境外占比
2005Q4	285.62	1.19	2011Q4	3483.38	6.86
2006Q1	−123.79	−0.53	2012Q1	2616.35	5.28
2006Q2	136.50	0.58	2012Q2	1179.75	2.39
2006Q3	944.96	3.68	2012Q3	1068.29	2.00
2006Q4	742.77	2.74	2012Q4	1071.04	1.96
2007Q1	834.47	3.05	2013Q1	1371.17	2.47
2007Q2	532.09	1.98	2013Q2	1583.85	2.93
2007Q3	1102.17	3.80	2013Q3	1689.68	2.99
2007Q4	483.19	1.59	2013Q4	2017.32	3.44
2008Q1	634.70	2.09	2014Q1	2154.39	3.69
2008Q2	610.18	2.02	2014Q2	2445.98	4.29
2008Q3	830.27	2.61	2014Q3	2775.08	4.72
2008Q4	1244.12	3.64	2014Q4	3524.35	5.85
2009Q1	180.06	0.53	2015Q1	3448.48	5.57
2009Q2	349.16	1.04	2015Q2	3254.13	5.56
2009Q3	732.04	1.99	2015Q3	2821.54	4.62
2009Q4	−263.16	−0.69	2015Q4	2488.79	3.94
2010Q1	575.12	1.47	2016Q1	2202.83	3.41
2010Q2	471.57	1.21	2016Q2	2272.66	3.62
2010Q3	1116.72	2.67	2016Q3	1900.26	2.92
2010Q4	1913.35	4.29	2016Q4	1896.60	2.78

注释：2005Q3、2006Q1 和 2009Q4 的缺口估计值为负，可能是由估计误差导致，也可能源于外币在境内流通。

缺口法测算的结果显示，人民币境外需求总体呈波动上升的趋势。非居民的现金持有规模占流通总额的比率，从 2005 年 0.37% 增加至 2016 年 3.03% 的水平。人民币在境外地区滞留已达到了相当规模，但相对货币总量的占比还很低。目前，人民币现金境外流通，仍局限在境内周边的国家和地区，使用规模和功能还处于货币国际化的初级阶段。2008 年金融危机期间，中国货币当局为了保持宏观经济形势的稳定性，人民币对美元汇率重新固定以起到减震的作用，非居民更多持有美元而抛出人民币以避险，导致人民币回流境内。[①] 2012 年后人民币升值预期减弱，境外人民币现金需求的比率有所下降。尤其在 2015 年"8·11"汇改后，人民币开始双向浮动，境外人民币回流明显导致存量下降。从长期来看，随着人民币离岸市场建设、"一带一路"对外投资的推进和境内金融市场的开放，人民币境外需求的规模会不断上升。

表 5.7　　　　　　2005—2016 年人民币境外存量估计　　　单位：亿元；%

年度	境外存量	占比	年度	境外存量	占比
2005 年	82.17	0.37	2011 年	2589.82	5.10
2006 年	425.11	1.70	2012 年	1483.86	2.71
2007 年	737.98	2.61	2013 年	1665.51	2.84
2008 年	829.82	2.61	2014 年	724.95	4.52
2009 年	249.55	0.70	2015 年	3003.26	4.75
2010 年	1019.19	2.50	2016 年	2068.09	3.03

二　季节因子比较法测算

(一) 季节因子的选择

使用季节因子比较方法，测算人民币的境外存量是一种可行的选择。根据公式 (5.4)，季节因子法测算人民币境外需求，需要计算人民币现金流通总量的季节因子 Se、境内现金流通的季节因子 Se^i 以及境外人民币运动的季节因子 Se^o。对人民银行货币统计，流通中货币观测序列分解可得到 Se。但 Se^i 和 Se^o 的季节模式难以直接观测，必须找到合理的方式估计。若采用公式 (5.5) 进行测算，假设境外人民币流通没有季节性，$Se^o=1$，则只需估计 Se^i。根据现有统计资料，很难断定人民币的境外流通是否具有季节性，本书使用公式 (5.5) 进行测算。

选取人民银行公布的流通中货币 M0 季度序列，对其使用季节调整程序获取现金总量季节因子 Se，有三种估计 Se^i 可供选择的方法——小面额

[①] 丁志杰:《人民币贬值管理与影响》，《新金融》2016 年第 5 期。

纸币或硬币流通的季节性；参照国家的货币需求模式和私人消费支出的季节性。使用小面额纸币或硬币流通的规律，代理国内现金流通季节性的方法可靠性最高。人民币还未实现完全自由可兑换，境外交易和流通受限。境外人民币主要用于双边边贸结算、旅游消费、价值贮存及投资投机活动。虽缺乏相关统计资料，但下面的判断是合理的。即境外持有的现金以大面额 50 元和 100 元纸币为主，小面额纸币和硬币基本在境内流通。由于缺乏细致的分面值人民币纸币和硬币发行流通统计数据，第一种方法难以实施。

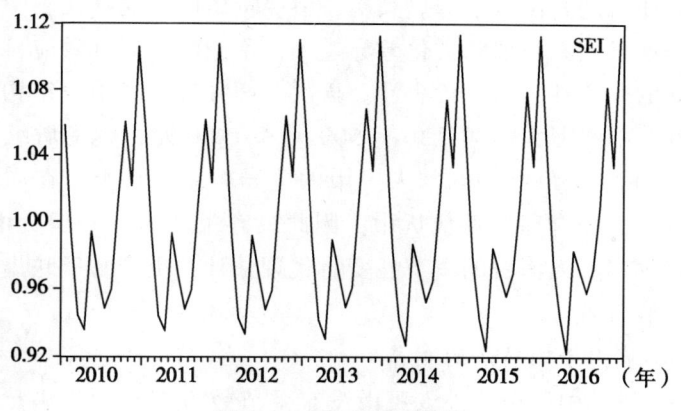

图 5.5 M0 的季节因子

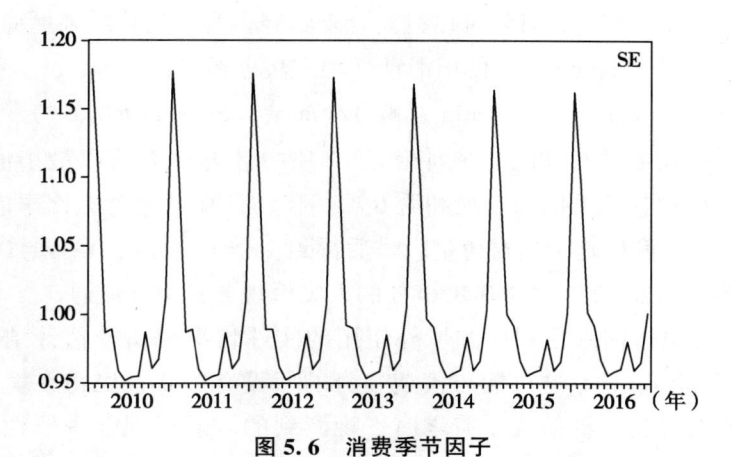

图 5.6 消费季节因子

另一种选择是寻找代理国家。波特和贾德森（2004）使用加拿大的货币需求来代理美国国内的货币需求，塞茨（1995）使用荷兰的货币需求代理德国马克的国内季节模式。对人民币国内流通模式的境外参照货币选择,必须满足相当高的条件。首先,这种货币需要基本上在发行市场内流通,不存在大规模的外部需求,日元、韩元和新加坡元已是重要的国际投资货币,无法满足这一条件。弗兰克染和乔安娜史(2003)估计大约25%的港元现金在境外流通,特别在中国广东等华南地区相当普遍,弗兰克梁、菲利浦和西蒙陈(Chan S,2010)估计2009年年底有50%—70%港元被境外持有,显然港元也不满足条件。菲利浦和米切尔程(2016)估计2015年港元的外部需求份额为68%,而由于大陆推行反腐倡廉,导致澳门博彩业对港元需求下降。其次,参照货币区应能够代表中国境内的交易模式,如果交易习惯和文化差异过大,不同的节假日效应自然导致两种货币不同的季节性,缺乏代表性。再次,两种货币的币值结构、面额要具有相似性。如澳元大面额纸币有500元和1000元,越南盾纸币的最大面额有50万元,面额结构均与人民币的差异较大。综上,在周边国家地区中很难寻找一个合理的替代货币,因此放弃了使用参照国货币的办法。最后,寻找国内私人消费的季节性变量代理估计,更容易反映出居民消费的季节性和假日效应。

(二) 季节因子比较法的测算

公式(4.5)中假设境外人民币没有季节效应有时并不满足。当某时点 Se^i 的估计值接近或等于1时,计算的 γ 可能会较大甚至无穷大,而且在 Se 高于 Se^i 时估计结果将难以得到合理解释。为使估算结果更稳定,塞茨(1995)对公式(4.5)使用滑动平均方法进行修正,即

$$\gamma_t = (\max_{t \in 12} Se_t - \min_{t \in 12} Se_t)/(\max_{t \in 12} Se_t^i - \min_{t \in 12} Se_t^i) \quad (5.2)$$

(5.2)式中对 Se 和 Se_t^i 序列相邻12项中计算最大值和最小值的差,12项跨度中包括数据的前5项和后6项。移动计算境内持有比率的 γ 值,比率 γ 的估计值将趋于相对稳定。最后得到,$\gamma = 0.9192$,$1-\gamma = 0.0808$,此结果意味着2016年中约有8.08%的人民币现金在境外流通。

根据人民币国际化程度和境外使用的实际情况分析,估计结果可能相对实际情况偏高。这可能与模型本身的假设有关,人民币在境内存在贮存或者未观测经济的货币需求时,观测到的流通中现金季节性将会被削弱,因此造成境内持有比率 γ 估计值偏小(塞茨,1995),从而进一步导致境外持有比例 $1-\gamma$ 的估计值偏高,因此8.3%可视为境外持有比率的估计上限。同时找到的私人消费代理变量是否合理,对估计也很关

键。李建军（2006）认为3%—4%的货币供给被未观测经济部门占用，而且未观测经济比公开经济更依赖于使用现金交易。[①] 因此估计人民币境外持有比率的测算数字，应在5%以下。未观测经济并不在本书研究范围之内，本书推断以测算结果为依据。季节因子比较法提供了一种新的测算思路。如能获取更多的统计信息，如小面额纸币的流通统计，就可进行更准确的测算。

三 需求函数最佳拟合法测算

（一）模型设定与变量选择

货币需求函数是在实际余额下估计的，设流通中现金量为 CU，境外持有的人民币现金占 CU 的比率为 $\theta(0 \leq \theta \leq 1)$。境内生产活动的收入变量为名义国内生产总值，$P$ 是价格水平。货币持有的机会成本变量，通常由利率和通胀率 INF 两部分构成。实际利率 RR 是由名义利率和通货膨胀率 INF 的差值度量，预期通货膨胀则使用居民消费价格指数 CPI 的变动值代理。即居民从当期的消费物价变化感知通货膨胀的变动。名义利率为 1 年期定期存款的基准利率。货币余额和收入变量均采用自然对数计算，而利率和预期通货膨胀则使用水平值。上述变量的样本数据均来自中经网统计数据库，数据样本区间是 1990—2016 年的年度数据。图 5.7 中给出计算的实际利率 RR（实线）和通货膨胀率 INF（虚线）的时间序列图，其中水平虚线是取值为 0 的参考水平。

从图 5.7 可见，实际利率和通胀率呈反向变动，通货膨胀率为正的时期远多于通货紧缩期。1993—1995 年、2004 年、2007—2008 年及 2010—2011 年间的实际利率均为负值。超过 1/3 时段的实际利率为负，这种不正常现象说明我国金融体系内的确存在制度性约束，这源于我国注重固定资产投资，商业银行没有摆脱行政干预，利率长期处于被管制的非市场状态。名义利率无法充分体现出货币的市场价格。[②] 当然也与我国现阶段资本市场不发达，国内居民投资渠道狭窄，导致被动存款有千丝万缕的联

[①] 李建军：《中国"未观测货币资金"：测估理论与方法》，《数量经济技术经济研究》2006 年第 7 期。

[②] 陈斌开、陆铭：《迈向平衡的增长：利率管制、多重失衡与改革战略》，《世界经济》2016 年第 5 期。

系。关于利率的国内外研究成果很多，由于其并非本书研究的重点，此处不再展开论述。这里最关注的问题是这两个机会成本变量如何影响国内居民的货币需求和替代行为，考察其影响具有实际意义。比较后，最后设定狭义货币的需求函数形式如下：

$$\log(\frac{M1-\theta CU}{P}) = \alpha_0 + \alpha_1 \log(\frac{GDP}{P}) + \alpha_2 RR + \alpha_3 INF + \varepsilon_t \quad (5.3)$$

根据经济学理论推断，随着经济生产和收入规模扩大，必然相应有货币增长进行匹配，因此应有 $\alpha_1 > 0$；实际利率和通货膨胀率均为持有货币的机会成本，实际利率提高使得居民较少持有现金，而通货膨胀上升虽然可能同时具有收入效应和替代效应，但是一般情形负向效应的可能性较大，因此自然有 $\alpha_2 < 0$ 和 $\alpha_3 < 0$。当 $\theta = 0$ 时，意味着所有的人民币现金均在境内流通；当 $\theta = 1$ 时，则是全部的人民币现金都被境外持有。两种极端情形都不符合现实，应有 $0 < \theta < 1$。人民币还没有实现资本项下的完全可兑换，仍处于国际化的初级阶段。预期人民币的境外持有比率 θ 应保持在较小的数值。

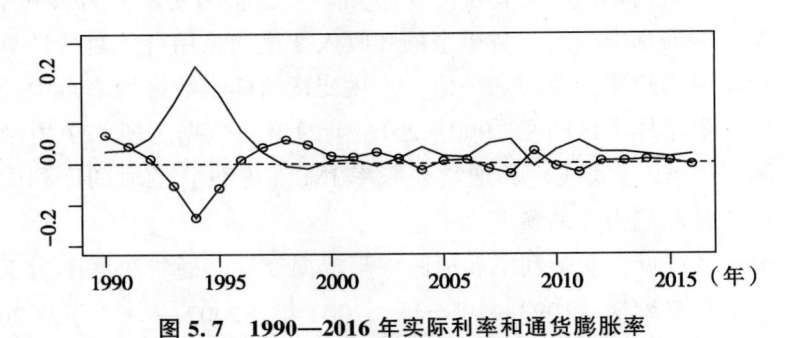

图 5.7　1990—2016 年实际利率和通货膨胀率

注释：图中的加点线为实际利率，实线为通货膨胀率。数据来源于中经网统计数据库。

（二）境外需求规模的测算

从国内外学者和机构的研究来看，主流的观点是人民币成规模的境外流通发生在 1997 年亚洲金融危机之后。中国货币当局坚持人民币的币值稳定使人民币的境外需求提升。对于比率 θ 的取值设定 1990—1997 年为 0，1998—2016 年期间在 [0, 1] 区间内变换不同的 θ 值，以寻求对数似然函数值最大时需求函数的最佳拟合，获得境外持有比率的估计 $\theta = \theta^*$。

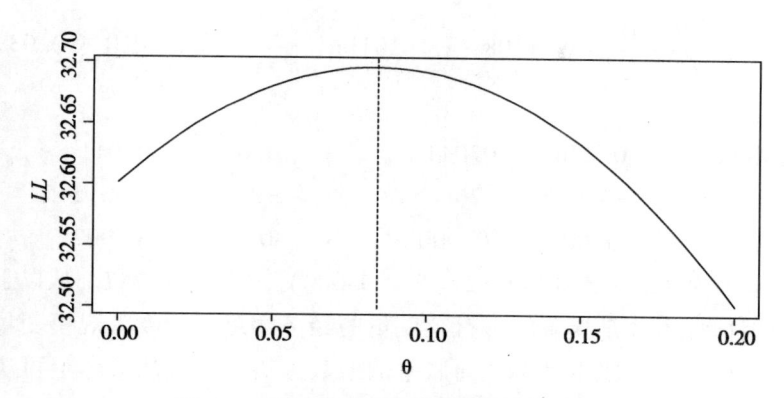

第五章 人民币境外需求的规模测算

图 5.8 不同 θ 值下的对数似然函数估计

表 5.8　　　　　　　最佳拟合的对数似然估计值

θ	0.195	0.19	0.185	0.18	0.175	0.17	0.165	0.16
LL	32.5191	32.5343	32.5496	32.5649	32.5773	32.5899	32.6026	32.6137
θ	0.155	0.15	0.145	0.14	0.135	0.13	0.125	0.12
LL	32.6245	32.6351	32.6438	32.6522	32.6592	32.6662	32.6723	32.6779
θ	0.115	0.11	0.105	0.10	0.095	0.09	0.085	0.08
LL	32.6827	32.6869	32.6898	32.6927	32.6945	32.6955	32.6960	32.6949
θ	0.075	0.07	0.065	0.06	0.055	0.05	0.045	0.04
LL	32.6948	32.6932	32.6907	32.6879	32.6841	32.6798	32.6746	32.6691
θ	0.035	0.03	0.025	0.02	0.015	0.01	0.005	0
LL	32.6627	32.6559	32.6481	32.6401	32.6312	32.6218	32.6084	32.6017

注释：LL 为对数似然值，θ 是人民币现金境外流通比率的待估计参数。

在区间 [0, 1] 内变换不同的 θ 取值，可以计算出不同的似然函数估计值 LL 。

首先在 [0, 1] 内等间隔取 θ 值，发现在 θ = 0.1 附近时 LL 存在唯一的极大值点。在此基础上继续缩小搜索范围，取更小的搜索步长，LL 的计算结果见表 5.8。图 5.8 中的垂直虚线处是经计算后的似然函数最大值点，即当 θ^* = 0.083 时，货币需求估计方程的对数似然函数值取得最大值，LL = 32.6958。注意当 θ 取两个极端值时有，θ = 0，对数似然函数值 LL = 32.6014；θ = 1，对数似然函数值 LL = 22.6922。似然函数的波动区间不大，不存在边角解 θ = 0 或 θ = 1，最佳拟合的结果具有可信性基础。最后给出 θ^* = 0.083 时的货币需求函数的估计结果：

$$\ln\left(\frac{M1 - \theta^* CU}{P}\right) = -1.081 + 1.101\ln\left(\frac{GDP}{P}\right) - 0.046RR - 0.039INF \tag{5.4}$$

标准误	0.276	0.041	0.013	0.011
T统计量	-3.917	26.854	-3.538	-3.545
P-值	0.001	0.000	0.002	0.002

$R^2 = 0.9962$, $F = 1339.821(P = 0.000)$, $DW = 1.787$。从以上统计指标判定估计系数是显著的，符合变量的经济学意义，收入规模变量的弹性系数为正，机会成本利率和通胀率的系数为负，方程从整体上可决系数较高，F检验的结果是显著的。最佳拟合方法估计时一旦估计出θ值，那么存在外部流通的整个时期的估计值均为θ值，这与现实情形不相符合，这也是该方法最大的缺陷。但同时该方法有估计更精确、方法优美等方面的优越性[①]。如何理解$\theta^* = 0.083$呢？即在1998—2016年期间，人民币的境外持有占总M0的平均比率为8.3%。

（三）测算结果的评价

本书基于对需求函数的最佳拟合，得出平均境外持有比率为8.3%。测算的样本数据区间是1998—2016年。2009年跨境贸易本币结算政策推行，在贸易项下开放了人民币跨境流通渠道；2015年后，"一带一路""陆港通""债券通"等政策推进了资本项下的流通渠道。随着2016年人民币被纳入SDR货币篮子，人民币的储备地位上升，再加上中国香港、伦敦、新加坡等离岸市场人民币业务的发展，现金的境外存量已明显提高。考虑最佳拟合法测算的境外持有比率会高估前期值而低估样本后期值，2016年现金境外持有比率也可能会高于8.3%的水平。[②]

四 修正的需求函数最佳拟合测算

（一）θ的线性趋势设定

需求函数最佳拟合法测算人民币的境外持有比率θ时，设定在1998—2016年固定不变，这不符合人民币逐步被境外接受、境外存量逐渐扩大

[①] Belongia M T, Ireland P N. The Demand for Divisia Money: Theory and Evidence [R]. *Boston College Department of Economics*, 2017.

[②] Sumner S B. The transactions and hoarding demand for Currency [J]. *Quarterly Review of Economics and Business*, 1990, 30 (1): 75-90.

的现实。θ 应该在不同时期变动，但 θ 的动态变化趋势难以观测。考虑最简单的线性增长状态，1997 年及以前 θ 取值仍旧为 0。从 1998 年开始，θ 的取值从 0.001 以间隔 0.001 的步长逐步提高，尝试对比此种情况下的 LL 值，依次有 $\theta_v = 0.001$，0.002，0.003，……，计算结果见表 5.9。

模型估计显示在 $\theta_v = 0.016$ 时，对数似然函数取得最大值 $LL = 32.6681$。2011 年人民币境外持有比率 $\theta^* = 20.8\%$，此结果显然与人民币国际化的现状不符，估计效果并不理想。原因在于参数 θ 线性增长的设定，没有真实捕捉人民币境外流通的实际变动趋势。境外需求受多种因素的影响和制约，国内外经济形势和政策变动，导致人民币的跨境流通规模变化很大，因此预先设定增长形式去捕捉境外需求趋势非常困难。

表 5.9　　　　　　　　最佳拟合的对数似然估计值

θ_v	0.001	0.002	0.003	0.004	0.005	0.006	0.007
LL	32.6071	32.6126	32.6177	32.6222	32.6266	32.6306	32.6339
θ_v	0.008	0.009	0.01	0.011	0.012	0.013	0.014
LL	32.6371	32.6398	32.6422	32.6441	32.6456	32.6466	32.6476
θ_v	0.015	0.016	0.017	0.018	0.019	0.020	0.021
LL	32.6477	32.6478	32.6471	32.6455	32.6440	32.6421	32.6402

（二）纳入汇率因子变动的设定

很多国内外学者的研究发现汇率预期是影响货币境外需求的重要原因。相关研究文献可参见阿德比伊（2005）、菲舍尔等（2004）、蒋先玲等（2012）和王书朦（2016）。在第四章中，通过加入汇率变动因子，本书提出了修正的需求函数最佳拟合法，现将其运用于对人民币的测算中。

（1）境外需求规模的测算

将本书提出的修正需求函数最佳拟合法，应用于人民币的境外需求测算中。对人民币汇率因子估计 e_f，可使用即期交割汇率和非交割远期汇率等数据计算。本书选取外管局公布的人民币对美元日平均汇价，计算年平均汇价；然后计算汇率年度变动幅度 ΔE，即 $\Delta E = (EX_t - EX_{t-1})/EX_{t-1}$，获得汇率变动因子序列 $\{e_f\}$（图 5.9），其中 $e_f = 1 + \Delta E$。变换 θ_f 的不同取值，搜索最大的似然函数值以寻找最优的 θ_f^*。由图 5.9 可见，人民币兑美元明显升值发生在 2005 年后，1998—2004 年的境外滞留规模应该有限。

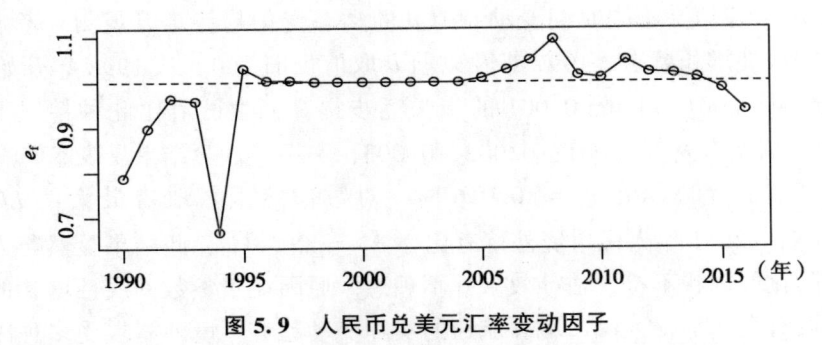

图 5.9 人民币兑美元汇率变动因子

数据来源：国家外汇管理局网站（http://www.safe.gov.cn/），经作者计算。

根据不同的 θ_f 变换值估计货币需求函数（5.3），计算不同 θ_f 下的对数似然值 LL，结果见表 5.10。

表 5.10　不同 θ_f 下的对数似然值 LL

θ_f	0.195	0.19	0.185	0.18	0.175	0.17	0.165	0.16
LL	32.3360	32.3565	32.3762	32.3953	32.4139	32.4316	32.4491	32.4643
θ_f	0.155	0.15	0.145	0.14	0.135	0.13	0.125	0.12
LL	32.4793	32.4941	32.5077	32.5208	32.5333	32.5453	32.5559	32.5661
θ_f	0.115	0.11	0.105	0.10	0.095	0.09	0.085	0.08
LL	32.5757	32.5849	32.5929	32.5998	32.6067	32.6129	32.6181	32.6227
θ_f	0.075	0.07	0.065	0.06	0.055	0.05	0.045	0.04
LL	32.6262	32.6293	32.6317	32.6338	32.6349	32.6353	32.6346	32.6337
θ_f	0.035	0.03	0.025	0.02	0.015	0.01	0.005	0
LL	32.6313	32.6289	32.6258	32.6217	32.6173	32.6126	32.6061	32.6002

由表 5.10 的计算结果可知，在 $\theta_f^* = 0.051$ 时，货币需求函数的对数似然函数取得最大值 $LL = 32.6355$。图 5.10 展示了极大似然曲线的变动情况。当然这并非测算的最优比率 $\theta^* = 0.051$，还需进一步考虑汇率因子的变动。

（2）测算的结论与评价

在 $\theta_f^* = 0.051$ 时，计算 1998—2016 年度的境外持有比率 θ^*，其中 $\theta^* = \theta_f^* \times e_f$。

第五章 人民币境外需求的规模测算

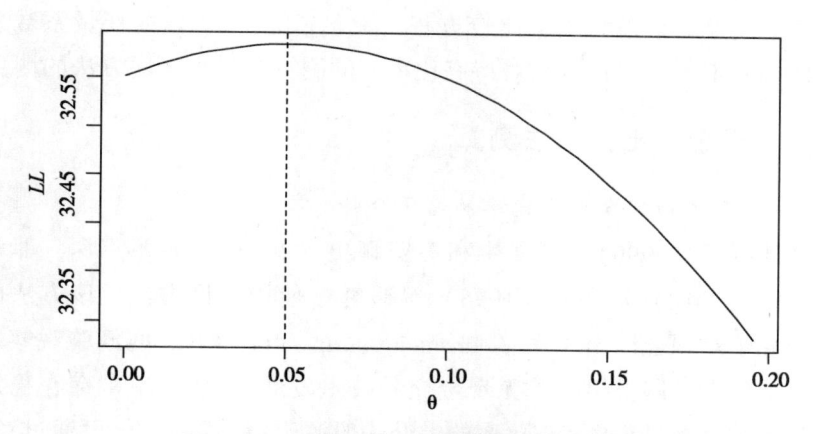

图 5.10 不同 θ_f 值下计算的对数似然函数

表 5.11 不同年度计算的 θ 值

时间	1998 年	1999 年	2000 年	2001 年	2002 年	2003 年	2004 年
e_f	1.0013	1.0001	1.0000	1.0002	1	1	1.0000
θ	0.0511	0.0510	0.0510	0.0510	0.0510	0.0510	0.0510
时间	2005 年	2006 年	2007 年	2008 年	2009 年	2010 年	2011 年
e_f	1.0104	1.0276	1.0484	1.0949	1.0167	1.0091	1.0481
θ	0.0515	0.0534	0.0524	0.0547	0.0558	0.0519	0.0515
时间	2012 年	2013 年	2014 年	2015 年	2016 年	2017 年	2018 年
e_f	1.0231	1.0192	1.0082	0.9863	0.9377	—	—
θ	0.0535	0.0522	0.0520	0.0514	0.0530		

进一步可以得到货币需求函数的估计：

$$\ln\left(\frac{M1-\theta^*CU}{P}\right) = -1.051 + 1.116\ln\left(\frac{GDP}{P}\right) - 0.041RR - 0.033INF \quad (5.5)$$

标准误	0.311	0.035	0.011	0.006
T 统计量	-3.38	31.89	-3.73	-5.5
P-值	0.02	0.000	0.01	0.00

（5.5）式中 $R^2 = 0.9371$，$F = 1327.19(P = 0.000)$，$DW = 1.698$。方程的可决系数较高，F 检验表明方程整体上非常显著。变量的系数具有统计显著性，符号符合设定时经济学意义的考量。收入变量的系数为正，

机会成本变量的系数为负。比较方程（5.4）和（5.5）的变量系数发现估计值相差不大。修正方法对持有比率 θ 的测算结果小于原方法的测算。

五　现金产出比率法测算

（一）人民币现金产出比率的演化分析

格林伍德（1990）、彭文生和乔安娜史（2003）、弗兰克深，菲利浦和西蒙陈（2010）及塞茨（1995）等研究中使用了该方法。该方法的测算思想源于对现金产出比率（currency to gdp ratio，CR）的经验观察。一般随着信用卡、网上银行等无现金交易技术发展，CR 比率应存在稳定的衰减趋势。衰减过程中 CR 比率的上升一般源于境外需求。① 可通过对 CR 比率趋势的拟合找到其运行轨迹，然后外推至未来时期，最后根据实际 CR 比率和拟合值的差异，测算现金外部持有份额。

以港元为例，图 5.11 是 1968—2012 年香港 CR 比率的时序图，其中平滑曲线是拟合的趋势线。港元 CR 比率从 20 世纪 60 年代后经历了近 20 年缓慢下降，在 20 世纪 90 年代后趋于稳定。2000 年后 CR 比率经历了大幅上升，这与现代金融理论及无现金交易普及的现实不吻合。一个可能的解释是，香港居民对港元的大量贮备使其脱离了境内的流通领域。在注重效率和收益且金融市场高度发达的香港，大量贮存现金的情形几乎不可能，更可能的原因是，港元的外部需求在 2001 年后出现了明显上升。特别在香港和澳门陆续回归中国后，三地经济一体化进程加快，中国境内和澳门增加了对港元的需求②。很多学者对港元的外部需求进行了大量的研究，CR 比率法是研究的起点。格林伍德（1990）测算结果是香港 1989 年年底港元境外存量 60 亿元，占流通中港元现金的 18%；霍金斯（Hawkins）和梁（1997）的测算结果是 170 亿元（25%）；陈（2002）的测算结果是 90 亿元（11%）；彭文生和乔安娜史（2003）发现 2001 年年底的境外比率是 25%—50%；弗兰克梁等（2010）的测算结论则更高（50%—70%）；冯和王（2017）测算的比例为 68%，发现在澳门博彩业不景气的

---

① Tam K P. A New Comparatiove Study on the Free–Floating and Curreney Board Regimes in Hongkong [J]. *Bulletin of Economics Research*, 2016, 68 (3): 218-238.

② Ho N H. Currency Substitution and the Case of Macao [J]. *Monetary Authority of Macau*, 2003, 25-38.

情况下，近两年港元的外部持有比率稍有下降。

由图 5.11 和图 5.12 的比较可见，境内 CR 比率与香港非常不同。香港的 CR 比率经历了"U"型的阶段，我国境内的 CR 比率却正在经历倒"U"型的历史过程。CR 比率的差异说明，境内与香港的经济和金融发展处于不同阶段。对于测算研究，有必要去理解境内 CR 比率的倒"U"型结构演化。从境内经济体制转轨和金融改革的大环境出发，本书将境内 CR 比率的演进分成以下两个阶段（图 5.12）：

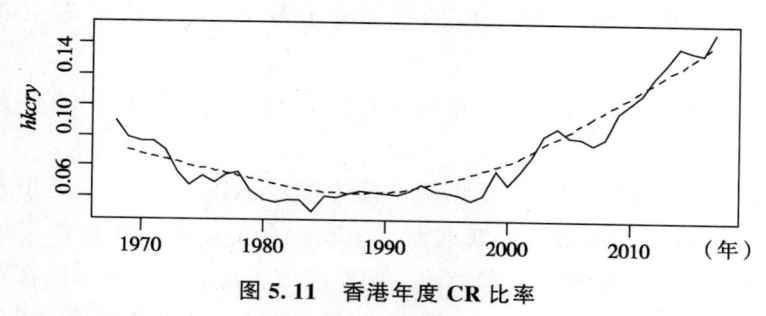

图 5.11　香港年度 CR 比率

数据来源：香港金管局网站（http://www.hkma.gov.hk/eng/index.shtml），经作者计算。

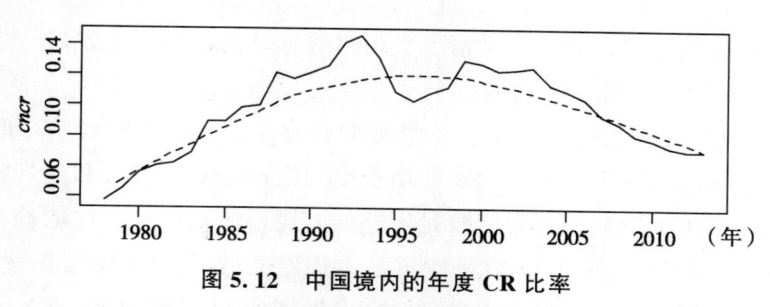

图 5.12　中国境内的年度 CR 比率

数据来源：中经网统计数据库，经作者计算。

第一阶段：1978—1993 年，其间 CR 比率经历了持续的上升。

1978 年改革开放后，大一统计划经济体制被打破，经济资源配置机制开始转向市场导向。压抑的居民微观需求被激发，计划经济时代不活跃甚至不存在的经济领域迅速出现和壮大。新的商品生产领域需要货币投资，商品流通领域也需要货币保证。各领域强烈的货币需求使货币供给一直保持很高的增速。针对境内货币增速持续高于产出增长和物价上升总和的情况，国内外学者进行了大量研究，甚至将货币高增长而未发生显著通胀的现象称为"中国货币之谜"。提出了"被迫储蓄假说""价格指数偏低假说""城乡发展结构不平衡"和"货币化进程假说",其中以易纲为代表的"货币化进程假说"得到最多支持。易纲(2003)对经济改革中的货币化进程进行了很好的分析。货币化进程是指在中国由计划经济向市场经济、农村小农经济转向城市为交易网络的过程。新的商品交易和流通领域出现,工业化、城市化发展使经济需要更多的货币支撑,从而出现货币高增长和物价总体平稳的局面。该阶段经济增长的货币需求形成了 CR 比率持续上升的局面。期间 M0 的平均增速为 26%,远超名义 GDP 的平均增速(9%)。

第二阶段：1994 年至今,中间又分为 1994—1999 年和 2000 年至今两个子时段。

1993 年后商品市场对货币的吸收能力逐步下降,CR 比率处于整体下降阶段。1994 年住房市场逐渐取消了福利化分配政策,房地产市场的蓬勃发展吸纳了居民持有的大量货币。同期股票市场的建立使居民在资产组合中有了新选择,大量货币转入股票市场,1994—1999 年阶段 CR 比率经历调整上升期。CR 比率的另一影响因素是人口。伴随城市化和工业化进程持续推进,中国人口结构发生巨大改变,农业领域向非农业领域的人口转移进程逐渐变慢。同时,微信、支付宝等移动交易技术的发展,也在推动 CR 比率进入持续下降通道。

预计 CR 比率会继续下降,下降幅度会逐渐减慢。宏观经济中吸纳货币的新领域越来越少,货币的高速增长空间变小,货币供给和通货膨胀的因果效应会更加明显。重要变数是境外的人民币需求增长,这依赖于人民币的国际化进程。在 2009 年跨境贸易本币结算推行和离岸市场建立后,境外需求已明显提高。外部需求何时会发展到美元或欧元的水平？该问题难以准确回答,这依赖于境内的经济发展和资本账户的改革进程。从宏观角度判断,人民币的外部流通相对货币总量有限。由图 5.12 可见,CR 比率的趋势拟合与实际序列差异不明显,类似香港 CR 比率显著上升的情形没有发生,总体仍处于下降期。这与人民币仍处于国际化初级阶段的状况吻合。下面使用 CR 比率方法尝试进行测算。

(二)境外需求的测算

CR 比率法的使用前提是,CR 比率随着无现金交易方式的发展出现稳定下降趋势。境内 CR 比率在 1993 年前处于上升期,不适用该方法测算。

1993年后,中国的货币化进程逐渐减弱。CR 比率进入下降期,这为使用 CR 比率方法探测境外需求提供了机遇。在1993年以前,人民币境外流通处于自发状态,流通途径以人员流动携带为主,规模相对较小,因此可以被忽略掉。2004年前,境外人民币业务没有开展,境外流存量有上升但规模仍然有限。在2011—2012年的实地调研中,调查组对深圳和香港银行系统管理人员访谈发现,2005年前香港的人民币现金存量规模很小。基于以上考虑,选择1993—2005年作为趋势拟合区间。令 $a = 0.06$,拟合方程 $CR = 0.06 + bt^{-n}$,经过反复试验确定 $n=6$。[①] 估计拟合趋势后,预测 2007—2016 年的 CR 比率值,测算的结果见表5.12。

表5.12 货币—产出比率法的测算结果 单位:亿元;%

时间	2007年	2008年	2009年	2010年	2011年
CR 比率实际值	11.43	10.90	11.22	11.12	10.73
CR 比率预测值	10.70	10.45	10.21	9.98	9.77
境外现金/GDP	0.73	0.45	1.01	1.14	0.96
境外现金存量	1940.42	1413.20	3443.12	4573.70	4539.67
境外现金比率	6.39	4.13	9.00	10.25	8.95
时间	2012年	2013年	2014年	2015年	2016年
CR 比率实际值	10.12	9.84	9.36	9.17	9.18
CR 比率预测值	9.31	9.02	8.72	8.67	8.45
境外现金/GDP	0.81	0.84	0.64	0.5	0.73
境外现金存量	4376.97	5000.05	4121.43	3445.26	
境外现金比率	8.01	8.54	6.84	5.45	7.95

(三) CR 比率法测算结果评价

CR 比率法测算的人民币外部持有比率显示,人民币境外现金存量相对中国境内产出规模的比率相当小。2016年年底境外现金占 GDP 的比率不超过1%,占 M0 总量的比率不到8%,2007—2016 年外部需求比率平均为7.55%。2008年金融危机期间,人民币汇率体制改革暂停,人民币对美元汇率实际处于固定状态,境外需求迅速下降。2009年4月国务院在广州、深圳、珠海、东莞、上海等城市试点人民币跨境贸易结算,推进

[①] 选择 a=0.06 参考了文献弗兰克梁等(2010)的做法。

人民币的国际化使用。政策推动使境外需求明显上升，测算结果与人民币国际化政策的推进基本相符。人民币境外需求单从贸易渠道推进，无论绝对量还是相对比率仍有增长空间。但只有放开资本项下对人民币投融资和兑换的限制，境外需求才能得到更快提升。人民币国际化步伐加快导致境外需求上升后，CR比率可能进入上升通道。外部需求将成为影响货币当局货币供给和政策考量的重要变量。CR比率处于类似香港20世纪70—80年代的下降进程中。由于指标没有出现企稳然后上升的趋势，应用该方法测算的结果可能偏高，总体推断人民币境外需求的规模仍然较小。

第三节 现金测算结果的比较分析

一 间接测算的结果比较

（一）估计结果的初步比较

本书同时使用了直接和间接方法进行测算研究。限于现金跨境流通统计监测信息的匮乏，测算的重点放在间接法的研究上。在非直接估计思路框架内，从不同角度综合运用多种估计技术，测算人民币现金的境外需求。目的在于，通过多角度分析，最大限度减少由不同方法的缺陷、适用条件而产生的偏误。鉴于境外需求影响因素的复杂性，不同方法都只抓住了测算对象的部分特征，很难区分方法的优劣。下面对间接法测算的结论进行梳理和比较，见表5.13。

表5.13　　　　2016年人民币境外需求间接法测算结果　　　　单位：亿元；%

测算方法	2016年境外需求	境外需求占比
缺口估计法	2068.09	3.03
季节因子比较法	5518.96	8.08
需求函数最佳拟合	5569.23	8.30
修正的需求函数最佳拟合	3620.11	5.30
CR比率法	5430.17	7.95

表5.13中使用不同间接估计技术的统计推断结论有一定差异性。缺口估计法测算的比率3.03%最小，需求函数最佳拟合法测算的结果最大，其他三种方法的测算结果介于二者之间。对2016年所有方法测算的境外

现金持有比率，结果均小于 10%，即境外现金存量规模不应超过 6830.4 亿元。不同方法会产生不同的测算结论，是货币境外需求研究时的常见难题，而且缺乏可信的统计指标甄别测算效果的优劣。美联储在长期的统计监测中，存储了详尽的美元跨境流向统计及定期境外现金估计的序列，但美元境外持有的真实比率仍是长期受到争议的"货币谜题"。① 表 5.14 列出学者和官方机构对美元境外需求的测算结论，差异很明显。美联储的跨境现金监测表明过去 20 年境外美元现金的比率一直稳定在 30%—39%的较小范围内，但统计监测只包括了银行调运和海关现金申报的数据（10000 美元以上），口径过于狭窄。美国官方长期使用波特和贾德森（1996）使用生物计量法得到的 55%—70%的测算结论。表 5.14 中，美元境外现金需求的相关研究结论，在 25%—70%的大范围内变动。不同变量选择、方法的运用，均会对测算结论产生很大影响，因此应综合比较测算结果的合理性。

表 5.14　　　　　美元海外现金持有测算的争论　　　　单位：亿美元；%

作者	时间	境外比率测算	美联储资金流比率	境外存量估计	美联储资金流
菲戈（1994）	1992 年	43	30	127	88
菲戈（1996）	1994 年	36	35	129	125
菲戈（1997）	1996 年	25—45	37	100—179	148
波特、贾德森（1996）	1995 年	55—70	36	207—263	134
安德森（Anderson）、拉希（Rasche，1997）	1995 年	53.2	36	200	134
多伊尔（2000）	1996 年	30	37	119	148
美国财政部（2006）	2005 年	60	39	450	280
古德博格（2010）	2009 年	65	36	580	314
菲戈（2012）	2010 年	30—37	37	279—344	342.1
贾德森（2017）	2016 年	60	38	900	480

资料来源：根据上述文献的研究结论整理。

（二）估计结果的再比较

上述讨论获得了人民币境外现金持有比率的初步估计结论。不同方法

---

① Scahill E M. Is the Fed printing Money？［J］. *Journal of Economics & Economic Education Research*，2015，16（3）：187-194.

绝对规模的变动范围较大，因此有必要进一步分析各种测算结果，以合理缩小测算的范围，境外存量难以观测为结果的甄别带来了困难。本书从方法的假设前提进行判断，然后使用组合估计方法进行探讨。

5 种测算方法中，修正的需求函数最佳拟合法，考虑了汇率变动因素引发的跨境流通，而且在估计参数 θ 时结合了货币需求函数的经济理论和极大似然估计的统计技术，具有合理性基础。缺口估算法是基于货币需求函数理论的常见方法，具有一定的可靠性，而且已经被广泛应用。虽然巴尔兹、罗斯和塞茨（2012）认为在现代社会大规模贮存现金有不容忽视的成本，地下经济交易使用的现金在一段时期后，仍会进入合法流通领域。当现金贮存削弱境内现金流通的季节性时，存在一定程度上国内居民贮藏或地下交易的现金，被测算为境外需求的情况。季节因子比较法通常会高估境外持有比率（塞茨，1995），本书估计的 8.08% 的结论也可能偏高。境内现金流通模式的代理指标选择困难，会提高测算的不可信性。需求函数最佳拟合法没有考虑汇率预期对境外需求的影响，而且只能获得估计时段内的平均比率，也具有一定的局限性。现金产出比率方法在拟合曲线时需要反复试验，估计方法略显粗糙。[①] 综合以上考虑，本书的观点：在对人民币境外需求的测算方法中，排序为修正的需求函数最佳拟合法>缺口估算法>需求函数最佳拟合法>现金产出比率法和季节因子比较法。基于此判断，将组合估计中的权重分别设定为 0.5、0.3、0.1、0.05 和 0.05。得到对境外需求规模的估计值 M_f：

$$M_f = 0.4 \times (3620.11 + 2068.09) + 0.1 \times 5569.23 + 0.05 \times (5430.17 + 5518.96)$$
$$= 2275.28 + 556.92 + 547.46 = 3379.66$$

该估计值占 2016 年人民币流通中现金总量的 4.95%。境外人民币现金的规模已经能够对境内经济运行产生一定的冲击，但仍然不具有左右境内经济的能力。应该指出该组合估计的结果具有一定的主观性，因为权重为经验设定而非数据模型估计。

二 直接测算的结果比较

在使用直接法测算人民币跨境流通的过程中，本书采用了一种有别于

[①] Jiang T H, Shao E. Understanding the Cash demand Puzzle [R]. *Bank of Canada Working Paper*, 2014.

已有研究的思路。不再按照"边境贸易流量+出境旅游携带+港澳居民入境携带"的测算方法（李婧，管涛，何帆；2004），而是根据出境人群的出境目的地和入境人群的来源地，稳定集中在少数国家和地区的实际情况，使用公安部边防的人员出入境统计数据，分类计算出了入境人员的现金平均携带量，推算现金的跨境流量。基于人员分类加总的推算思路，提供了一种简易可操作的推算方法。

推算结果显示，2016 年人民币现金跨境流出和回流量分别为 23179.38 亿元和 23567.28 亿元，跨境总流量为 46746.66 亿元，当年现金净流入-387.9 亿元。按 2016 年 M0 总量计算，境外存量相对总量的变动率为 0.57%。从测算结果分析，跨境流量显著地大于净流量，也大于间接测算的境外存量。直接测算依据人员流动途径，没有涵盖汇兑、银行现钞调运、走私、贩毒等渠道，因此人民币实际流量应不止于此。理论上，从人民币开始跨境流通时期开始，计算历年的跨境净流量，然后累加推算可以获得境外存量。但推算不仅需要历年的出入境人口统计数据，而且需要不同人群跨境携带现金的统计资料，推算的难度很大。鉴于数据资源的匮乏，本书没有基于直接法推算境外存量。从宏观角度分析，人民币的非完全可兑换性影响了境外对人民币的接受程度，汇率变动和贸易投资交易导致人民币大进大出，但现金境外存留量并不太高。

直接法推断依据统计信息直接追踪现金的流动，其时效性和真实性是其他估计手段所无法比拟的。但是也有涵盖渠道过窄，微观个体加总时统计分析存在误差放大的问题。① 相关部门掌握着各侧面的相关数据信息。例如，央行及分支机构掌握现钞装运出入境的流向与规模数据，出入境口岸记录了出入境人员的现金携带资料，商务部掌握边境小额贸易交易的情况，国家旅游局定期会对出入境游客的现金消费进行调查。在大数据时代，应该能够整合各部门的统计资源，从而更准确和有效地研究该问题。从保护商业银行利益出发，货币装运的统计数据一般不予公开，可仿效美联储公开与其强相关的代理信息的做法。以美联储对美元现金境外需求的估计为例，美国现金出入境装运主要由商业银行处理，从 1988 年后大额装运记录须上报纽约储备银行（NYB）现金办公室。虽然该数据不包括邮

---

① 胡正：《中国"超额货币之谜"成因新析——基于人民币跨境流通的视角》，《经济体制改革》2012 年第 5 期。

寄现金和旅行携带，且小额装运也没有上报（10000＄以下），但该数据可追踪美元的流量和流向。由于商业机密该数据并不公布，但对于37个联邦储备现金办公室的100＄面额纸币，其净注入量（NYNET）与NYB的装运记录高度相关，因此NYNET成为代理美元净流出的监测指标。统计分析发现，纽约和洛杉矶是美元境外装运的集中地点，监测简化为只观测纽约和洛杉矶现金办公室的净流数据，并以此作为代理指标，即美联储定期发布的NYLA（纽约、洛杉矶现金装运）数据。联邦储备资金流向（FOF）和经济分析机构（BEA）均在此数据基础上，估算美元的境外持有情况（表5.15）。NYLA不仅成为美元跨境流动和全球金融安全监测的风向标，而且对美国财政部铸币税估计也提供了客观依据。美联储对美元出入境的监测记录，为美元境外需求分析提供了良好的统计基础。根据FOF的现钞装运数据的最新估计，2016年年底美元境外持有比率约为38%，该估计显著低于波特和贾德森（2017）给出的60%的测算结论。

表 5.15　　　　联邦储备系统现金流量统计与境外持有估计　　　单位：亿美元

时间	2006年	2007年	2008年	2009Q1	2009Q2	2009Q3
银行外现金	768.5	773.9	832.2	853.4	858.6	863.0
境外持有	282.6	272.0	301.1	313.0	311.0	315.2
时间	2009Q4	2010Q1	2010Q2	2010Q3	2010Q4	2011Q1
银行外现金	873.3	882.8	891.3	904.2	930.0	952.0
境外持有	313.8	316.0	318.1	328.7	342.1	354.7
时间	2011Q2	2011Q3	2011Q4	2012Q1	2012Q2	2012Q3
银行外现金	973.5	987.0	1015.0	1042.1	1055.3	1072.1
境外持有	368.7	378.3	397.1	415.1	422.3	438.4

资料来源：联邦储备统计发布（http://www.federalreserve.gov/releases/）。

美联储对美元境外需求的测算，给我国相关机构的官方统计监测提供了可借鉴的视角。境内银行对人民币现金调运主要由国有商业银行运营，现金调运出入境的统计工作已比较严密，主要是如何与社会沟通的问题。鉴于对商业隐私和国家安全考虑，可以使用现金调运净值等代理变量，只公布境外现金调出和调入的净变动统计。另一个办法是，重点监测面向中国港澳台和东南亚地区的深圳、珠海口岸，面向蒙古国、俄罗斯及欧洲国际市场的二连浩特口岸,面向缅甸的瑞丽口岸以及毗临越南的百色口岸。这对加强大额现金流动统计分析和研究工作,有重要的意义。

第四节 境外人民币存款的统计

境外人民币主要用于跨境贸易结算和投资。除边民互市、旅游消费以现金为主要支付手段外,大额贸易基本上是通过银行系统的存款清算实现。境外人民币流动性的主要衡量尺度是,境外离岸市场特别是香港市场的人民币存款。何东和麦考利(2012)认为只集中于现金会忽略广泛的货币需求,因此应关注境外人民币存款的规模和统计问题。

一 境外人民币存款的归属

境外银行机构有两种方式对境内银行持有债权。一是境外人民币业务参加行通过清算机制,在各海外清算行开设存款账户以开展各项人民币业务,清算行又在境内银行开设转存账户。另一情形是,境外业务行直接在境内代理行开设存款账户。对于境外个人和非银行机构,其在境内或境外银行开设人民币账户参与境内和境外经济交易,贸易结算和资本账户下的跨境流动,为境内货币总量的统计测算带来了新的挑战。[1] 境外人民币存款是否应计入境内的货币供应量统计具有争议。我国以货币供应量为货币政策实施的中介目标,科学地统计货币总量极其重要。境外需求扩大已经使我国货币统计的科学性和准确性受到了挑战。

(一)现行的货币总量统计体系

对于境外的本币存款是否应计入相应层次货币统计的问题,在国际上并无明确结论。我国现行的货币统计实践,包括 M0、M1 和 M2 三个层次。其中

M0 = 流通中的现金;

M1 = M0 + 机关团体部队存款 + 农村存款 + 企业活期存款 + 个人持有的信用卡类存款;

M2 = M1 + 城乡居民储蓄存款 + 企业存款中具有定期性质的存款 + 外币存款 + 信托类存款。

---

[1] 王布衣:《从会计处理角度看跨境人民币资金流动的实质》,《上海金融》2014 年第 1 期。

M0 指企业和居民持有的银行体系外现金，指流出银行的所有人民币现金和硬币，无论是境内还是境外流通的现金均包括在 M0 内。广义货币 M2 中只计入境内银行的外币存款，不包括非居民在境外的本币存款。2010 年 12 月人民银行规定境外企业人民币结算账户（NRA）只能以活期存款利率计息，禁止定期存款。2008 年 6 月，为全面和准确反映境内银行吸收境外非居民人民币存款状况，满足中国国际收支平衡表、国际收支投资头寸表的统计需要，国家外汇管理局出台了"报送非居民人民币账户数据"的规定，银行开始进行相关的统计工作。账户涵盖储蓄存款和结算账户。细分为港澳人民币存款账户、边贸人民币账户、人民币债券账户、贷款清收人民币账户、QFII 人民币账户、人民币贷款提款账户、人民币还款账户，及其他非居民人民币账户等 8 类。非居民既包括境外个人也包括境外机构。其中前者指那些持护照或者港澳居民来往内地通行证、台湾居民来往大陆通行证的外国公民以及港澳台同胞；后者则指那些在境外注册登记，在境内开立人民币账户的机构。以上事实说明，人民币国际化战略正式提出前，非居民的境内人民币存款统计体系处于建设阶段，而对境外人民币存款统计仍未纳入统计体系。

在 2014 年后，境外人民币存款规模增大，而且境外参加行将大量离岸存款转移至境内关联银行账户上。该现象的问题在于离岸—在岸市场的隔离遭受冲击。境内监管时完全隔离的难度较大，离岸人民币容易成为套利套汇的"热钱"。[①] 2016 年人民银行正式征收境外人民币在境内存款的准备金，这说明境内银行对非居民人民币存款统计管理已经正规化，能够精确征收存款准备金。境外人民币在境内的存款部分已经纳入境内的货币统计体系，只不过采取了专门统计监管的办法，有效控制了该部分资金跨境流通对境内的冲击。

（二）调整境外存款统计归属的建议

原货币供应量统计口径源于人民币非国际化时期，即货币全部在境内流通。在人民币大量流出且境外人民币业务蓬勃发展的情形下，货币统计口径如何界定成为重要问题。金艳平和王家辉（2012）对跨境贸易人民币结算对货币供应量和基础货币统计的影响进行分析，认为非居民持有的

---

① 余永定：《"安泰·问政——热钱流动、汇率变革与自贸区金融开放"——人民币贸易结算与短期资本跨境流动》，《上海交通大学学报》（哲学社会科学版）2014 年第 3 期。

本币现金应包括在基础货币和货币供应量中，而境外个人和非金融企业的境内本币存款应计入货币统计，但境外存款不应计入统计范畴。本书的观点并不完全相同。国际货币基金组织编制的《货币与金融统计手册》对境外持有货币的统计归属给出了两条原则性建议，即经济利益中心和流动性原则。前者是货币参与经济领土内的经济活动，经济领土与政治领土和地理边界并不一致；后者是对流动性弱的金融资产不计入货币范畴。根据上述两条原则，本书认为境外的人民币存款不应计入货币总量，境外个人或企业在境内的人民币存款亦不计入。离岸市场上的人民币存款与境内的经济活动关联度低，而且该存款由离岸市场金融系统创造，归属离岸市场所属的央行类金融组织管辖，因此显然不应归入境内的货币供应总量。对于境外人民币在境内的存款部分的归属，则存在很大争议。

本书认为，央行对该部分存款的定位是"境外人民币业务参加行存放境内代理行人民币存款"，即承认该存款归属境外金融机构，境内代理行只是开设账户进行"存放"而已。对其执行正常的存款准备金率，只是限制其在境内的"流动性"，让其不能像境内普通的存款一样自由存取、自由结算投资。从人民银行的角度来看，该部分存款没有纳入境内的货币供应量。

从货币创造能力看，境外人民币境内存款不能自由借贷，支付清算需要外管局进行真实性审核。投资实体产业需要外商人民币直接投资审批，投资境内股票、债券等资本市场需要 RQFII 额度审批，因此这部分资金实际上是处于隔离状态，以专门的账户进行监管。虽然属于同样的货币形态，但境外人民币境内存款不具有和在岸人民币存款同样的货币创造能力，这是我国推行的离岸人民币国际化策略决定的。[1] 综合官方管理办法和流动性原则，本书认为暂时不应将该部分资金纳入境内货币供应量统计中，但需要单独统计列出。

境外持有的人民币现金应从 M0 中剔除。人民币现金是以现钞和硬币形态存在，无论是在境内还是在境外，现金在流通中的物质形态都不会变化。M0 统计就是流通中的货币，这在全球是通行的统计原则。因此当货币流出后，持有者发生变化，应该将其从货币供应量中扣除。实际统计

---

[1] 伍戈、杨凝：《离岸市场发展对本国货币政策的影响———个综述》，《金融研究》2013年第 10 期。

中，是否从 M0 统计中剔除境外的现金持有部分，取决于境外流通的规模和统计测算的成本。如果境外流通的规模很小，则可以直接忽略；如果境外流通统计体系不健全，很难得到相对可靠的测算结论，则该项工作也难以执行。本书的工作正是基于以上考虑，是在人民币国际化背景下需要开展的研究问题，因此测算境外需求规模有直接的现实意义。

人民币跨境流通的调查表明，境外人民币现金主要用来贸易支付、跨境消费、投资获利和离岸交易。境外人民币存款的重要来源是境外贸易商使用人民币结算以及跨境投资后的资金积累，少部分是来自个人的储蓄积累。境外人民币从现金到存款并不直接参与境内交易活动（陶士贵，2005）。人民币跨境贸易结算也属于国际贸易而不是国内交易，因此不应计入境内的货币总量。统计的难度也是是否计入的原因之一。境外居民在境内的人民币存款统计相对容易，但境外货币市场的人民币存款不易统计。以美元为例，美元作为世界货币，大量现金和欧洲美元存款在境外流通，美国企业由于国内融资利率高，大量在欧洲美元市场上借款。美国货币政策的关注点在于价格变量，货币总量因世界范围的美元存量波动而难以准确统计，也就难以辨别境外货币是否参与美国境内的经济活动。① 2006 年起，美联储宣布不再公布欧洲美元的存款数据，货币供应量 M1 不计入境外在美国境内的存款，但美联储仍单独统计列出上述存款。与此同时，美国居民在美国银行海外分行持有的隔夜欧洲美元存款和定期欧洲美元存款，也分别从 M2 和 M3 中剔除。日本央行宣布，从 2008 年 4 月起，非居民持有的日元存款在日本货币统计中去除。上述两国仍对境外的货币规模进行统计监测，这些做法值得我国在完善对外货币统计体系时考察和借鉴。

二 境外人民币存款的规模

（一）境外人民币存款市场的发展

境外离岸市场的人民币存款是境外流动性的代表。本小节重点剖析境外存款市场的发展，以此为基础统计境外人民币存款规模。

（1）香港人民币存款市场的发展

香港金管局批准执照银行在 2004 年年初开展人民币个人存款业务。

---

① 张建平：《美联储复合型宽松货币政策的实践与正常化》，《金融监管研究》2015 年第 4 期。

2004年4月的存款规模仅55.46亿元，2009年前香港人民币存款保持低速增长的态势。截至2009年6月底，人民币存款规模为543.81亿元，主要来源是跨境旅游、边贸带来的居民储蓄。2009年7月，上海、广州、深圳、珠海、东莞等五城市365家企业开展跨境贸易人民币结算试点。推动人民币存款额在2010年6月达到897.02亿元，但仍以居民储蓄为主。2010年7月人民银行与香港金管局签署了新的《人民币业务合作备忘录》，将结算范围在全国铺开。人民币存款呈爆炸式增长，在2011年11月底，存款余额达到6273.02亿元。2011年下半年以来中国经济增长出现放缓迹象，境外对人民币远期市场出现贬值趋势。2011年12月—2012年4月香港人民币存款连续5个月下降。2012年8月金管局允许非香港居民在港开设人民币账户，以吸引更多人民币流入香港，但短期内影响有限。随着RQFII、人民币对外直接投资等政策出台，境内人民币持续流出，香港人民币存款余额在2014年年底达到1万亿元的顶峰。2015年"8·11"汇改后，人民币开始双向浮动，离岸市场看空人民币的预期强烈出现，境外投机需求被抑制，人民币存款调整，2017年6月底的存款余额仅为5260.77亿元。

在香港离岸人民币存款总量增长的同时，存款的结构也发生了很大变化。由图5.13可见，活期及储蓄存款和定期存款虽都保持了增长趋势，但定期存款的增长幅度明显高于活期存款增长。分析主要原因在于，境外企业贸易结算收取的人民币缺乏投资渠道，只能以定期存款在开户行持有人民币头寸。活期及储蓄存款的总存款占比呈现"倒U型"结构（图5.14）。活期存款比率先处于上升期，在2006年7月—2010年7月间活期比率超过了50%。活期比率在2009年9月达到69.72%的峰值后进入快速下降通道，2017年6月已降至27.09%。活期存款占比在2015年"8·11"汇改后出现明显回升，说明企业结算流向离岸市场的人民币减少，这与汇率贬值有显著关联。

在汇率的贬值预期下，反而激发了一直发展缓慢的离岸人民币贷款业务。在2014年以前，由于人民币一直处于单边升值的态势，企业人民币贷款的积极性不高。在2015年人民币贬值后，离岸人民币业务量大增，2016年年底的贷存比率超过了50%。综上所述，健康持续的离岸市场应该是在汇率双向波动下，正常开展存款、贷款及各项投资交易活动，而不是持续升值或贬值态势下的投机性需求推动。

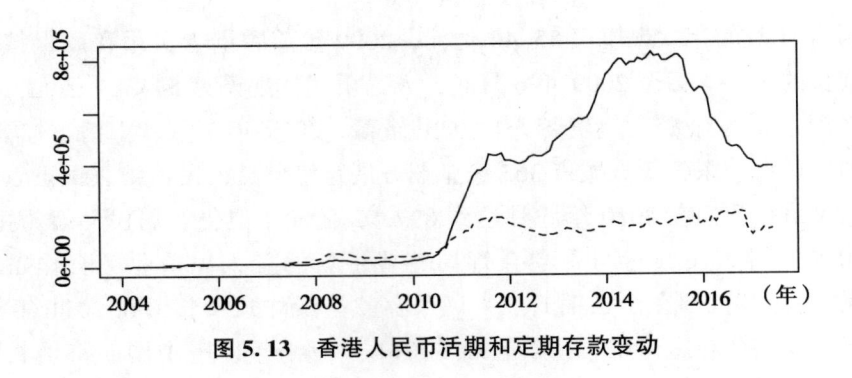

图 5.13　香港人民币活期和定期存款变动

图 5.14　香港人民币业务贷存款比率

(2) 其他离岸市场的人民币存款业务

除香港市场吸收人民币存款外，其他离岸市场的人民币存款规模也明显上升。下面对各市场的人民币存款业务发展简要回顾。

①新加坡货币市场

新加坡是重要的国际金融中心，其人民币业务主要为东盟国家与中国的贸易融资。随着人民币境外需求的上升，2009 年起新加坡开始经营人民币业务。马骏（2012）认为新加坡人民币存款的潜力可达到海外存款的 20%。2012 年 6 月新加坡的人民币存款规模约 600 亿元。存款规模增长也推动了人民币金融产品投资需求，新加坡胜狮货柜和普洛斯公司于 2011 年成功发行人民币债券。为保证新加坡人民币的流动性，新加坡金管局与人民银行互换额度由 1500 亿元扩大为 3000 亿元。2013 年 2 月中国工商银行新加坡分行被授权为人民币业务清算行，为新加坡的人民币业务发展扫除了制度障碍。截至 2017 年 3 月，新加坡人民币存款余额达到 1270 亿元，规模大约为香港市场的 1/4。

② 伦敦、巴黎和纽约市场

伦敦吸引人民币存款的动力有以下四点：首先，伦敦希望借助人民币国际化进程提升其国际金融中心地位,以"欧洲美元"模式发展"欧洲人民币";其次,欧洲企业存在与中国贸易的人民币结算需求;再次,欧洲居民存在持有人民币投资人民币计价资产的需求;最后,伦敦和中国香港具有历史联系,伦敦银行通常在中国香港设有分支机构,为人民币业务的开展提供了便利。伦敦开展人民币业务的显著优势是时区优势和经营离岸业务的经验。截至2014年年底伦敦的人民币存款超过197亿元。巴黎作为欧洲的另一金融中心也积极参与人民币业务,存款也已超过100亿元,但距伦敦仍有相当距离。纽约依托最大的国际金融中心,美元兑人民币贬值增加了投资者的人民币需求,但美元的国际地位抑制了人民币接受度的提高。2014年,卢森堡的人民币存款余额为67.2亿元。

③ 中国台湾地区人民币市场

台湾最早的人民币业务是岛内海外金融业务分行开展的人民币交易。2008年6月《人民币在台湾地区管理及清算办法》规定人民币可在台兑换。台湾2012年8月与大陆签署《海峡两岸货币清算合作备忘录》,开始人民币清算。随着中国银行台北分行和台湾银行上海分行分别被指定为台湾人民币和大陆新台币业务清算行,台湾人民币业务无须借助香港直接与大陆清算,台湾人民币离岸市场获得发展机遇。由于台湾的人民币业务起步晚,但发展的潜力巨大。台湾与大陆密切的经贸往来是人民币业务拓展的坚实基础。截至2017年7月,台湾地区人民币存款为3093.91亿元,已经逐步接近香港的规模。综上,对上述境外人民币存款市场的梳理,有助于总体把握境外人民币存款的规模。

(二) 境外的人民币存款规模

(1) 存款规模推断方法的选择

境外存款规模的推断不同于现金,主要原因在于以下两点:

首先,现行货币统计口径包括了境外现金,但没有计入境外的人民币存款。美联储对流出美元的管理政策最为典型,即"美元是我们的,但问题是你们的"。[①] 也就是说流出货币的存贷款创造是离岸市场的交易结果。因此现金与存贷款统计的归属差异,决定了测算方法的差异。以缺口估算法为例,现金测算中通过估计境内的现金需求规模,然后从实际货币供给

---

① Stracca L. Our Currency, your problem? The global effects of the euro debt crisis [J]. *European Economic Review*, 2015, 74: 1-13.

中扣除境内需求，最终测算出境外的现金存量。该方法同样运用于境外存款的测算就会面临各国货币统计口径不同的问题。

其次，现金和存款货币形态差异导致测算方法差异。现金即通货，无论何地流通都以纸币和铸币形态出现，总量是确定的。存款属于银行存贷系统创造的货币。由于在岸市场的准备金监管、交易制度和离岸市场存在巨大差异，离岸市场的制度特点是没有存款准备金，因此可在高存息和低贷息的低利差环境开展业务，离岸市场的货币乘数通常高于在岸市场。境内对香港的影响较强，但对伦敦、巴黎、新加坡等市场施加存款准备金率是有难度的。

离岸金融企业的结构成分非常复杂，交易方式多样化。如伦敦金融城的人民币交易均为非交易所内的场外交易（OTC），逐一调查所有机构精确统计存款规模具有很大困难。境外人民币市场中，除中国港澳台、新加坡、伦敦、卢森堡等地形成了人民币存款的统计发布制度化，很多离岸市场仍未公开时序数据。相关研究中针对境外人民币存款规模的测算成果也较少。

从推断理论上，一种方法是对境外存款余额精确统计，但实际操作成本较高。该思路只能通过"统计+估计"的方法实施。境外人民币业务主要集中于中国港澳、中国台湾、新加坡和伦敦等离岸市场内，其他国家或地区因规模较小可被忽略。本小节利用已有信息综合推断境外人民币存款的规模。

另一种方法利用外汇管理的国际收支平衡表进行推算。国际收支统计既包含了人民币，也包括了其他的币种。不同币种资金跨境流通的区别在于人民币进出无须购汇，而其他币种的跨境进出途径，要么通过金融机构购售汇转换，或者直接作为外汇存贷款形式存在。跨境结售汇统计体现了外汇与人民币的转换，而跨境支付则涵盖了人民币跨境结算部分，境外人民币的变化规模可通过人民币跨境收付差额表现出来（张妍，黄志龙；2015）。利用国际收支平衡表，推算第 i 年境外人民币规模变化的基本思路如下：

境外人民币规模变化$_i$ ≈ 人民币跨境收付差额$_i$；

人民币跨境收付差额$_i$ = 跨境收付差额$_i$ - 外汇跨境收付差额$_i$；

外汇跨境收付差额$_i$ = 结售汇差额$_i$ + 新增外汇存款$_i$ - 新增外汇贷款$_i$.

利用各年人民币跨境收付差额加总，得到人民币跨境收付总逆差，该结果可以近似境外人民币存款规模。①

（2）境外人民币存款规模的统计

境外人民币存款业务主要分布区域在东亚和东南亚地区。人民币非完全可兑换且仍处于资本管制状态，境外存款集中于离岸市场内，即中国香港、中国澳门、中国台湾、新加坡和伦敦等货币市场。

伦敦人民币业务均为交易双方协议的场外交易，不存在统一的数据收集系统。为评估伦敦人民币市场的发展，伦敦金融城委托 Bourse Consult 公司进行调查。Bourse Consult 公司调查了伦敦金融城内人民币业务较大的 13 家银行，总的市场占有率在 85% 以上。由于伦敦市场人民币业务最终经中国香港清算，为了避免重复计算，伦敦业务定义为在伦敦产生和完成的交易。由于在伦敦离岸市场非交易所内交易，业务行没有单独统计人民币业务发生量，只能通过存单凭据整理统计存款总额。调查结论是伦敦的人民币汇率交易开展后，已经形成最大的离岸人民币汇率市场，存款总额已经由高峰 1090 亿元下降为 197 亿元（表 5.16）。

表 5.16　　　　　伦敦人民币零售银行业务量　　　　　单位：百万元

零售银行服务	支付转账	存款	储蓄账户	私人银行业务
业务量	496	19700	107	3600
零售银行服务	信用证	贸易服务	进出口融资	即期汇率交易
业务量	1018	2190	7665	18350

资料来源：Bourse consult 公司调查（http://www.bourse-consult.com/）。

2017 年 6 月底，香港金管局公布的人民币存款总额为 5260.77 亿元，其中活期和储蓄存款 1425.17 亿元，定期存款 3538.60 亿元。人民币业务授权清算业务参加金融机构有 207 个，贸易结算人民币月交易规模超过 8000 亿元。据澳门金管局统计，截至 2015 年年底，澳门人民币存款余额为 1034 亿元。

根据新加坡金管局提供的人民币存款的进度资料，2017 年 3 月公布的存款额是 1270 亿元。中国台湾地区人民币业务全面开放后，2011 年 8 月台湾当局批准兆丰等 43 家银行承做 OBU（offshore banknig unit）人民币业务。截至 2017 年 7 月底，台湾地区人民币存款为 3093.91 亿元。巴黎

---

① 张妍、黄志龙：《境外人民币对基础货币的影响》，《中国金融》2015 年第 7 期。

欧洲金融市场协会（Paris-Europlace）的数据显示，2016年12月巴黎人民币存款总额约200亿元。

忽略其他地区少量人民币存款业务，表5.17加总了各市场的人民币存款作为境外存款的近似。由于数据获取限制，数据采集的时间稍有差异。

表 5.17　　　　　境外人民币存款量及分布　　　　　单位：亿元；%

市场	中国香港	中国澳门	中国台湾	新加坡	伦敦	巴黎
存款	5260.77	1034	3093.91	1270	197	200
占比	47.17	9.27	27.75	11.39	1.77	1.79
市场	卢森堡	首尔	法兰克福	纽约	总额	其他
存款	67.2	700	121	350	11150.9	—
占比	0.60	6.28	1.09	3.14	100	—

注释：估计中略去规模较小存款市场。

表5.17中给出境外人民币存款规模的大致推测。2015年后，人民币汇率出现贬值预期，对外投资和贸易结算输出人民币减缓，境外存款规模小幅下降。中国台湾地区、伦敦、巴黎等市场业务的开展使存款总额的降幅不大。一些离岸中心的存款额没有公开。本书根据已有公开的资讯和统计信息整理，境外人民币存款规模约11150亿元，此规模约占境内金融机构存款余额的0.74%，其中香港人民币存款占海外总量的一半左右。部分离岸人民币中心未公开存款数据，具体精确统计难度很大。中国银行估计，2016年第三季度离岸人民币存款约为1.95万亿元。考虑在2015年"8·11"汇改后，各离岸市场人民币存款普遍大幅"缩水"。由于其余离岸市场人民币业务量较小，因此合理估计，2016年年底海外人民币离岸存款规模略高于11150亿元。

利用国际收支平衡表的方法进行测算。首先推算2010—2016年的人民币跨境收付差额，计算结果见表5.18。

表 5.18　　　　　2010—2016年人民币跨境收付差额计算

年份	银行代客结售汇差额（亿元）	银行代客涉外收付差额（亿美元）	新增外汇存款（亿美元）	新增外汇贷款（亿美元）	人民币跨境收付差额（亿元）
2010	26846.90	2836.50	198.00	735.00	-4010.02
2011	23970.58	2535.22	464.00	853.00	-7596.11

续表

年份	银行代客结售汇差额（亿元）	银行代客涉外收付差额（亿美元）	新增外汇存款（亿美元）	新增外汇贷款（亿美元）	人民币跨境收付差额（亿元）
2012	6963.83	949.73	1314.00	1449.00	-968.69
2013	24213.22	1867.07	321.00	933.00	-12650.06
2014	9567.58	314.62	1349.00	582.00	-7634.95
2015	-32481.92	-1940.31	537.00	-48.00	20396.91
2016	-21216.08	-3053.21	847.00	-445.00	935.71

资料来源：根据国家外汇管理局（http://www.safe.gov.cn/）公布的统计数据计算得到。

由表 5.18 的计算结果可以发现，2010—2014 年人民币跨境收付为逆差，而 2015—2016 年的人民币跨境收付为顺差。进一步加总历年的人民币跨境收付差额，计算 2010 年至 2016 年的人民币跨境收付逆差总规模，得到对境外离岸人民币存款的估计值为 11527.20 亿元，该结果与离岸市场加总方法的推算结果基本相当。

三 境外人民币存款的统计

（一）境内存款的统计体系

新中国成立后，经过 60 年的实践与借鉴国际货币统计经验，已形成了一套较科学严谨的存款统计体系。表 5.18 列出了存款的概念、统计分类、共享交换使用代码和存款信息采集等统计工作的标准。对存款统计使用分层次编码和线分类法（庞皓，黎实，聂富强；2003）。该标准的主要统计对象是境内居民、企业和机构，缺乏对非居民和境外企业及机构的信息采集。随着人民币国际化的推进，应建立并完善境外的人民币统计。

2008 年 6 月境内开始对非居民的境内人民币存款进行统计，防范"热钱"冲击。2008 年前除港澳地区外，人民币存款业务没有合法化，境外人民币存款规模很小，关注境外人民币存款的意义不大。2009 年中国政府推动跨境贸易本币结算后，境外人民币存款规模飙升。境外存款规模上升，增加了对国内金融市场开放的要求，贸易结算及 RQFII 等政策出台使境外人民币对境内的冲击增强，客观上要求关注境外人民币存款的规模。[①] 2010 年国内存款统计体系开始与国际接轨，这为货币当局开展境外

---

① 高晓乐：《人民币 NRA 帐户创新使用及政策思考》，《上海金融》2014 年第 5 期。

人民币存款统计奠定了基础。

为了方便跨境贸易、投资的结算，提高境外人民币收益水平。很多境外金融机构、离岸清算行在境内开设人民币存款账户。由于该部分资金规模越来越大，需要实施专门的管理措施。中国人民银行于2014年12月发布《中国人民银行关于存款口径调整后存款准备金政策和利率管理政策有关事项的通知》（银发〔2014〕287号）。《通知》规定将境外金融机构在境内金融机构存放的人民币存款纳入准备金交付范围，存款准备金率暂定为零。自2016年1月25日起，境外人民币业务参加行存放境内代理行的人民币存款执行正常存款准备金率，即境内代理行现行法定存款准备金率，以监管跨境流动风险，促进人民币国际化稳健运行。在图5.15中，本书表述了人民银行对境外人民币境内存款现行的存款准备金管理制度。该管理规定实际上代表了人民银行对离岸人民币在岸存款的统计监管思路。即按照属地原则，人民银行对其具有管辖权，但是只是认为其是境外金融机构在境内金融系统的"存放"资金，未将境内离岸存款视为境内流动性的一部分，不具有与境内普通存款相同的货币创造功能。如果该部分资金要参与境内经济活动，仍需经过境内货币当局审批通过。

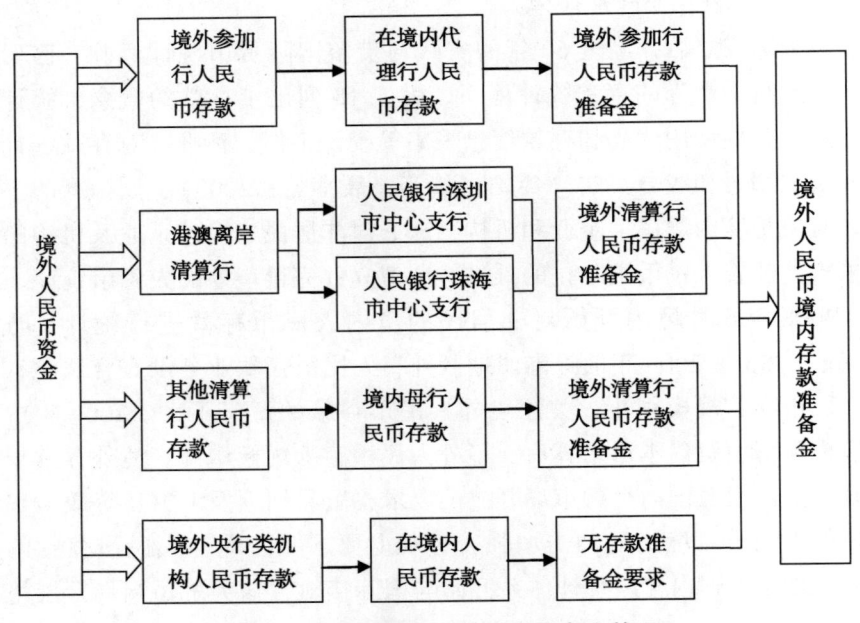

图5.15 境外人民币境内存款准备金管理

首先，在账户与缴存方面，境外参加行在境内代理母行的存款，应在属地人民银行分支机构单独开立"境外银行人民币存款准备金"账户，用于存放相应的人民币存款准备金；其中中国银行（香港）分行的对应缴存单位是中国人民银行深圳市中心支行，而中国银行（澳门）分行则对应由珠海市人民银行中心支行管理。境内代理行为境外人民币业务参加行设立"参加行人民币存款准备金"账户，用于代理境外人民币业务参加行缴存人民币存款准备金。由于"境外银行人民币存款准备金"账户和"境外清算行人民币存款准备金"账户内存款已暂时失去支付清算、投资等功能，因此流动性部分丧失。2015年后，在离岸市场人民币存款额不断下降的情况下，该管理措施将抑制离岸人民币回流。

其次，在缴存范围上，境内代理行应缴存款准备金的存款基数，涵盖人民币业务参加行在境内代理行开立全部账户中的人民币存款；人民币业务清算行的存款准备金存款基数为清算行在境内母行清算账户中的人民币存款。

再次，在缴存时间和频率上，境内代理行首次代缴存的存款基数为，2015年年末境外人民币业务参加行在境内代理行开立全部账户中的人民币存款余额。中国人民银行依据宏观审慎的原则，按季度频率付息，并评估和调整缴存的基数。按照境外人民币存款规模1.2万亿元，存款准备金率17.5%计算，大约有2100亿元的境外人民币存款需要上缴人民银行管理。

最后，在缴存水平上，境外参加行的境内人民币存款准备金率执行境内代理行现行法定存款准备金率；港澳人民币业务清算行境内人民币存款的存款准备金率执行外资银行现行法定存款准备金率；其他人民币业务清算行执行境内母行现行法定存款准备金率。季度存款准备金余额，与所代理的全部境外人民币业务参加行在境内代理行的人民币存款余额之比，不低于人民币法定存款准备金率。

综合以上分析发现，现行的统计监管办法的影响主要有以下四点：一是由于需要缴纳存款准备金，现行管理提升了境外人民币的在岸持有和使用成本。二是限制了离岸人民币的在岸贸易和投资结算功能，但是对人民币的国际储备货币功能并无影响。境外人民币在境内的流动性下降，跨境流通套利投机的需求动机减弱；同时境外银行的范围不包括境外央行和其他官方的储备管理机构、国际金融组织、主权财富基金等境外央行类机构，因此境外人民币的官方使用不受影响。三是确立了人民银行对境外人民币在境内存款的准备金的检查和问责权力。该管理措施实际上已经将该部分存款视为境内金融系统"代管"资金部分，但是不是境内货币供应的一部分，人民银行实行专门的账户统计管理。四是能降低离岸人民币的存款利率，有效隔离在岸和离岸市场的资金流动。境外人民币在境内被征收准备金后，流出人民币的回流动力减弱，离岸人民币的利息会下降，从而降低离岸人民币的使用成本，并抑制没有实际背景的跨境套利套汇行为，在岸市场和离岸市场会被更严格地隔离开来。[①] 在人民币汇率双向浮动的背景下，该统计管理办法有助于稳定离岸市场流动性，能防止其作为"热钱"频繁跨境流动。

表 5.19　　　　　　　　存款统计分类与编码体系

统计规范	文件
中华人民共和国行政区划分代码	GB/T 2260—2007
世界各国和地区名称代码	GB/T 2659—2000
国民经济行业分类	GB/T 4754—2002
货币和资金代码	GB/T 12406—2008
金融机构编码规范	银发〔2009〕363号文
《人行关于印发〈金融工具统计分类及编码标准（试行）〉的通知》	银发〔2010〕13号文
《人行银监会关于建立〈境内大中小型企业贷款专项统计制度〉的通知》	银发〔2009〕35号
《人民币银行结算账户管理办法》	人行令〔2003年〕第5号
《境内外汇账户管理规定》	银发〔1997〕416号
《存款统计分类及编码标准》	2010年9月
《贷款统计分类及编码标准》	2010年6月
《中国人民银行关于存款口径调整后存款准备金政策和利率管理政策有关事项的通知》	银发〔2014〕287号

资料来源：中国人民银行网站（http://www.pbc.gov.cn/）。

[①] 王淑敏、陈晓：《中国建设自由贸易港的离岸金融监管问题研究》，《国际商务研究》2018年第4期。

（二）境外人民币存款统计的挑战

境外人民币流动性统计，远比境内金融统计复杂。统计的难度表现为以下几点：

首先，货币风险与国家风险分离使境外人民币存款统计遇阻。当人民币流出国境后，其已经超越法定货币的主权范围，境外非居民使用人民币载体实现交易、投资与储存功能，但实际上中国政府不再对境外人民币负有责任。美联储对海外美元的态度即是明证，美国政府不对海外美元流动性与价值稳定负有责任。前美国财长约翰·康诺利有一句名言"美元是我们的货币，却是你们的问题"，说明了美国货币当局对境外美元的态度。美元现钞无论流通到哪里，都是美国制造的产品，美联储有回流更换新钞、打击伪造等"售后服务"的义务，但对于境外的美元存款，则属于境外金融系统创造，不属于美联储的管辖范围。事实上对巴拿马、阿根廷等高度"美元化"的国家，美联储也不存在流动性保证义务。① 在国际货币体系中，市场自发持有造成货币风险与国家风险分离，使得货币持有方缺乏对流动性统计的激励或义务，这同国内金融统计体系截然不同。

其次，境外人民币业务复杂性使数据获取渠道缺乏。第一，境外开展人民币业务的银行与金融机构多元化，在国际化金融市场上全球性金融企业，已经模糊了国家概念，因此难以定义企业性质，统计分类不同于境内；第二，人民币业务的交易主体逐步全球化，不再局限于境内的居民和企业。各国的司法体系不同，一般离岸业务有更强的保密性和隐私权；第三，境外人民币交易的形式增加了统计困难，交易双方协议后，进行场外交易而不是场内交易，因此不存在系统化的统计信息，这为定期的收集统计信息带来了困难。

对境外人民币存款统计，也有便利之处。全球人民币交易深度不足，脱离在岸市场在境外金融系统独立运行的能力较弱。离岸人民币大多通过境内代理行或清算行母行，在境内开设人民币存款账户，因此可以通过境内的金融统计体系推算海外人民币存款规模。②

---

① 宋楠、唐欣语：《美联储的货币互换机制》，《中国金融》2015年第19期。
② 何诚颖、王占海、吕秋红等：《人民币套息交易：市场基础和收益风险特征》，《中国社会科学》2018年第4期。

(三) 建立完善境外存款统计的建议

分析表明，建立境外人民币存款统计体系的难度较大，在离岸市场上，很难像在国内金融系统内，逐级上报最后输出固定频率的数据。本书认为可采取调查等综合手段处理，建议如下：

第一，通过央行与境外市场监管部门的协作获取信息。港澳地区的存款规模具有详尽的统计资料，难点在于其他国家的货币市场。离岸金融市场监管方出于市场发展评估的考虑，会定期开展统计调查工作。央行可加强与境外官方机构的数据共享，共同推动市场发展。

第二，委托中国银行的海外分支行或专业的第三方调查机构。中国银行是中国金融机构中海外分布最广且境外业务量最大的银行。37个海外分支机构中很多经营人民币业务，可委托中国银行的海外分支行定期调查境外存款规模。在人民币升值趋势未变情况下，境外人民币贷款规模有限，汇率双向波动和资本入境限制放宽将会激励贷款业务增长，跨境贷款统计的重要性增加。委托专业调查机构获取统计资料也是重要途径，鉴于市场业务的复杂性，统计可每半年或1年开展1次。统计规范可以从两个《标准》的框架拓展进行。境外人民币存款及相关业务统计是中国金融统计的薄弱环节，开放的环境下须强化该方面的研究，应建立的境外存款主要统计项包括在表5.20中。

表5.20　　　　　　　　境外人民币存款主要统计项

统计分类	说明	统计分类	说明
资产负债类型	存款债权、债务	地区	存款开户地
经济属性	个人、企业、机构	存款状态	正常、休眠、限制
利率	水平、是否固定	经营类型	资金用途
存款期限	合同期限、剩余期	结息方式	到期、固定、其他
计息方式	积数、逐笔计息	准备金缴存	缴存部分、比例
账户类型	存款开户类	计息期限	年、季、月、日

资料来源：根据《存款统计分类及编码标准》整理。

考虑到境外人民币交易的商业机密性较强，有些资料的获取难度较大。应将非制度性的金融活动，尽量纳入商业银行金融系统中，以方便统计和提供优质金融服务。对外金融统计的核心是非居民、企业和机构的分类存款及私人账户规模。开户地区统计可估计境外人民币的地理分布，存款结构可用来分析境外人民币的持有主体,贷款统计可掌握境外人民币的货币派生能力。总之,建立和完善境外人民币存款和非居民在境内的人民币存款统计体系,对货币管理和货币政策制定有重大意义。

本章小结

本章综合运用直接和间接方法,测算了人民币现金的跨境流量和境外存量。直接测算结果显示,2016年人民币现金的跨境流量为46746.66亿元。境外现金持有比率估计区间[3.03%,8.30%],现金规模范围是[2068.09,5569.23]亿元,不同方法的组合估计结果为3379.66亿元。境外需求已达到一定的规模,应加强对现金跨境流通的监测,在货币政策制定和货币供给中考虑境外需求的影响。探讨了境外人民币存款的规模,剖析了境外存款在境内货币总量统计中的归属问题。本书认为境外人民币存款不应计入货币总量,境外现金应从M0中扣除。

第六章

结论与建议

本书以人民币境外需求为研究对象，集中于人民币跨境流量和境外存量的测算问题。围绕人民币境外需求规模测算这一研究主题，梳理了人民币境外需求的演变、剖析了人民币境外需求的动因、分析了影响境外需求的因素，并展开了对境外需求估计方法的比较和改进研究。本书获得的主要结论如下：

第一节 本书的主要结论

（1）人民币境外需求是在全球经济一体化进程中，由货币竞争导致的必然结果。中国是全球经济增长的重要推动力量。既提供了优质的产品和服务，也是全球重要的需求市场，这是人民币境外需求扩大的根本原因。境内外居民企业交易概率增大，提升了人民币的服务功能，服务功能增强导致人民币在货币竞争中替代了原有的货币，人民币被纳入了境外经济主体交易和国际社会风险储备的资产组合之中。人民币境外需求是国际货币竞争宏观视野下微观市场主体自由选择的结果。

（2）宏微观和制度视角下存在推动人民币境外需求的动因。从宏观角度出发，中国的经济贸易增长是境外需求的客观原因。币值稳定是境外需求的基础。全球经济失衡和美元本位的内在缺陷，为境外需求提供了外在动力。中国利用本币配置全球资源的战略诉求，是中国政府推动境外需求的主观原因。人民币对外投资和"一带一路"等政策推出，都鼓励真实贸易投资背景的人民币使用。在微观视角下，人民币的服务功能和持有收益，驱动了境外主体的理性需求。从制度经济学的视角，货币供需方各自的竞争激励了境外供需制度的产生。中国政府通过发展离岸市场和推动货币互换，构建人民币的境外供需机制。离岸策略以"大陆—香港"为核心,其他离岸市场为区域中心构建"中心—外围"的全球流动模式。通过货币互换保障离岸市场交易和"一带一路"等贸易伙伴国的投融资需求。

(3) 对人民币跨境流通调查资料分析,发现跨境贸易和旅游是现金携带的主要目的,现金的境外需求主要受结算政策、汇率和获取使用成本的影响。出入境人员平均现金携带量有下降趋势,但仍有45%的受访者认为,出入境现金携带限额影响了出行需求。建议可以针对不同的跨境人群,实施现金携带限额的分类管理措施。

(4) 以资产组合理论为基础,以贸易结算为视角,建立了境外需求的理论模型。发现在岸—离岸利差、汇率升值预期及波动性影响境外需求。贝叶斯结构突变方法证实,香港人民币存款在 2008 年和 2010 年存在异常变动,根源在于境外人民币债券市场和结算政策的变动。静态回归表明,升值预期和国际化政策对境外需求有正向影响。若汇率预期贬值 1%,则存款增速将下降 0.164%,离岸债券发行和贸易跨境结算政策,分别提高了 0.12% 和 0.111% 的存款增速。政策冲击短期提升了境外需求,但对增速缺乏长期效应。利用 VAR 模型,分析了 CNH 存款增长、在岸—离岸利差、汇率预期波动性间的相互影响,发现了各因素对境外需求的冲击效应。

(5) 境外需求依赖于汇率的升值预期。利用 DLM-MS 模型发现,境外人民币存款的状态转换与汇率预期具有对应性。利用贝叶斯共同因子模型,挖掘二者的共同趋势,实证结果支持境外需求对升值的依赖。

(6) 对货币境外需求估计的方法进行系统的梳理和比较。在比较研究中,指出了各方法的应用条件和优缺点。改进了直接估计的方法,针对性设计调查方案获取跨境流通的统计数据。通过加入汇率预期因素,对需求最佳拟合方法进行改进,提出了修正的需求最佳拟合方法。创新和引入先进方法为人民币的境外需求规模测算奠定了方法基础。

(7) 人民币境外需求的规模测算是本研究的重点和难点。测算结果表明,人民币境外需求的规模在扩大。在直接法测算下,2016 年人民币现金跨境流量约 46746.66 亿元。间接估计法测算了现金的境外存量,2016 年年底现金的境外持有比率在 [3.03%, 8.30%] 区间内,现金规模范围是 [2068.09, 5569.23] 亿元,不同方法的组合估计结果为 3379.66 亿元。境外存款是境外人民币流动性的主体。人民币的有限兑换性决定其境外使用，更多局限于离岸市场或回流至境内市场。根据对代表性离岸市场的存款统计和国际收支平衡表推算，估计2016年年底，离岸人民币存款规模约在1.1万亿—1.2万亿元的水平。

（8）境外需求扩大对货币总量统计提出了挑战，使得境内货币当局的货币总量管理控制更趋复杂化。测算研究结果发现，境外人民币现金和存款总量已显著上升。由于在岸市场和离岸市场相对独立，境外的人民币对境内的经济活动参与度不足。建议在境内的货币总量统计中，扣除境外流通的现金；对境外的人民币存款不计入相应层次的境内货币供应总量。对境外人民币在境内金融机构的存款，单独纳入境内的货币统计体系分类管理；对境外的离岸人民币存款，应和离岸市场管理机构合作沟通，综合利用统计和估计手段获取监管资料，建立有效的监测指标和预警系统，在境内货币统计体系中予以单独公布。

第二节 本书的对策与建议

依据本书的研究结论，针对人民币境外需求问题提出对策与相关建议。

（1）从宏微观和制度视角理解境外人民币需求的必然性和约束。

人民币境外流通和使用日益普遍，表明境外需求的客观存在性。对政策决策者和市场研究者而言，应从经济现象出发理解其本质，权衡人民币境外需求的有利之处与弊端。人民币境外使用源于境外居民的各种需求，而需求动机在于，发现人民币与其他货币相比，在市场竞争中存在服务功能和收益的比较优势。包括与境内企业和居民交易结算的便利，提供了相对的服务功能优势；持有人民币投资境内外资本市场或从升值中获利，是境外居民需求人民币的回报动机；币值强稳定性带来预防储备需求等。人民币境外需求有其历史必然性，发生于中国重新成为世界强国的历程中。中国的经济增长使境内外居民间的交易概率增大，从而提升了人民币的服务功能。良好的经济基本面导致人民币具有升值预期，决定了稳定的持有回报率。全球经济失衡和美元本位的缺陷，也为人民币的境外需求提供了改革动力。总之，人民币境外需求与国际化进程相互匹配，应对其历史必然性有清醒的认识。

资本管制和有限兑换性是境外需求的主要障碍。资本项约束使得境外流动性偏弱，导致境外居民要求高回报，因此升值是优势而非劣势。对汇差利差的投机性需求是现实存在的问题。为了培育境外的人民币使用网络惯性，权衡利弊可作出短期的利益让步，但是持续存在亦会阻碍人民币国际化发展。人民币外部需求最终靠境内经济增长和对外服务功能的提升，人民币国际化政策推动应着眼于宏观战略，兼顾市场主体的利益。

（2）加强人民币现金跨境流通监测，完善境外现金统计体系。

美联储等央行类管理机构，对货币境外持有和跨境流通的统计信息收集非常重视，将其作为开放环境下货币需求管理和政策制定的重要依据。我国尚没有进行定期公开的境外人民币统计发布，境内外居民难以获取相关的信息。相关机构的人民币国际化统计公报通常重点介绍市场增长的"亮点"，而对"暗点"则语焉不详。建议完善对境外人民币的统计监测并定期发布。要加强对人民币现金的跨境流通统计监测，重点在以下两点：

一是加强对人员出入境现金携带的统计监测。人员跨境携带现金测算需要跨境人员流动的统计资料。公安部边防部门、国家旅游局拥有各自的统计数据源，可与人民银行等金融管理机构开展部门间协作，共享统计资源。对境内外居民出入境现金携带信息的采集，可在重点口岸每半年或一年进行统计调查。获取这两类数据可有效测算跨境人员现金携带的规模。通过流量测算数据的积累可推断境外的存量，并在 M0 统计中扣除境外的人民币现金。

二是人民币的金融机构跨境调运统计。经营跨境调运业务的商业银行在办理现金调运证过程中，须向人行分支机构汇报调运信息，因此统计现金调运出入境的成本较低。人员携带和调运信息结合的统计方式，涵盖了基本的合法现金出入境渠道，可有效推断境外现金的存量和跨境流量。

（3）加强境外人民币存款的统计与监测。

对于境外金融机构和个人在境内金融机构的人民币存款规模，在境内金融体系内统计的难度很小。从 2008 年 6 月起，各商业银行已经开始统计非居民在境内的人民币存款。自 2016 年 1 月起，境外金融机构在境内的人民币已经被征收存款准备金，人民银行自然会精确测量该部分存款规模。统计的难点是没有存在境内的境外人民币存款。境外存款业务范围集中于人民币离岸市场，这为境外存款的统计提供了便利。香港是最重要的海外市场，香港金管局详尽地统计了月度频率的人民币存款数据，这为测算境外存款奠定了基础。理论上境外金融机构人民币存款可精确统计，但实际上难以操作。原因有以下两点：一是存款分散于不同的离岸市场，获取统计信息存在渠道困难；二是离岸金融的业务性质通常具有保密性，从业银行一般不会提供客户存款与交易信息，这给统计带来了困难。伦敦金融城作为管理机构，初期获取市场人民币存款总量也依靠专业机构的统计调查，调查范围也仅限于业务量较大的13家银行。央行可与各离岸市场的管理机构合作，委托专业公司定期调查并估计存款余额，用各市场估计加总来推断境外人民币存款总量。对于中国香港、新加坡、中国台湾、中国澳门等业务量大且统计披露制度化的市场，可以重点统计，忽略较小的统计难度大的新兴市场，有效减小统计压力。

（4）加强境外需求估计的方法研究，改善测算质量。

精确统计境外现金和存款总量的难度很大，但可以通过各种方法合理地测算境外的规模。有效测算跨境流量和境外存量，必须建立在方法研究的基础上。本书在已有统计资料的基础上，结合人民币境外需求的特点，借鉴并创新各种估计方法。使用直接和间接方法，致力于人民币跨境流量、境外存量的测算之中。境外现金测算的重点应放在港澳台等周边国家和地区，测算宜采用直接和间接手段结合。境外存款测算可采取重点市场统计加总的方法，权衡测算效果与测算成本。

（5）国际化货币政策制定应关注汇率预期的影响。

经济学理论模型和计量模型实证分析，揭示了汇率预期对境外需求的重要影响，应将汇率预期纳入货币国际化管理政策框架内。政策出台应考虑由汇率预期推动的短期跨境流通风险，对境内外经济的影响，提高监管效率。

汇率预期的作用通过跨境贸易和投资体现。升值期内，跨境贸易人民币结算和投资会导致境内人民币流出。升值预期会抑制境外贷款发展，造成境外存款和贷款业务发展不平衡；而贬值期内流动方向则会逆转，人民币回流会提升离岸利率。汇率体制改革中，应逐步消除升值预期，扩大汇率浮动区间并减少市场干预，最终形成以市场供求为基础的价格机制。汇率的市场化将最终消除在岸与离岸市场间的投机空间，挤掉人民币国际化中的"水分"。

升值预期减弱后，如何保持人民币境外需求的稳定增长是一个问题。本书认为应坚持实事求是、改革开放、尊重市场的总体原则。坚持实事求是，就是认清我国经济发展的总体阶段。在现行经济金融体制下，打好基本功，夯实境内的经济基础。坚持改革开放，就是加快汇率、利率市场化改革和离岸市场建设，提高境外人民币的投资回报率。包括加速建设境外人民币债券、股票等资本市场，拓宽境外投资渠道；扩大境内市场的对外开放，允许更多的境外人民币在境内投资；在"一带一路"倡议下，推动人民币境外贷款等融资业务，引导将人民币用于沿线国家贸易和基础设施投资等方面。

（6）加快国内利率市场化改革步伐，配套境外需求发展。

在岸—离岸利差扩大对境外需求有负向的冲击效应，提升境外需求须加快境内利率市场化改革。持续正向利差为人民币跨境转移套利创造了无风险环境，激励了非居民将人民币资金向境内转移。两岸利差在一定程度上激发了非居民的投机需求，但无益于培养真实背景的长期需求。在境内完成利率市场化后，在岸—离岸的人民币利率都由市场交易形成。境内存贷款利率上升将增加套利投机，利率工具对跨境流通的效应放大。在数量型货币管理体系下，人民银行的跨境货币管理仍然基于存款准备金率；随着人民币真正离岸化趋势增强，数量型工具难以发挥功效，必须更多采用价格型管理工具。境外需求推动与境内金融体系改革应交错进行，从而稳妥衔接境内外资金价格。

境内利率市场化后境内融资成本上升，将刺激境内企业的海外融资需求，这为境外企业、居民持有人民币创造了有利环境。境内债券、股票市场对外开放的容量较小，不能创造有深度的境外使用环境。利率市场化后，境外人民币回流的额度过高，将对境内金融稳定形成冲击。因此应坚持"先外币、后本币；先贷款、后存款；先长期、大额；后短期、小额"的改革思路，而境外的人民币流入应优先于其他外币。

（7）转变货币需求管理视角，审慎推进人民币国际化。

人民币只在发行区内流通时，央行的货币管理专注于境内货币需求、价格和产出的稳定联系。境外需求上升使传导链条的稳定性削弱，货币需求必须纳入境外变量，否则货币政策的有效性降低。货币政策须考虑境内外的协同效应。例如，在封闭环境下实施加息工具即可紧缩流动性，当外部需求存在时若外部环境同样紧缩，政策效果将受到制约，因此应以宏观的视角，管理开放条件下的人民币需求。

对于在开放的货币需求环境下，如何管理人民币的供需平衡，本书观点是，境内的物价稳定应成为优先关注的货币政策目标。货币需求管理遵循国内优先原则。欧洲央行和美联储在需求管理实践中，始终坚持国内价格稳定的导向值得借鉴。境外需求上升后，依然应立足于总量需求管理原则，保证境内价格稳定与经济增长优先，兼顾人民币币值的对外稳定性。在汇率仍缺乏弹性、资本账户管制尚未解除的形势下，推动人民币境外需求应保持渐进和宏观审慎。境外的人民币与境内经济活动的关联度较小，因此境外需求扩大，使货币供应量作为我国货币政策中介目标的有效性降低。如果继续保持将货币供应量作为货币政策的中介目标，应在货币供给中考虑境外需求的因素，否则货币供应量偏小可能会导致境内流动性不足的局面。本书测算的结果是，2016年年底现金的境外比率在区间[3.03%，8.30%]内，而境外存款的规模更高。在境外人民币存量已达到一定规模的情况下，如果货币管理中不考虑外部需求的因素，对境内宏观经济变量关联性的理解将发生困难，进而导致货币政策制定出现偏差。

（8）离岸市场和货币互换策略结合，构建人民币境外流通系统。

中国政府推行的是经常账户下的人民币国际化策略。资本管制下推动境外使用人民币，发展离岸市场非常关键。香港的金融中心地位及与境内的联系是其最大优势，未来仍应以香港为最重要的境外交易中心。中国香港和伦敦市场相比不是纯粹意义的离岸中心。香港虽保有独立的司法体系，但市场交易以境内企业、居民为主，市场发展对境内政策的依赖性强。满足全球需求须形成以中国香港为中心，伦敦、新加坡等市场为重要枢纽的全球系统。伦敦的时区优势对保持境外人民币的全天交易非常重要。仅依靠贸易单途径无法实现人民币在国际货币市场交易使用。在2016年人民币被正式纳入SDR货币篮子后，人民币国际货币功能包括避险、外汇干预和储备功能，不能在投资中自由使用，上述功能将无法实现。因此"陆港通""债券通"推行实际上部分打开了跨境投资渠道，资本项下人民币获得了封闭循环路径，未来应进一步扩大境内资本市场对外开放份额。利用"一带一路"倡议推动国家合作层面使用人民币，提升人民币的储备货币地位。无论是跨境贸易还是投资，人民币的境外流动性都没有完全保证。因此人民银行应坚持与伙伴央行类机构的货币互换，在顶层制度上保证人民币的全球供给。

第三节 进一步的研究方向

本书致力于对人民币境外需求的动因、影响因素和规模测算的理论与数量研究，取得了一些结论。鉴于研究问题的复杂性和篇幅，也限于作者的学识素养，未能就诸多问题展开更深层次的研究。研究仍存在明显的不足和有待于进一步探讨的地方。

（1）根据人民币国际化的制度设计，构建涵盖境内和境外部分的货币总需求框架。本书从宏微观和制度视角对境外需求的动因进行剖析，并基于跨境贸易结算的视角构建了境外需求理论模型，但具有一般解释力的总需求理论模型构建仍是一个具有挑战性的工作。

（2）在完善境外货币统计体系基础上，更稳健地测算现金的跨境流量和境外存量及存款的规模。现金境外持有估计一直是国际货币经济研究的热点和难点问题，美元、欧元等国际货币的境外存量测算至今未有定论。本书引入了季节因子比较法、需求函数最佳拟合法、现金产出比率法等国外学者对美元等国际货币境外需求测算时运用的方法，并且改进了最佳需求拟合方法。本书综合运用各种方法，致力于测算人民币的境外需求规模，获得了一些定量的推断结论。由于统计资料缺乏和运用条件的限制，一些有价值的测算方法遗憾地未能在本书中应用。人民币正在演变为一种重要的国际货币，应在条件允许时，运用更适用的方法更好地解决此挑战性的问题。

（3）对人民币境外需求影响因素的研究中，本书使用了香港市场人民币存款代理境外存款规模。这虽有合理性却也值得商榷。虽然香港具有境外最大的人民币资金池，研究具有相当的可信性，但仅以香港市场代表全球海外人民币存款的思路仍有一定的缺陷。数据来源的限制是本书使用此处理思路的最重要原因。人民币已经开始成为储备货币，境外的储备需求会有多大是一个有意义的研究问题。本书没有对人民币的境外储备需求规模进行测算。原因在于，我国还没有公布资本项下自由兑换的时间表，而资本项下自由兑换对储备需求的影响巨大；人民币刚刚被纳入 SDR 货币篮子，储备需求规模还很小。无论如何，回顾人民币在短期国际化进程中取得的系列成就，所有人有理由对人民币国际化需求的前景持有乐观的态度。

参考文献

Adebiyi A. Broad Money Demand, Financial Liberalization and Currency Substitution in Nigeria [C] //8th Capital Markets Conference, *Indian Institute of Capital Markets Paper*. 2005.

Anderson R G, Rasche R H. Construction of an estimated domestic monetary base using new estimates of foreign holdings of U. S. currency [J]. *Federal Reserve Bank of St. Louis Working Paper*, 1997, 019A, 1-50.

Bahmani-Oskooee M, Bohl M T. German monetary unification and the stability of the German M3 money demand function [J]. *Economics Letters*, 2000, 66 (2): 203-208.

Banegas A, Judson R, Sims C, et al. International Dollar Flows [J]. *Board of governors of the federal reserve system international finance discussion paper* 1144, 2015.

Bartzsch N, Rösl G, Seitz F. A simple way to capture currency abroad [J]. *Applied Economics Letters*, 2012, 19 (15): 1511-1514.

Bartzsch N, Rösl G, Seitz F. Currency movements within and outside a currency union: The case of Germany and the euro area [J]. *The Quarterly Review of Economics and Finance*, 2013, 53 (4): 393-401.

Bartzsch N, Seitz F. What can biology tell us about transaction balances? [J]. *Applied Economics Letters*, 2017, 24 (5): 355-358.

Bartzsch N, Seitz F, Setzer R. The demand for euro banknotes issued in Germany: Structural modelling and forecasting [R]. *ROME Discussion Paper Series*, 2015.

B Fischer, P Köhler, F Seitz. The demand for euro area currencies: past, present and future [J]. *European central bank working paper*, 2004 (330).

Boeschoten, Willem C, Fase, Martin M G. The demand for large bank notes [J]. *Journal of money, credit, and banking*, 1992, 24: 319-337.

Bordo M D, Choudhri E U. Currency substitution and the demand for money: some evidence for Canada [J]. *Journal of Money, Credit and Banking*, 1982, 14 (1): 48-57.

Boulding K E. Economics as a moral science [J]. *American Economic Review*, 1969, 59: 1-12.

Buchs T D. Currency substitution in the Russian Federation (1992-1997) [J]. *MOCT-MOST: Economic Policy in Transitional Economies*, 2000, 10 (1): 95-110.

Cebula R J, Feige E L. America's unreported economy: measuring the size, growth and determinants of income tax evasion in the US [J]. *Crime, Law and Social Change*, 2012, 57 (3): 265-285.

Chien-chiang Lee, Mei-Se Chien. Stability of money demand function revisited in china [J]. *Applied Economics*, 2008, 40: 3185-3197.

Cheung Y W, Rime D. The offshore renminbi exchange rate: Microstructure and links to the onshore market [J]. *Journal of International Money and Finance*, 2014, 49: 170-189.

Chinn M D, Frankel J A. The euro may over the next 15 years surpass the dollar as leading international currency [R]. *National Bureau of Economic Research*, 2008.

Cohen, B J. The Benefits and Costs of an International Currency: Getting the Calculus [J]. *Open Economies Review*, 2012, 23: 13-31.

Cohen B J. The Yuan Tomorrow? Evaluating China's Currency Internationalisation Strategy [J]. *New Political Economy*, 2012, 17 (3): 361-371.

Cohen B J. Currency power: understanding monetary rivalry [M]. *Princeton University Press*, 2015.

Destais C. Central bank currency swaps and the international monetary system [J]. *Emerging Markets Finance and Trade*, 2016, 52 (10): 2253-2266.

Doyle B M. Here dollars, dollars - estimating currency demand and worldwide currency substitution [J]. *International Finance Working Paper*,

No. 657, January, 2000.

Du J, Lai K K. Copula-based risk management models for multivariable RMB exchange rate in the process of RMB internationalization [J]. *Journal of Systems Science and Complexity*, 2017, 30 (3): 660-679.

Eichengreen B, Kawai M. Renminbi Internationalization: Achievements, Prospects, and Challenges [M]. *Brookings Institution Press*, 2015.

Eichengreen B, Tong H. Effects of renminbi appreciation on foreign firms: The role of processing exports [J]. *Journal of Development Economics*, 2015, 116: 146-157.

Feige E L. The underground economy and the currency enigma [J]. *Public Finance*, 1994, (49): 119-139.

Feige E L. Overseas holdings of US currency and the underground economy [J]. *Exploring the Underground Economy. Kalamazoo, Michigan*, 1996: 5-62.

Feige E L. Revised estimates of the underground economy: Implications of U. S. currency [J]. *MPRA Discussion Paper*, No. 13805, 1997.

Feige E L, Urban I. Measuring underground (unobserved, non-observed, unrecorded) economies in transition countries: Can we trust GDP? [J]. *Journal of Comparative Economics*, 2008, 36 (2): 287-306.

Feige E L. New Estimates of U. S. Currency Abroad, the Domestic Money Supply and the Unreported Economy [J]. *Crime, Law and Social Change*, 2012 (57): 239-263.

Fong T, Wong A. Safehavenness of the Chinese Renminbi [J]. Research Memorandum 10/2017. *Hong Kong Monetary Authority*.

Garber P M. What currently drives CNH market equilibrium? [J]. *International Economic Review*, 2012, 1: 018.

Gelman A, Shalizi C R. Philosophy and the practice of Bayesian statistics [J]. *British Journal of Mathematical and Statistical Psychology*, 2013, 66 (1): 8-38.

Geweke J, Jiang Y. Inference and prediction in a multiple-structural-break model [J]. *Journal of Econometrics*, 2011, 163 (2): 172-185.

Goldberg, L S, Tille C. Vehicle currency use in international trade [J].

Journal of International Economics, 2008 (2): 177-192.

Goldberg L. Is the international role of the dollar changing? [J]. *Current Issues in Economics and Finance*, 2010, 16 (1): 1-7.

Goldberg L S, Tille C. Micro, macro, and strategic forces in international trade invoicing: Synthesis and novel patterns [J]. *Journal of International Economics*, 2016, 102: 173-187.

Greenwood J. An estimate of the Hong Kong dollar currency circulation in Guangdong Province [J]. *Asian Monetary Monitor*, 1990 (3): 37-44.

Greenwood J. The cost and implications of international reserves [J]. *The Cato Journal*, 2008 (2): 205-217.

He D, McCauley R N. Offshore Markets for the Domestic Currency: Monetary and Financial Stability Issues [J]. *The Evolving Role of China in the Global Economy*, 2012 (301): 1-39.

Hellerstein R, Ryan W. Cash dollars abroad [J]. *Federal Reserve Bank of New York Staff Report*, 2011 (400).

He Q, Korhonen I, Guo J, et al. The geographic distribution of international currencies and RMB internationalization [J]. *International Review of Economics & Finance*, 2016, 42: 442-458.

Islam M S, Bashar O K M R. Internationalization of Renminbi: What does the Evidence Suggest? [J]. *World Review of Business Reseach*, 2012, 2 (5): 65-85.

Ito T. Comment on "The Boom and Bust of the RMB's Internationalization: A Perspective from Cross-border Arbitrage" [J]. *Asian Economic Policy Review*, 2017, 12 (2): 256-257.

Judson R A. The Death of Cash? Not So Fast: Demand for US Currency at Home and Abroad, 1990-2016 [C] //*International Cash Conference 2017 - War on Cash: Is there a Future for Cash?*. Deutsche Bundesbank, 2017.

Judson R A, Porter R D. Currency demand by federal reserve cash office: what do we know? [J]. *Journal of Economics and Business*, 2004, 56 (4): 273-285.

Kamin S, Ericsson N R. Dollarization in Argentina [J]. *International Finance Discussion papers* 460: Board of Governors of the Federal Reserve

System, 1993.

Kenen P B. Currency Internationalization-An Overview [J]. *Bank For International Settlements Research Papers*, 2009: 1-12.

Kiyotaki N, Wright R. On money as a medium of exchange [J]. *The Journal of Political Economy*, 1989, 97 (4): 927-954.

Krugman P R. Vehicle currencies and the structure of international exchange [J]. *Journal of Money, Credit and Banking*, 1980 (12): 513-526.

Laidler, David E. W. *The demand for money theories——Evidence and problems* [M]. Harpercollins College Publishers, 4th edition, New York, 1993.

Lai L, Guo K. The performance of one belt and one road exchange rate: Based on improved singular spectrum analysis [J]. *Physica A: Statistical Mechanics and its Applications*, 2017, 483: 299-308.

Lane T D. Costly portfolio adjustment and the short-run demand for money [J]. *Economic Inquiry*, 1990 (28): 466-487.

Lane T D. Household demand for money in poland – theory and evidence [J]. *IMF staff paper*, 1992 (39): 825-854.

Laurent R D. Currency in circulation and the real value of notes [J]. *Journal of Money, Credit and Banking*, 1974 (6): 213-226.

Leung F, Ng P, Chan S. Analysing External Demand for the Hong Kong-Dollar Currency [R]. *Working paper* 1007, Hong kong Moretary Authcrity, 2010.

Liu H Y, Tang Y K, Chen X L, et al. The Determinants of Chinese Outward FDI in Countries Along "One Belt One Road" [J]. *Emerging Markets Finance and Trade*, 2017, 53 (6): 1374-1387.

Mahmood H, Asif M. An empirical investigation of stability of money demand for GCC countries [J]. *International Journal of Economics and Business Research*, 2016, 11 (3): 274-286.

Maheu J M, Song Y. A new structural break model, with an application to Canadian inflation forecasting [J]. *International Journal of Forecasting*, 2014, 30 (1): 144-160.

Marc. A. miles. Currency Substitution, Flexible Exchang Rates, and Monetary Independence [J]. *The American Economic Review*, 1978 (3):

428-436.

Matsuyama K, Kiyotaki N, Matsui A. Toward a theory of international currency [J]. *The Review of Economic Studies*, 1993, 60 (2): 283-307.

Mckinnon R I. *Money in international exchange: the convertible currency system* [M]. Oxford University Press, USA, 1979.

McKinnon R I. Optimum currency areas and the European experience [J]. *Economics of Transition*, 2002, 10 (2): 343-364.

Müller C. *Money demand in Europe: Evidence from the past* [M] //Money Demand in Europe. Physica-Verlag HD, 2003: 171-220.

Murase T. Hong Kong Renminbi Offshore Market and Risks to Chinese Economy [J]. *Newsletter*, 2010 (40).

Obstfeld M, Rogoff K. *Foundations of international macroeconomics* [M]. Cambridge, MA: MIT Press, 1996.

Papanikolaou Y, Foulds J R, Rubin T N, et al. Dense Distributions from Sparse Samples: Improved Gibbs Sampling Parameter Estimators for LDA [J]. *Journal of Machine Learning Research*, 2017, 18 (62): 1-58.

Peng W, Shi J Y L. External Demand for Hong Kong Dollar Currency [J]. *Hong Kong Monetary Authority Quarterly Bulletin*, 2003: 5-15.

Kumamoto H, Kumamoto M. Currency Substitution and Monetary Policy Effects: The Case of Latin American Countries [J]. *International Journal of Economics and Finance*, 2017, 9 (2): 32.

Petris G, Petrone S, Campagnoli P. *Dynamic linear models with R* [M], Springer-Verlag, 2010.

Porter R D, Judson R A. The location of U. S. currency: how much is abroad? [J]. *Federal Reserve Bulletin*, 1996 (82): 883-903.

Rey H. International trade and currency exchange [J]. *The Review of Economic Studies*, 2001, 68 (2): 443-464.

Scahill E M. Is the Fed Printing Money? [J]. *Journal of Economics and Economic Education Research*, 2015, 16 (3): 187-194.

Schmitt-GrohéS, Uribe M. Foreign demand for domestic currency and the optimal rate of inflation [J]. *Journal of Money, Credit and Banking*, 2012, 44 (6): 1207-1224.

Seitz F. The circulation of Deutsche mark abroad [J]. *Deutsche bundesbank staff paper*, 1995 (1): 1-59.

Seitz F. The demand for Euro cash: a theiretical model and monetary policy implications [J]. *Bulgarian national bank working paper*, 2003 (37): 1-23.

Seitz F, Setzer R. The Demand for German Banknotes: Structural Modelling and Forecasting [R]. *Deutsche Bundesbank*, *Mimeo*, April, 2009.

Shirley M A J. Impact of Demonetization in India [J]. *International Journal of Trend in Research and Development*, 2017: 20-23.

Shumway R H, Stoffer D S. Dynamic linear models with switching [J]. *Journal of the American Statistical Association*, 1991, 86 (415): 763-769.

Sidaway J D, Woon C Y. Chinese Narratives on "One Belt, One Road" in Geopolitical and Imperial Contexts [J]. *The Professional Geographer*, 2017: 1-13.

Sumner S B. The transactions and hoarding demand for currency [J]. *Quarterly Review of Economics and Business*, 1990, 30 (1): 75-89.

Tavlas G S. On the international use of currencies: the case of Deutsche mark [J]. *IMF working paper*, 1990.

United States Treasury Department. The use and counterfeiting of United States Currency Abroad [R]. *United states Treasury Repartment report*, January, 2006.

Wang Yuanlong. A geological and functional "three-step strategy" for renminbi's internationalization [J]. *China Economist*, 2009 (6): 010.

奥托马伊辛:《欧元的诞生》,王琳译,中国金融出版社 2011 年版。

巴曙松、严敏:《人民币现金境外需求规模的间接测算研究:1999—2008》,《上海经济研究》2010 年第 1 期。

白金辉:《中国居民现金需求研究》,《经济学》(季刊) 2002 年第 4 期。

本杰明·科恩:《货币地理学》,代先强译,西南财经大学出版社 2004 年版。

曹远征:《人民币国际化:缘起与发展》,《国际金融》2011 年第 8 期。

陈鑫燕、赵凯、胡佳斐:《跨境贸易人民币业务与境外人民币存量:

一个实证研究》,《上海金融》2012 年第 3 期。

陈雨露、王芳、杨明:《作为国家竞争战略的货币国际化:美元的经验证据》,《经济研究》2005 年第 2 期。

董继华:《人民币境外需求估计:1999—2005》,《经济科学》2008 年第 1 期。

付俊文:《美联储货币呼唤工具的实践及对我国央行的启示》,《亚太经济》2011 年第 5 期。

高海红、余永定:《人民币国际化的含义和条件》,《国际经济评论》2010 年第 1 期。

韩龙:《美元崛起历程及对人民币国际化的启示》,《国际金融研究》2012 年第 10 期。

何帆、张斌、张明、徐奇渊、郑联盛:《香港离岸人民币金融市场的现状,前景,问题与风险》,《国际经济评论》2011 年第 3 期。

胡华锋:《中国货币互换协议的动因分析》,《国际金融研究》2012 年第 6 期。

黄大富、杨明、何逦成等:《沿边金融综合改革背景下跨境人民币现钞流通风险研究——以百色市为例》,《区域金融研究》2015 年第 7 期。

黄少明:《香港人民币业务及其前景香港人民币离岸中心》,《粤港澳价格》2004 年第 1 期。

金艳平、王家辉:《跨境人民币结算对货币供应量和基础货币统计的影响》,《新金融》2012 年第 7 期。

姜波克、杨槐:《货币替代研究》,复旦大学出版社 1999 年版。

蒋先玲、刘微、叶丙南:《汇率预期对境外人民币需求的影响》,《国际金融研究》2012 年第 10 期。

姜凌、谢洪燕:《经济全球化条件下的国际货币体系改革——基于区域国际货币合作视角的研究》,经济科学出版社 2011 年版。

李继民:《人民币境外存量估计——基于 ARDL 模型的实证分析》,《中南财经政法大学学报》2011 年第 2 期。

李建军:《中国"未观测货币资金":测估理论与方法》,《数量经济技术经济研究》2006 年第 7 期。

李婧、管涛、何帆:《人民币跨境流通的现状以及对中国经济的影响》,《管理世界》2004 年第 9 期。

李晓：《东亚货币合作为何遭遇挫折？——兼论人民币国际化及其对未来东亚货币合作的影响》，《国际经济评论》2011年第1期。

李艳军、华民：《人民币国际化：继续前行还是暂停推进》，《财经科学》2016年第1期。

李勇、孙瑞博、王贵银：《厚尾金融时间序列的贝叶斯单位根检验》，《数理统计与管理》2012年第1期。

林晓琳：《吉林省对朝人民币现金跨境流存量研究》，《吉林金融研究》2016年第1期。

刘小兰：《对人民币跨境流通量测算的探讨》，东北亚地区历史货币与人民币跨境流通学术研讨会专集，2008年。

刘旗：《基于我国产品进出口结构的人民币跨境结算失衡分析》，《当代经济管理》2011年第11期。

陆长荣、丁剑平：《我国人民币国际化研究的学术史梳理与述评》，《经济学动态》2016年第8期。

陆磊、李宏瑾：《纳入SDR后的人民币国际化与国际货币体系改革：基于货币功能和储备货币供求的视角》，《国际经济评论》2016年第3期。

卢有红、彭迪云：《人民币国际化：进展、波动与推进新思路》，《金融与经济》2017年第3期。

马骏、徐剑刚等：《人民币走出国门之路——离岸市场发展与资本项目开放》，中国经济出版社2012年版。

马庆强：《基于人民币国际化的自贸试验区跨境人民币政策研究》，《新金融》2016年第3期。

马荣华、饶晓辉：《人民币的境外需求估计》，《国际金融研究》2007年第2期。

梅建予、陈华：《人民币国际化对货币政策有效性的影响》，《南方经济》2017年第4期。

杨毅：《复活的布雷顿森林体系下的中国金融外交》，《上海交通大学学报：哲学社会科学版》2016年第24卷第3期。

庞皓、黎实、聂富强：《中国货币与金融统计体系研究》，中国统计出版社2003年版。

裴长洪、余颖丰：《人民币离岸债券市场现状与前景分析》，《金融评论》2011年第2期。

彭红枫、谭小玉：《人民币国际化研究：程度测算与影响因素分析》，《经济研究》2017年第2期。

人民币现金跨境流动调查课题组：《2004年人民币现金跨境流动调查》，《中国金融》2005年第6期。

石建勋、全淑琴、李海英：《人民币境外流通规模的估算——基于货币需求缺口模型的实证研究》，《广州大学学报：社会科学版》2012年第11卷第1期。

宋芳秀、刘芮睿：《人民币境外存量的估算及其影响因素分析》，《世界经济研究》2016年第6期。

宋晓玲：《人民币国际化——基于国际货币竞争的视角》，经济科学出版社2011年版。

孙东升：《人民币跨境流通的理论与实证分析》，西南财经大学，2007年。

特里芬、陈尚霖、雷达：《黄金与美元危机：自由兑换的未来》，商务印书馆1997年版。

陶士贵：《人民币跨境交易纳入我国国际收支统计的初步研究》，《国际金融研究》2005年第11期。

陶士贵、叶亚飞：《人民币境外存量的估算及其对我国货币供给量的影响——基于人民币跨境交易视角》，《财贸经济》2013年第34卷第9期。

王书朦：《汇率预期波动视角下的境外人民币需求动态变化——基于离岸人民币市场的研究》，《国际金融研究》2016年第11期。

王雪、王聪：《人民币国际化背景下本币境外流通的宏观经济效应研究》，《国际经贸探索》2016年第10期。

汪洋、荣璟、万鹏：《货币互换协议是推进人民币国际化的利器吗》，《国际金融》2015年第8期。

王峥：《人民币国际化背景下人民币跨境流通趋势研究——基于需求缺口估计法的分析》，《上海金融》2015年第11期。

文坚、何桂耘、王淼：《人民币跨境使用对云南边境地区的影响》，《西南金融》2006年第3期。

吴弘、祁琳：《人民币跨境流通的监管理念与制度安排》，《中国政法大学学报》2015年第5期。

项后军、孟祥飞、潘锡泉：《开放框架下的中国货币需求函数稳定性问题研究——基于结构突变的视角》，《经济评论》2011年第5期。

徐建国：《币值稳定与人民币国际化》，《上海金融》2012年第4期。

徐奇渊、刘力臻：《香港人民币存量估计：M1口径的考察》，《世界经济》2006年第9期。

严佳佳等：《人民币境外存量对我国货币供应量的影响研究》，《国际金融研究》2017年第7期。

易纲：《中国的货币化进程》，商务印书馆2003年版。

余道先、王云：《人民币境外存量、国际收支与人民币国际化进程》，《经济理论与经济管理》2015年第4期。

俞业夔：《人民币国际化进程中浙江省跨境人民币套利套汇现象研究》，《浙江金融》2017年第5期。

余永定：《美国"次贷危机"：背景、原因与发展》，《当代亚太》2008年第5期。

余永定：《再论人民币国际化》，《国际经济评论》2011年第5期。

赵海宽：《人民币可能发展成为世界货币之一》，《经济研究》2003年第3期。

赵亚博等：《人民币国际化及其对币缘政治的影响》，《人文地理》2017年第1期。

中国人民大学国际货币研究所课题组：《人民币国际化动态与展望》，《中国经济报告》2017年第5期。

中国人民银行广州分行"人民币在港澳地区流通"课题组：《关于人民币在港澳地区流通现状及发展趋势的调查——兼论人民币在港澳地区的可兑换性》，《南方金融》2002年第6期。

张斌：《中国对外金融的政策排序——基于国家对外资产负债表的分析》，《国际经济评论》2011年第2期。

张方波：《人民币国际化：建立均衡的回流机制》，《金融理论与实践》2015年第4期。

张健华、张怀清：《人民银行铸币税的测算和运用：1986—2008》，《经济研究》2009年第7期。

张丽娟、孙春广：《人民币在香港流通、使用情况考察》，《改革》2002年第5期。

张明、何帆：《人民币国际化进程中再岸离岸套利现象研究》，《国际金融研究》2012 年第 10 期。

张晓涛、杜萌、杜广哲：《中国对外直接投资对人民币国际化影响的实证研究》，《投资研究》2016 年第 10 期。

张妍、黄志龙：《境外人民币对基础货币的影响》，《中国金融》2015 年第 7 期。

钟伟：《人民币在周边国家流通的现状、问题及对策》，《管理世界》2008 年第 1 期。

周宇：《人民币对外政策的 60 年：从封闭走向开放——从"非国际化政策"到"国际化政策"的转型》，上海市社会科学界学术年会，2009 年。

朱钧钧、刘文财：《境外和境内人民币即期汇率：究竟谁发现了价格？》，《上海金融》2012 年第 5 期。

朱慧明、曾慧芳、郝立亚：《基于 MCMC 的贝叶斯变结构金融时序 Garch 模型研究》，《数理统计与管理》2011 年第 6 期。

后 记

　　高等教育改革发展实践和教师专业发展的内在需要赋予了教师"教书和研究"的双重角色，这是大学教师成长与发展的机遇与挑战。作为在财经高校供职且有着经济学学习背景的教师，关注人民币国际化这一宏大的叙事无疑是一种高概率的事件。在这一时空转换的背景下，各种研究很难准确地把握，因此在书稿完成之时，自然地既有为能见证"强国有强币"的盛事而庆幸，也突然有种自己是介乎"外行"与"专家"之间，其研究结果也必然是管中窥豹的惶恐。人民币境外需求很多时候是难以观测的，如何知道研究结果是正确的，这一问题曾反复困扰于心。撰写与完善书稿过程中，逐渐明白了一个道理：研究本身就是感受社会经济发展的历程，借鉴、吸收前人的理论，反复验证与感悟，借助统计与计量的工具表达出来，将促进自我更新的结论呈现并对后续研究提供可追踪线索的过程，或许这正是研究的价值所在吧。

　　在书稿付梓之际，人民币国际化支付量遭遇到一些波动，人民币在国际交易中的份额出现调整，部分媒体减少报道或出现悲观论调。"青山遮不住，毕竟东流去"，在全球化和"一带一路"背景下，短期变动不会改变人民币长远向好的大趋势，人民币理应成为可供国际社会选择使用的重要国际币种。夯实币值基础，优化调整路径方案，人民币国际化的步子会走得更稳更远。在面对困难时，冷静下来思考和研究可能更为重要。

　　最后，我要衷心感谢我的导师西南财经大学史代敏教授的辛勤培育；感谢浙江财经大学领导和同事的支持和帮助，感谢专家的指点和同行的帮助与鼓励；感谢浙江省社科规划后期资助项目（18HQZZ27）对书稿出版的资助，在研究过程中，同时感谢浙江省一流学科A类（浙江财经大学统计学）资助和支持；还要向我的家人以及所有亲友们一直以来对我学习、工作的支持和理解表示感谢；对所有给予帮助的师友一直以来的关心和支持在此一并表示衷心感谢。

朱宗元

2018.8.22